失独

中国家庭之痛

杨晓升◎著

陕西新华出版传媒集团
太白文艺出版社

图书在版编目（CIP）数据

失独：中国家庭之痛 / 杨晓升著. — 西安：太白文艺出版社，2014.1
（关注丛书）
ISBN 978-7-5513-0653-9

Ⅰ. ①失… Ⅱ. ① 杨… Ⅲ. ①家庭问题—研究—中国
Ⅳ. ①D669.1

中国版本图书馆CIP数据核字（2013）第310297号

失独：中国家庭之痛

作　者	杨晓升
责任编辑	周瑄璞　靳　嫦
封面设计	翟　竞　高　薇
版式设计	高　薇
出版发行	陕西新华出版传媒集团 太白文艺出版社 （西安北大街147号 710003） 太白文艺出版社发行：029-87277748 tbwytougao@163.com
经　销	新华书店
印　刷	西安市建明工贸有限责任公司
开　本	710mm×1000mm　1/16
字　数	216千字
印　张	21
版　次	2014年10月第1版 第1次印刷
书　号	ISBN 978-7-5513-0653-9
定　价	35.00元

关注我们大家的伤痛

梁鸿鹰

我们乘着时光的高速列车行进，一路上迅速掠过车窗的景色繁花似锦，我们看到欢笑，领略祥和，感悟时代发展中不断生长的新气象，这些是时代的主流与主色调，因为我们的生活洒满灿烂的阳光，我们的社会充溢着蓬勃的生机，我们幸福的欢乐是如此由衷。

但越是在这个时候，我们越是要比以往任何时候都善于体会痛苦，应该学会更清楚地体会社会与生活当中那些更为复杂的侧面与背面。因为，任何社会前行的道路，不会总是笔直、平坦的，一方面，生活本身充满了变数、曲折与坎坷，不管是个人，还是家庭，都需要有面对与迎接人生变数的准备；另一方面，在一个高速发展的、剧烈转型的历史时期，社会结构、社会利益的调整，乃至价值观念的嬗变，往往不以人们的意志为转移。有的时候，富足与贫乏、幸福与痛苦、得到与失去，可能会相伴相生，但所有这一切，都不应该成为我们把社会的痛苦、个人及家庭的失意与挫折关在门外的理由。

在这个世界上，所有人都是无比紧密地联结在一起的，在大浪淘沙、排山倒海的生活面前，我们显然比以往任何时候都更加需要人与人之间的支撑。这种支撑可能是有形的，可能是无形的，可能只是目光的投注，可能会是双手的紧握，但支撑是情感的传递，是心灵的沟通，是暗夜里的灯盏，是风雪中的庇护，定会带来光亮、希望与温暖。因此，《关注丛书》有着巨大的意义和价值。

我们很快就发现，这三位作家是以自己巨大的同情、辛劳的探访、含泪的笔触，探究个人与社会的伤痛的，他们把当今社会一些特殊群体的个人之殇与社会之痛联系起来，他们在自己的作品中呐喊、发问、呼吁——为了人的幸福，为了社会的和谐，他们"肩起黑暗的闸门"，表现出强烈的社会担当，传递出了全社会的人间大爱。

中国是个发展中的大国，背负着沉重的历史负担，承载着现实的多重矛盾，人口问题、老龄化问题、农民工问题，成为我们无法绕过的矛盾纠结点，在这些问题面前，作家是在场的、带着痛感给予关注的。翻阅我们这套书，大家会看到作家们对社会问题观察的敏锐与表达的入微。比如杨晓升，他泣血而书，数易其稿，他以其《失独：中国家庭之痛》，揭出大量发人深省的事实，探讨了一个对个人与家庭最为致命的伤痛——失独。"独"而复"失"，何其痛哉！作家拿出了自己格外深沉的思考，他让我们感受到，当个人之痛成为社会之痛，是需要我们给予充分重视的。作品当中写到的张文良和莫学云这对普通夫妇的遭际让人感慨，他们的女儿张穆然因患卵巢胚胎癌在16岁便坚强离世。这位花季少女在得病以前，说自己看两朵花在一起像是在打架一样，是竞争的关系，可得病以后她的看法不一样了，觉得两朵花在一起很协调。"以前想着世界太不公平了，让我得病。现在看不过是生活拐了个弯"。唯一的孩子离去了，这对"老三届"夫妇"除了回忆，除了思念，除了想方设法让自己好好活着，这对孤寂的夫妻此生此世还能有别的什么快乐和奢望呢”？我们与作者一样，只能送上最真诚的祝福……

接下来我们看到的是《空巢：我的养老谁做主》，接受任务的弋舟被自己面对的课题震动了，他决定利用假期带上自己13岁的儿子一同采访。“儿子只有13岁，正是颟顸无忧的年纪，但我知道，我自己终将会有那个概念意义上的95岁，关键的是，儿子他也终将会迎来自己的95岁”。因为，谁也逃不过岁月的刀锋，谁也绕不开老年之痛，准备好吧——无论是社会还是个人。

辽宁青年作家李铭为这套丛书拿出了两个选题，一是《农民工性生活：情迷都市》，讲述的是农民工的性生活问题，这是在该群体中广泛存在着的“空白”——巨大而被严重扭曲。作者在书中说：“真正的幸福和快乐，其实只有他们自己的内心懂得。我们能够看到那么多快乐的面孔，其实都是一种假象。每个人的内心都有着属于自己的隐私和酸楚。每个人都把自己的内心包裹上一层硬壳，不叫人接近。不是不渴望交流，而是实在无法信任——这看似强大的背后，其实隐含着巨大的脆弱。”这脆弱引发的思索应该是多方面的。他拿出来的另一个选题——《留守：守望的天空》，聚焦我国数量已超过6100万的留守儿童，他们与4700万“空巢”女人和8000多万“空巢”老人，是我们现实社会的隐痛，尤其是这6000多万的农村留守儿童，真让我们忧虑啊，因为这个格外脆弱的群体的生存直接关系到我们的未来。

从这些作家的书写中，在看到当下社会生活突出问题的同时，我们更看到了社会生活角落上的那些难为人知的隐秘。有位伟人曾经说过，问题是时代的格言，是表现时代自己内心状态的最实际的呼声。这些现实的课题、普通人现实的痛楚，是与我们的生活相关联的，就说那些不幸的人们吧，正如李铭所说：“其实，他们距离我们并不遥远。只是在这样一个喧嚣浮躁的时代里，我们的脚步匆匆，身心疲惫中，忘了关照一下他人，也忘了温润一下自己。”现在，我们的作家负起了自己应有的使命，他们做的一件很有意义的事情，就是把问题摆到大家面前，让公众可以更好地聆听、关切，投以更多的热情，进而去解决这些问题。

医治社会问题的药方不是哪个人能够开出的，有些问题不可能指望一两天就得到解决，但这些作家的才情和劳动，不仅让人肃然起敬，而且能让我们吸取到许多人生的营养。

（本文作者为著名评论家、中国作家协会创研部主任）

目　录

引子　法学教授“挑战”独生政策

杨支柱是中国青年政治学院法律系副教授，教授法律的他却在2009年岁末做了一件与他的职业身份大相径庭、备受关注的事情：

2009年12月21日，他的妻子陈虹为他生下了一个重6斤3两的女婴，而这是他们夫妻拥有的第二个孩子。这一年，杨支柱43岁，陈虹39岁。

第二个孩子出生之前，杨支柱提前给孩子取了个名字：又生。除了“又生了一个”，还借喻“野火烧不尽，春风吹又生”之意，希望她生命力顽强。

这应该称得上是中国实施计划生育30多年以来最受人关注的超生事件。法学教授杨支柱因为超生二胎而被学校解聘，继而引发网络众议。指摘者有之，赞成者也大有人在，但无论赞成与否，这时候都已经不再重要，一个超生婴儿艰难又充满争议的出生过程本身，才是对二胎政策之复杂性的最好注解。

杨家的喜庆，对杨支柱所供职的中国青年政治学院却是个挠头的事。根据现行的计划生育政策，杨支柱不符合生二胎的条件，计划外生育得受处罚。学院从来没有出过这样的事。当天下午，学院相关领导紧急开会，规定违反计划生育政策将予以行政处罚：留校察看，情节严重则开除。

第二天，这个规定贴了出来。

人们认为那是专门为他制定的规定，其中绝大部分人认为杨支柱不会被开除。“留校察看”，还可以讲课。

因为已有先例。杨支柱的朋友滕彪，中国政法大学法学院教师，早在两年前就已超生，但未受到处罚。著名人口学专家、上海社科院教授梁中堂介绍，三年前，复旦大学心理学系副教授马前锋家添第二胎，学校动员其提前辞职。现在马前锋仍然在复旦教书，只是不在编制内……

杨支柱生了二胎，他所在辖区的计生部门找上门来，但他决意不交逾 20 万元的超生罚款——社会补偿费。

三年前，杨支柱曾撰文力挺重庆反拆迁的“最牛钉子户”，现在自己却成了计生“钉子户”。在此期间，杨支柱一直抨击计划生育政策。他不停追问：“为何公民的房子得到保护，而住在房子里的人却没有生育自由？”

超生又不服从处罚，杨支柱为此付出代价也顺理成章。2010年4月9日，他正式接到学校的解聘通知。丢了工作，但他不怪学校，“学校只是执行政策”。

妻子陈虹早就预料到这个结果，“就像一直等着宣判，现在尘埃落定，心情反而平静下来”。望着怀中的这第二个孩子，陈虹胸中此刻氤氲着母性的温柔，杨支柱脸上也流露着掩饰不住的父爱，只是不难看出，这种父爱还夹杂着说不尽的苦涩。

宁愿丢失公职，也不愿错失生育第二个孩子的时机与权利，杨支柱哪儿来这么大的勇气？他和妻子为何这么执着要生下第二个孩子？

杨支柱的“二胎事件”被媒体披露之后，他的妻子陈虹在网上发表了公开信，从中我们不难看到她不顾阻力决意生下第二个孩子的初衷：

当我发觉自己再次怀孕以后关于要还是不要曾纠结了很久。

如果要，我在很长时间内必定不能工作，而等孩子长大我也老了，可能就再得不到好的就业机会了。可是我知道他（杨支柱）是一定要的，因为他喜欢孩子，因为他认为一个孩子对成长不利，容易惯坏。很多独生子女很“独”，不能接受一个弟弟或妹妹和TA分享一切，可碰巧我的3岁的女儿并不这样。她强烈地要求有个伴儿，总是要在幼儿园放学后拉小朋友来家玩，或者在小朋友家里玩到很晚还不愿意回家，让我很头疼、很无奈。尽管现在刚3个月的妹妹还不能和她玩，她也为因妹妹的出生失去很多父母的关注而非常不平衡、不适应，可当有人逗她说要把妹妹抱走或拿最好的玩具换时她还是强烈地反对。

而最终让我决定留下这个孩子的原因是我已经38岁了，岁月无情，而现在又是这样天灾人祸不断，远的有克拉玛依大火，近的有汶川地震，那么多花朵一样的生命凋零，做父母的怎么挨过余生？等计生政策废除？我等不起，我不想以后后悔。至于生男孩还是女孩，如果一定想要男孩，在科技如此发达的今天，根本不需要等孩子生出来才知道性别，赌一回的想法未免太好笑了。养儿子能防老吗？我真的很怀疑。老杨很疼他的两个女儿，视若珍宝，尽管大女儿顽皮起来让他很抓狂，小女儿哭闹起来他又寝食难安。

……

处罚是意料之中的事，所以我们都能平静地接受。其实也不是没想过办法逃避处罚，比如去香港生，或回老家躲起来生然后带回来说是亲戚家的孩子。可是都放弃了，因为怕麻烦别人，因为觉得没有尊严。

……

年近不惑的我和已过不惑之年的他，都不是冲动的人，和很多中国人一样因为“理智”太多而过着平淡如水的生活。如果这样的行为会带来什么社会意义那也并非是我们的初衷……无论如何，我，我们，会站在一起，为爱妥协，为爱担当。

以上是事件女主角陈虹的心声，看得出，第二胎的降生，并非是她有意对抗现行政策，而是发自内心的母爱和对独生子女成长的考虑、对独生子女意外伤害的担忧。

这里，不妨让我们看一看中国青年政治学院对杨支柱的处分决定。

中国青年政治学院对杨支柱的处分决定

院字[2010]第30号

法律系教师杨支柱2009年12月21日违规生育二胎，根据《中华人民共和国人口与计划生育法》《北京市人口与计划生育条例》和《中华人民共和国教师法》，经中国青年政治学院校长办公会议决定，给予杨支柱记大过处分，同时：

责成法律系解除杨支柱教学岗位聘任；

停止发放杨支柱独生子女奖励，并要求其退还已领的奖励费，收回其《独生子女父母光荣证》；

三年内杨支柱不能参评先进个人，不得提职，并取消一次工资调级。

中国青年政治学院

2010年3月18日

以上处分是杨支柱以附件方式张贴在个人博客上的。

作为事件的男主角，受到处罚的杨支柱又是怎样的一种心情呢？

2010年4月10日，他在自己的博客中这样表述：

仔细看看附件就可以知道学校这样处罚我其实没有明确的依据，这也是他们不说依据某法某条某款对我进行处分的原因。计生法虽然规定工作单位可以因为无证生孩子给职工以处分，但并没有列出具体的处分措施。教师法规定的解聘情形跟我的行为完全是牛头不对马嘴。从合理性的角度看，我生养孩子并不占用工作时间，也不影响我讲课的内容（民法），舆论对我的有利支持还表明我的生育行为没有降低我在学生心目中的形象，所以让我下课也并不合理。而且严格地说，解聘对应的是辞职，并不是一种处分，而是雇用、委任合同中可以付出代价（违约）或不付出代价（未违约，通常是对方违约）而行使的权利。还有，学校的决定落款是3月18日，口头告知我是3月26日，而书面决定直到4月9日才叫我去取，也令人费解。综合考虑学校各位领导跟我的谈话内容，我对此的猜测是，学校并不想这样处理我的问题，而是用这样的处理来吓唬我去缴社会抚养费并停止批判计划生育，这样北京市计划生育委员会就不到共青团中央告状了，学校就可以“对事不对人”把对我高高举起的鞭子轻轻放下。但是学校这样考虑完全是站在自己立场上的如意算盘，对于我来说，是用20多万元买张封条把自己的嘴贴上，做出这样的选择不但需要有足够的怯懦，而且需要有足够的愚蠢。

我并不打算到教育行政机构或法院去告学校，因为我深知他们这样做也是不得已的。我的行为给学校、法律系各位领导和计生工作人员及户口所在的怡清园居委会的工作人员带来了很多麻烦，在此我深表遗憾。但是我一点也不后悔。这首先是因为我的行为再普通、再正常不过了，是因为强制计划生育扭曲了绝大多数人的人性才使我的行为显得怪异。其次也因为如果我在不给领导带来麻烦和不要自己的孩子之间选择了前者，那我就不是一个合格的父亲，不是一个有人性的人。

值得玩味的是，截至2010年5月2日，腾讯网上的《今日话题》对杨支柱超生事件的特别策划及网友调查中，共有78063人支持杨支柱的超生行为，而表示反对的只有7683人，杨支柱超生二胎竟然得到了高达90%的网友支持。

我不知道国家计生委及其他相关部门是否注意到了这个调查，我只知道，中国政府如今已经很重视民意，在一项新的决策之前已经习惯听证或者调查，民意的向度已经在很大程度上影响着政府的决策。面对杨支柱超生行为几乎一边倒的高支持率，对于多年来民众放开生二胎的生育呼声，已经实行了长达30余年的独生子女政策是否应该重新审视、研究乃至调整？政府及计划生育部门到底是选择回避还是做出积极回应呢？

第一章　意外伤害，悬在独生子女头上的一把利剑

我国0～14岁儿童意外死亡专项调查显示，在各种死亡原因中，意外死亡已占第一位，占总死亡人数的31.3%。据推算，我国15岁以下儿童每年因意外伤害引起的死亡竟有四五十万人之多。

我国儿童意外伤害死亡率为发达国家的3～11倍，由此造成的各种损失可想而知。

中国社会科学院一项研究称，中国目前已有100多万失去独生子女的家庭。卫生部的数据显示，我国每年新增失独家庭7.6万个。人口学家预计，我国失独家庭未来将达到1000万！

2010年3月23日早晨，福建省南平实验小学门口像往日一样早早打开校门。晨曦中，学生们在各自家长的护送下三三两两、快快乐

乐地走进了校门。7 时 20 分左右，一名中年男子手持砍刀突然蹿到学校门口，疯狂行凶，当场砍死 8 名学生，另有 5 名被砍伤。

眼见如此穷凶极恶的歹徒，在场的群众奋起反抗。行凶者被学校门卫、路过的一名老师、一名晨练者和一名司机合力制伏。当时，学校门卫经过校门口，见状即上前与凶残歹徒搏斗；一名体育老师找来拖把，冲上去打掉了行凶者的砍刀，随后众人一齐上前将行凶者按倒。

经当地公安部门查实，凶手曾是南平市一家社区医院的医生，因患有精神疾病被辞退而心怀不满。据了解，他当天早上起床时曾说"我要自杀，我一个人死不行，要拖几个人一起死"，并认为成年人不好杀，因此把目光锁定在孩子身上，从而制造了这起骇人听闻的惨案。

福建南平实验小学被残忍杀害的 8 名小学生尸骨未寒，广东和江苏又连续发生校园凶杀案。

4 月 28 日 15 时左右，一名陈姓男子将刀藏在衣服内，进入广东省湛江市下辖雷州市雷城第一小学校园。由于未引起注意，男子持刀进入教学楼，挥刀对正在上课的四(1)班、五(3)班、五(4)班的学生乱砍，致 18 名学生不同程度受伤，一名符姓美术老师在阻止凶手继续行凶时头部被砍伤。随后学校工作人员报警，并拿着木棍冲向五年级，在教学楼走廊与凶犯对峙。凶手作案后，逃到另外一栋教学楼顶企图跳楼自杀，但未遂被捉。

时隔一天之后的 4 月 29 日，江苏泰兴再发凶杀案。当天上午，罪犯徐玉元携带单刃尖刀闯进泰兴市泰兴镇中心幼儿园，对幼儿和教师员工大肆残杀，致 29 名幼儿、3 名教工和群众共计 32 人受伤，其中重伤4人、轻伤25人、轻微伤3人。后徐玉元被闻讯赶到的警察和群众当场抓获……

在短短的一个多月内，中国校园里连续发生的凶杀案，矛头都指向年幼无辜的学生，这一桩桩骇人听闻的惨案，举国震惊。虽然凶犯最终都难逃法律严惩，但那么多无辜的死伤孩子，那么多惨遭不测痛失孩子的家庭，又怎能抚平重创的疤痕，挽回惨痛的损失？

2013年6月7日的厦门公交车纵火案，共有43人遇难。正值高考期间，车上有8名考生遇难，3名考生因伤情而无法参加第二天的考试。我们不难判断，那8名考生基本都是家里的独生子女，并且车上一定还有独生子女，43个生命的消失使43个家庭承担突来的悲伤，而独生子女的离世更使那么多的家庭瞬间坍塌。

更重要的是，中国成千上万的校园，数以亿计的无辜孩子，谁能保证横祸不再来袭，凶杀的惨剧不再发生？这些易碎的生命，又有多少是一去不返或危在旦夕的独生子女？

花季年华，有多少生命如花瓶那般易碎

珍爱生命，是人的本能。只要心理健康，任何一个人都会珍爱生命，热爱生活。

生命是那么的宝贵。唯其如此，生命又是那样的脆弱。

我们时常会将“花样年华”“花季少年”之类的美好词汇赋予风华正茂的青少年儿童，殊不知支撑那片明媚春光的，是他们那花瓶般的生命。

花瓶易碎，生命同样如此。

自从我十几年前开始关注失独家庭这个特殊群体，工作之余，我都无一例外、不由自主地开始关注我周围的生命。每每走在大街上，我都要不由自主地注视、观察那熙来攘往的陌生路人，他们或行色匆匆或一路谈笑，或意气风发或心事重重。然而，无论他们是什么神态，无论他们是男是女，或老或少，他们都按照自己的生活轨道怡然自得地生活在这个多彩的世界上。

生活是那样的美好。无论是清贫还是富足，无论是得意还是失意，有一份更重要的共同祈求无时不存在于每一个人的内心深处，那就是——健康、平安。

“没什么别没钱，有什么别有病”。这句话的后半句，正是这种共同祈求的真实写照。

然而，人世间并非所有的祈愿都能得到满足，也并非所有的主观愿望都能成为现实。天有不测风云，人有旦夕祸福。不幸与伤害，实际上时时存在于这个世界上，随时都可能威胁我们每一个生命，尤其是我们的青少年儿童，他们当中绝大多数可都是独生子女啊！“独生”意味着唯一，而唯一是经不起伤害、更经不起毁灭的，因为对于只有一个孩子的父母来说，当他们已经过了生育年龄，这唯一的孩子便无可替代。

独生子女，如今是当代中国绝大多数家庭的基石。如果有那么一天，活蹦乱跳的孩子突然由于意外事故而丧失了生命，永远离父母而去；或者原本健康活泼的小天使，由于意外伤害致残，这对于父母、亲人和整个家庭的打击，不啻大祸天降。

“祸兮福所倚，福兮祸所伏”。人世间，即使是你春风得意的时候，芸芸众生，无论贵贱，有谁能绝对避免天灾或人祸的突然降临呢？

即使是环视我们生活的周围，不幸说来也就来了。

2001 年 5 月 7 日中午 1 时左右，就在距我居住的居民小区不远处的北京朝阳区松榆里 32 号楼，一个 12 岁女孩不幸坠楼身亡。

我是从第二天的《北京青年报》的《读者热线》栏目上得知这一消息之后，赶到出事地了解情况的。那时候我刚断断续续地进入这个报告文学的前期采访。当我赶到时，那里早已是事终人尽，周围的一切平静得跟什么事都没有发生一样。几经打听，一位在 32 号楼前乘凉的老太太才断断续续、不甚情愿地告诉我，那个女孩是 602 室家的独生女，12 岁，性格很开朗，正在读初中一年级。楼内小伙伴们听说她从楼上摔下来，都特别吃惊。女孩摔下来时，她的父母都不在家，到下午 3 点才相继从工作单位回来。得知女儿的死讯，夫妻俩都哭得死去活来。

老太太的话，字字句句像针一样扎进我的心脏，我能想象出那夫妻俩痛失爱女的惨状。我想再从老太太那儿了解女孩的死因和这个不幸家庭的其他情况，但老太太却并不知晓。

走出铁栅围筑的小区，来到临街的松榆里 32 号楼东头，我心情沉重地寻找着那个 12 岁女孩灵魂的踪影。眼前的这栋砖楼，高六层。临街一位做小买卖的年轻店主告诉我，女孩的家就住在最高的六层，昨天中午，女孩就是从她家的南面阳台上掉下来的，至于什么原因，至今一无所知。我抬起头，默默地注视着靠东朝南的那个阳台。阳台不大，是铁栅围成的。铁栅不高，但看样子也有大人的半身高吧？那个年少美丽的生命，怎么会从眼前这个阳台上摔落呢？是他杀？自杀？抑或是不慎摔落？周围的人都说不知道。反正出事的时候，这里密密麻麻挤满了围观的人，警察也开着警车前来调查处理了，但女孩坠楼到底是什么原因，最终仍没有一个明确的说法。

我注意阳台的周围，杨树、槐树和一些不知名的灌木郁郁葱葱，杨树和槐树高大的树冠撑起的绿荫，衬托出这里的安详静谧。而昨天出事的时候，这里可是人声鼎沸、一派喧哗呀！难道生命的消失，真如流星那样，亮光闪过的刹那间之后就注定要悄无声息了吗？那对痛失爱女的父母，他们的心境和生活又如何能够平静呢？

我很想走进眼前这栋楼的602室，去抚慰那对痛失爱女的夫妻那鲜血淋漓的心灵，同时也寻找出女孩生命消逝的缘由。但犹豫再三，最终我还是没有鼓起勇气。原因不言而喻：在人家还痛不欲生的时候，怎么能够接受一位陌生来访者呢？

同样是在2001年，进入冬天的时候，另一桩惨剧更是近在咫尺地震撼、刺激着我。

那天傍晚，我刚下班回来，推着自行车进入我所居住的小区大门时，院里停着一辆警车，四周密密麻麻地围满了人。我顿觉疑惑，预感可能出什么事了。细一打听，本小区居委会的一个中年妇女忧心忡忡地告诉我，有人跳楼了，在17号楼的西侧。我内心一惊，心情沉重起来。17号楼正是我居住的楼。我快速支起自行车，锁上，然后迅速挤过人丛，绕到17号楼的西侧。我伸长脖子一看，发现距离我十来米远的水泥地上躺着一个年轻女子。在她的附近，有几个警察正叽里咕噜地商量着什么。我向身边的人打听详情，才知道那年轻女子是从21层的那个窗口跳下来的。从这么高的楼上摔下来，她的生命显然已经不可能有挽回的余地。身边的一个人说，那女子从高空摔落在地上的声音，是“扑”的一声，闷闷的，就像沙袋坠地的那种声音。虽然没有那种骇人的惨叫，但可以断定，她身体里面的内脏和骨骼大都已经粉碎，就像沙袋里那本来就已经是粉碎的散沙一样。

我忽然感觉全身毛骨悚然。然而，我还是大着胆子往前走，想继续看个究竟。死者是侧趴着的，而且面部朝着墙的那边，所以我看不清她的容貌，只能看到她黑亮茂密的秀发被白色手绢扎成蓬松的马尾巴，身上是花格上衣和深蓝色牛仔裤。这种发型和装束，不难想象她生命中曾经洋溢出来的青春气息。可惜此时此刻，她的这种生命气息已经毁于一旦。她身下那冰冷的水泥地上是一摊猩红的血，虽然那摊血在眼下这寒冷的天气中已经有些凝固，但仍然依稀可见那摊血要往外流淌的痕迹……

这时候，有一位警察走到死者身边，将一只手伸至死者的鼻腔前，显然是想试探她是否还有生命的气息。结果，警察还是摇了摇头，跟另一位警察说着什么，接着又用对讲机向谁报告着案情。

——究竟是什么使得眼前这个原本美丽的生命毁于一旦呢？

从围观人群喋喋不休的议论中，我慢慢了解到有关死者的一点点情况：女孩是吉林人，到北京来谋求发展，与北京籍的男朋友在这里租房同居，她的自杀是因为与男朋友出现情感危机……至于死者的其他情况，大家都不甚了解，警方也正介入调查。

情况虽然简单，我的内心却一直翻江倒海难以平静：多么可惜的一个生命！多么可悲的一种选择！仅仅是一念之差，原本美丽的生命就瞬间毁灭，永远不可能挽回——她是独生女吗？她那远在吉林的父母、家庭，将如何承受这灭顶之灾般的打击呢？

2001 年冬天，那个寒冷的血腥的傍晚，那个触目惊心的悲剧，那个美丽的却已经彻底毁灭的年轻生命，让我再一次痛彻地感受到了世态的炎凉、生活的艰难和生命的脆弱！

转眼到了次年的夏天，我同楼的邻居又告诉我，他一位同事的独生儿子年初在香港不慎坠楼了。我的这位邻居是邮政航空公司一名年轻的副驾驶员，出事的就是与他同一机组的驾驶员。据说这位驾驶员的独生子是清华大学的研究生，学习十分优秀，作为交流的学生之一被学校派往香港大学学习，住的是高层学生公寓，今年年初不知怎么的从学生公寓的阳台上摔了下去——至于是怎么掉下去的，是他杀、自杀还是不慎失足？虽然香港警方介入了案情的调查，但至今仍然没有得出明确的结论。

不管这位飞机驾驶员的儿子到底是怎么坠楼的，一个年轻优秀的生命从他们的家庭、从这个世界上永远消逝都已是不争的事实。二十出头的青春年华，又是清华的高才生，眼看着即将步入社会，美好的前程就要开始，生命的芬芳就要在人生的春天里嫣然绽放，不料却被一场飞来横祸毁于一旦，这对于含辛茹苦、对儿子一直充满厚望且年已半百的父母亲，该是多么残酷的打击啊！

我的那位年轻邻居说："出事之后，单位出于安全的考虑，一直没有安排那位驾驶员出航，但没过多久，这位驾驶员就要求出航，领导看他态度坚决，终于同意了。他出航时，我是他的副驾驶，事实上他操作自如，动作果敢，全然看不出他的家庭刚刚经历过劫难——这要有多么刚强的意志才行啊！看着他那年已半百的刚毅脸庞，我觉得他是一条真正的汉子！"

听邻居这么介绍，我对那位飞机驾驶员充满同情之余，又对他多了一份敬意。然而，不难想象，这位驾驶员那男子汉刚毅的脸庞背后，在他的内心深处，他的情感又该经历多么艰难的磨砺！

多年之后，身边的不幸又接踵而至。2008 年，著名作家周大新的儿子周宁因病去世，年仅 29 岁。2012 年国庆节，我所在的《北京文学》杂志社编辑、作家周美兰的女儿意外坠楼身亡，年仅 12 岁。两位作家的孩子都是独生子女，前者风华正茂，大学毕业后刚参加工作不久患病；后者聪明伶俐，学习成绩优异。孩子的不幸夭折，给两位作家的心灵造成了难以愈合的深深创痛。

周大新说，儿子去世之后，他什么事都做不成，只有坐下来，记述儿子短暂的生命历程。为此，他创作了催人泪下的纪实长篇小说《安魂》，寄托了他对痛失爱子的深深自责与无限思念，"献给我英年早逝的儿子周宁，献给天下因疾病和意外灾难而失去儿女的父母"。书中详记了儿子的成长经历，患病、求医细节。字字血泪，痛彻心扉。全家人想尽一切办法，尝试各种治疗，从大医院到巫婆神汉，从权威专家到江湖游医，不放过任何一丝丝的治疗希望，可最终 29 岁的儿子经过几年的病痛折磨，与脑瘤苦苦抗争，还是无奈离世……读者无不热泪滚滚。

而在人民文学出版社出版了长篇小说《鄱湖水鬼之 1998》并赢得关注的周美兰，时至今日仍深陷于丧女的悲痛之中不能自拔，无论是工作还是创作都无法正常进行，令人心生同情与痛惜……

尽管我与他们熟识，且眼下写作此书，但也不忍去打扰他们，进行面对面的采访。

在灾难和死亡面前，我们提倡坚强，赞美勇敢，呼唤新生，然而，所有的这一切，只能鼓励人们尽快医治创伤，忘掉疼痛，却无法避免不幸与灾难的不期而遇。在我生活的周围，活生生的现实尚且如此，放眼全国，独生子女的意外伤害事件更是此起彼伏，数不胜数。

我不忍心再将所有的悲剧如此血淋淋地一一向读者诸君展示，因为每一则带血的新闻，就是花季生命的一次毁灭。而花季生命的每一次毁灭，就是人世间喷溅的又一次血泪，是不幸家属一次撕心裂肺久久难以愈合的心灵创痛。

面对这些，我们的心在战栗，在哭泣，在淌血……

然而，现实又是如此的残酷，灾难又时时让你如此的猝不及防。对于我们每一个善良的人来说，你祈求生活的幸福，渴望生命的健康和平安，可有时候灾难与祸害却偏偏与你作对。最要命的是，有时候灾难降临的不仅仅是生命的一个个体，而是生命的一个个的群体，让你猝不及防，倍感绝望；让你无法承受，难以面对。

触目惊心的数字

在南方小镇的公路旁，一位年轻的父亲跪在血肉模糊的幼女身边号啕大哭；在急诊室，一个4岁男孩脸憋得青紫青紫的，眼瞧着快窒息了，多亏医生紧急抢救，切开气管取出扎在气管壁上的图钉，孩子才得以生还；空地上，两岁多的男孩叽叽嘎嘎笑着往前跑，一不小心掉进工地的水井里；两岁的城城因为误吃了奶奶的降糖药引发急性中毒，昏迷不醒，在被送到北京儿童医院抢救10天后，还是永远地离开了疼他爱他的家人，离开了这个世界，意外伤害又一次扼杀了一个弱小的生命……

——意外伤害，已被列为21世纪影响儿童身体健康和生命安全的重要危险因素。

2001年4月，北京市儿科研究所丁宗一教授在接受媒体记者采访时说："我国还没有系统的关于儿童意外伤害的全国监测网，但是根据妇幼卫生项目县的局部抽样调查，意外伤害已占0~14岁儿童死亡的第一位，据统计，意外死亡率已占我国儿童总死亡率的26.1%。"

60岁的丁宗一教授从20世纪80年代开始从事儿童意外伤害研究，是我国少数几位对儿童意外伤害有专门研究和著述的专家之一。

2002年6月，已经同时兼任地点设在北京儿童医院的中澳儿童意外伤害防治中心主任的丁宗一教授，进一步向媒体公布了该中心一项全国性的调查结果：儿童营养不良性疾病和感染性疾病逐年下降，意外伤害在致使儿童死亡因素中已经占到40%左右。

为什么意外伤害竟会成为儿童致死的首位原因呢？丁宗一教授

认为，由于生活水平逐渐提高，科学技术不断进步，社会环境、家庭环境都比原来复杂了许多。例如，现在的家庭都配备有各式电器、电插座；马路上各种交通工具日渐增多，路况更加复杂；有的家庭开始驯养宠物。电器多了，难免孩子会因为好奇乱碰乱摸；马路上车多了，交通事故的数量也会增加；家有宠物，如有不慎宠物就可能伤害幼儿。所有这些因素都直接导致儿童意外伤害发生率不断上升。

来自全国死亡监测网的报告显示，无论城市或农村，意外死亡均为 1～4 岁儿童的第一位死因，死亡率高达 685/10 万～941/10 万，边远地区 5 岁以下儿童意外死亡率甚至达到 1056/10 万。意外死亡与损伤的比例为16∶11，显示出我国儿童意外伤害来势凶猛。

21 世纪初，北京儿童医院外科曾对时间跨度为 5 年的 24665 例住院患儿做过调查，发现意外伤害共 1268 例，占 5.14%，其死亡率达到同期医院先天性畸形及肿瘤死亡人数的总和。意外伤害中以气管异物、烧烫伤、车祸、意外坠落、宠物咬伤为常见。

20 世纪 80 年代以前，导致儿童死亡的第一位原因常常是传染病或呼吸道疾病。

1987 年全国调查显示，0～4 岁儿童因意外伤害而致残的占 0.1%～0.3%，5～14岁的占 0.6%～0.7%，从 0～14 岁增长 7 倍。据推算，全国因意外伤害造成后天伤残的约 175 万儿童，其中肢体伤残的占 60%。因为一次意外事件，导致儿童终生残疾，他们无法过正常人的生活，无法从事正常工作，严重者甚至连生活都不能自理。对于他们，这将是一件多么残忍的事实，而对于家庭和社会，又会增加多少不必要的负担。

随着生活水平的提高和医疗卫生条件的改善，儿童传染病和感染性疾病发病率逐年降低，病死率越来越少，但意外伤害引起的死亡率不降反升，逐渐成为儿童死亡的第一位原因。

20 世纪 90 年代我国 0 ~ 14 岁儿童意外死亡专项调查显示，在各种死亡原因中，意外死亡已占第一位，占总死亡人数的 31.3%。在 1 ~ 4岁死亡儿童中意外死亡占 56%，在 5 ~ 9 岁中占 65%，在 10 ~ 14 岁中占 60%。也就是说，在 0 ~ 14 岁死亡儿童中，有近 2/3 由意外伤害引起，而在 10 ~ 14 岁死亡儿童中有一半以上是由意外伤害引起。据推算，我国 15 岁以下儿童每年因意外伤害引起的死亡竟有四五十万人之多。意外伤害已经成为我国儿童的第一杀手。

那么意外伤害的主要危险因素是什么？儿科专家们列举了若干条：

车祸——已经成为意外伤害死亡中的首位原因，事故发生率上升极快。

车祸后果轻重不一，多见头部受伤、骨折、内脏出血、休克、死亡。在步行交通事故中，危险人群为 5 ~ 9 岁儿童；在驾车事故中，危险人群是 10 ~ 14 岁儿童和 15 ~ 24 岁青少年。随着青少年驾驶摩托车增多，车祸发生率会急剧上升。

溺水——四季都可能发生，以夏秋季、农忙时为多。

在水缸、浴池中溺死的多为 0 ~ 4 岁儿童，在水渠、池塘、水库中溺水的多为 5 ~ 9 岁儿童，在游泳池中溺水的多为 10 ~ 14 岁儿童。随着人们物质生活水平的不断提高，加上双休日制度的实施，家庭户外活动增多。夏季城市居民喜欢游泳、戏水。由于城市正规游泳场馆较少、门票价格偏高以及布局不合理等原因，一些人到非正式开放的江、河、湖、溪、渠、海等水面游泳。由于这些水域深浅不一，缺乏救护设施及人员，很容易发生溺水事故。在溺水者中，最多的是少年儿童，尤其是那些没有成人陪同而自行去游泳的孩子们。初冬水面刚刚结冰，或是早春坚冰开始融化，冰层变薄，此时是最易发生儿童踏碎冰面导致溺水事故的时候。

一谈到溺水，人们更多想到的是少年儿童，其实幼儿由于溺水而致死的事件也极为常见。据统计，1991 年我国 1 ~ 4 岁儿童因溺水死亡的就占 34.2/万，排在各种死亡原因的第三位。2000 年 ~2005 年我国 0 ~ 14 岁儿童因意外伤害致死的平均死亡率为 20.1/10 万，60% 是因为溺水而亡。数据显示，中国每年近 3 万儿童溺水身亡。这些孩子主要不是由于游泳溺亡，更多的是由于不慎跌入水中致死。

北京郊区有一对农民夫妇，男方家庭三代单传，他们喜得贵子，祖孙三代其乐融融。一天下午，正在家中喂猪的祖母忽然听到门外有人惊呼："你们家小宝掉到水沟里啦！"祖母赶紧与邻人一起跑到村头，看到自己两岁的孙子已被人捞起，放在小路旁，已死亡多时。原来孩子自己出去玩耍，不慎跌入浇地水渠中，水深不及 70 厘米。

烧、烫伤——可因失火、炉火、电熨斗、电炉、热水、热油、蒸气、爆竹、强碱、强酸等造成。

一些农村现在还有灶连炕，灶上放着大锅烧水做饭，炕上还放着热水瓶等，小儿好动，稍有不慎便会酿成意外。专家说："千重要，万重要，看护好幼小的孩子最重要。"并告诫家长，"要管理好易燃物，把有害的东西放在孩子不能摸到的地方。"

中毒——误服药物发生中毒多见于0~4岁儿童。毒物有氟乙酰胺类灭鼠药、有机磷农药、鱼胆等，此外还有煤油、汽油、油漆等。

专家说，儿童服入有毒的东西多是大人管理不善所致。儿童药物中毒主要由两种原因引起：一是家长不了解儿童用药知识，自行滥用药物引起中毒；二是儿童自行偷吃药物引起中毒，这也是最常见的一种。1~3岁幼儿好奇心强，常趁大人不注意，偷拿药片服用，造成中毒。

某3岁儿童趁大人外出之机，打开抽屉将多半瓶带糖衣的药片吃光。家长未及时发现，直到孩子突然口吐白沫，全身抽搐，才送到医院急救。患儿自住院第二天起，全身皮肤松脱，鲜肉裸露，连静脉点滴都无法注射，医生只好将静脉切开，用静脉插管进行输液治疗。连续抢救8天，最后还是未能挽回生命。因此，家长一定要管好家中的药品。

值得一提的是，有一部分小儿中毒是由于不正当要求未被满足，或心理压力过重而有意服毒，这是儿童中毒的重要危险因素之一。

跌落——随着高层楼房逐年增多，阳台、门窗、楼梯缺乏保护装置，儿童坠落事故的发生有增多趋势。

有的家长外出时将小儿反锁房中，小儿好奇心强，喜欢爬高，易由阳台或窗口翻出造成坠落。

窒息——吸入异物是主要原因，高危人群为0~4岁儿童。

异物的种类繁多，以植物性异物占多数，比如花生米、瓜子、果冻等。另外，还有其他的物品，如塑料插板、玩具零件、纽扣、笔帽甚至铁钉、图钉。此外，也有因被子盖住婴儿面部造成窒息死亡的。新生儿和幼小婴儿不会抬头或翻身，母婴同睡一张床，甚至同睡一个被窝，婴儿容易由于被子堵塞口鼻而发生窒息死亡。母乳喂养时，婴儿边吃边睡，当母婴入睡后，乳房堵塞婴儿口鼻，亦可发生窒息死亡。新生儿和幼小婴儿不会翻身，如果采取仰卧位睡眠，一旦孩子发生呕吐，呕吐物流入气管，亦可引起窒息和死亡。

农村某夫妇，家有一个 9 岁女孩，由于大叶肺炎死亡。母亲 32 岁再次生子，实行母乳喂养。孩子 23 天时，凌晨，惊醒的母亲忽然觉得叼着自己乳头睡觉的婴儿口唇发凉。开灯一看，孩子口唇青紫，已经完全停止呼吸。原来婴儿由于母亲的乳房堵塞口鼻而窒息死亡。

近年来，小儿气管异物窒息死亡发生率呈上升趋势，其原因与小儿餐外食物增多有关。据统计，我国新生儿意外窒息死亡发生率为 55.2/10 万，农村高达 187.2/10 万。

自杀、他杀——主要发生在青少年身上，或由心理压力过大造成，或因校园暴力引发。

2009 年至 2010 年震惊中外的深圳富士康员工短时间内十二连跳的自杀事件，其中的第十跳就是独生子女。

富士康的第十跳发生在 2010 年 5 月 21 日凌晨 4 时 40 分，富士康科技集团园区有一男子从楼顶跳下，送龙华医院抢救无效死亡。经查，死者南某，汉族，21 岁，湖北人，中专学历，2009 年 2 月入职。民警经现场勘查，确认死者系自己跳楼导致死亡。关于自杀原因，警方经调查了解到，南某系独生子，父母已离异，缺乏家庭关爱。南某前女友今年春节回家后跟他人结婚。后南某新交的女友"五一"回家未再来公司并与其分手，这对南某的心理造成极大的打击……

国家疾控中心近日发布数据称，在过去的半个世纪里，我国自杀率上升了60%，其中75%的自杀发生在农村，是城市的3倍。据统计，我国平均每年有28.7万人死于自杀，每两分钟就自杀身亡一人，自杀已成为15~34岁人群的首位死因。

早在2002年12月11日，北京心理危机与干预中心主任曹连元就指出："自杀与心理危机已经成为中国一个重要的公共卫生问题。"

据此，媒体（比如同一天的中新社电讯）还进一步披露，中国是世界上自杀率最高的国家之一，为23/10万，而国际平均自杀率仅为10/10万，中国自杀率是国际平均数的2.3倍。调查显示，中国独立的自杀危险因素依次为：抑郁程度重，有自杀未遂史，死亡当时急性应激强度大，生命质量低，慢性心理压力大，死前两天有严重的人际关系冲突，有血缘关系的人有过自杀行为，朋友或熟人有自杀行为。在中国，许多自杀者并没有精神疾病，其自杀是在遇到强烈人际关系冲突之后迅速出现的冲动行为。70%左右的自杀死亡者或自杀未遂者从来没有因为其问题寻求过任何形式的帮助；60%的自杀死亡者和40%的自杀未遂者在自杀当时有严重精神疾病；全国的综合医院每年有200万急诊自杀未遂病人，但在其急诊治疗期间接受过精神科评估或治疗的不到1%。而在国外自杀案例中的精神疾病患病率达90%以上。

据2003年5月9日新浪网《新浪观察》评论员陈栋的文章，《中国青年报》报道，2003年开学之后，武汉市高等院校学生自杀事件频发，到4月16日为止，共发生学生自杀事件12起，其中10人死亡，两人获救。湖北省教育厅有关部门负责人在向记者透露上述消息时承认，学生自杀事件越来越多。其实像这样的事情还真不少。北京师范大学的一名研究生自杀（见《北京娱乐信报》）；某大学新生不适应环境，进校两天就跳楼身亡；因为感情、学业不顺，大三男生不顾朋友劝告夜投珠江；暨南大学生物系三年级学生黄毅（化名）留下遗书之后，在自家的楼上坠落而下，结束了自己年轻的生命（见《广州日报》）；一名21岁的女大学生从其就读的沈阳师范大学一教学楼上坠下，经过七三九医院近5个小时的抢救，坠楼者终因伤势过重死亡；长沙林学院一名女学生跳楼自杀，当场身亡（见红网新闻）。大学生自杀从南到北、从东到西，似乎成了“一波未平，一波又起”的严重态势，并且自杀者的学历在逐步提高。

据《中国青年报》2007年5月22日的报道，2007年5月5日至17日，短短十几天内北京相继有5名大学生坠楼身亡。有统计数据表明，2000年以来，北京高校发生类似事件导致学生死亡人数平均每年都在两位数以上。

中国社会调查所曾经对北京、上海、广州、南京、武汉等地高校1000名大学生展开了一项针对“大学生心理”方面的问卷调查，结果显示，超过1/4的被访者表示，曾经有过自杀念头。

大学生自杀本身是一件悲惨的事情，给家人、亲人、老师、同学、朋友都带来了极大的悲痛与伤害，也给学校、社会造成了不良的影响。大学生自杀主要是由于个人心理承受能力和客观的社会环境引起的。相对来说，大学生是一个比较理性、素质也比较高的群体。然而有研究资料表明，在高校自杀率统计中，大学生高于一般青年，重点大学高于一般大学，研究生高于本科生；同时，自杀居20~30岁年轻人死亡原因的首位……

所有这些，对于对自己的独生子女寄予厚望并含辛茹苦将其送进大学的天下父母来说，不能不说是一种危险信息，它提醒我们：智力的发展并非孩子成长的全部，健康的心理和人格更为重要。只不过谁都不能否认，面对“只有一个孩子”的现实，面对“分数就是一切”的教育现状，独生子女的家长们想两全其美的确是太难了。

与自杀相比，校园里外来的伤害更难以防范。

最近十几年来，骇人听闻的校园暴力事件比比皆是：

2000年7月8日，以全国第一名的成绩考入中国科学院化学研究所攻读硕士和博士研究生的刘傲，因恋爱不成亲手杀死了自己的女友——严晴，一个被湖北大学保送到中国环境科学院攻读研究生的女孩，两个独生子女全都毁于一旦；

2001年12月13日，哈尔滨一名12岁的初二学生与同学发生争执，竟用刀割伤对方耳朵，哈尔滨医科大学第一附属医院用了40分钟才把耳朵复位；

2002年4月2日中午，广州市海珠区某中学初一学生杨某，因交不出500元“保护费”，被几名初三学生打得脑部出血；

2002 年 5 月 12 日晚，陕西省旅游学校 2001 级汉语导游班 16 岁女生君君因不愿意拉帮结派，在宿舍里遭到近 10 名女同学的围殴，扇耳光、脱衣服、拳打脚踢、泼冷水，君君身心受到极大摧残；

2006 年 9 月 3 日，江苏省三门县亭旁中学发生一起校内打架事件，致学生马招虹死亡；

2007 年 10 月 18 日，西安市长安区五中 6 名学生因琐事打架，其中一名学生用水果刀刺伤另 5 名学生，一死两重伤两轻伤；

2008 年 6 月 12 日，安徽长丰县吴店中学学生杨某与陈某打架，导致杨某意外死亡；

2009 年 5 月 31 日，山西朔州市朔城区一中几名男生为一名女生打架，一死两伤；

2009 年 12 月 2 日，云南墨江县墨江一中发生一起学生伤害事件，一死两伤；

2010 年 10 月，西安音乐学院学生药家鑫驾车将张妙撞倒后连刺数刀致亡，2011 年 6 月 7 日，药家鑫被执行死刑。

……

对近年校园暴力问题颇多关注的南京师范大学教育心理学教授钟伟国对此评价说："发生在同学之间的暴力事件，行为都相当残忍。行凶者大都存在心理扭曲，这是独生子女家庭最容易存在的问题。"

这些残忍的行为发生在平时笑脸相见的同学之间，风华正茂的大学生身上，而且，行凶者的年龄与那种残忍的程度似乎不成正比，更让人震惊。

而像2010年先后发生在福建、广东、江苏的外来凶犯疯狂伤害学生群体的案件，更是让人心有余悸，防不胜防。

上述事件，是如今构成我国儿童和青少年意外伤害最主要的因素。

武汉同济医科大学刘筱娴教授一谈及儿童意外伤害，内心深处就有一种说不出的疼痛。

刘教授说，20世纪中叶以来，随着社会经济的发展，感染性疾病与营养障碍等问题逐渐得到有效控制，意外伤害对儿童身心健康的危害却日益显现。从20世纪70年代末起，在欧洲及欧洲以外发达国家儿童总死亡排序中，意外死亡就一直盘踞在第一的位置。而早在1990年，世界卫生组织就发布报告：在世界大多数国家中，意外伤害是儿童、青少年致伤、致残的最主要原因。

据报道，日本每年1～4岁儿童两人中就有1人、5～14岁儿童3人中就有1人因意外损伤而到医院就诊。日本政府1990年用于儿童意外伤害的开支为12.35亿美元；美国1982年此项经济损失达83亿美元。我国儿童意外伤害死亡率为发达国家的3～11倍，我国又是世界第一人口大国，每年都有数十万个家庭遭受到这种无妄之灾。在我国，近些年来，5岁以下儿童，无论是在城市还是在农村，意外死亡均为第一位死因；在部分省市，意外伤害还成为14岁以下儿童的首位死因。

在每年数以万计天真无邪的花朵无辜凋零的同时，非致命意外损伤也在折磨着更多的儿童及其父母亲友。

同济医科大学儿少卫生学教研室曾在全国11个城市4.3万多名

幼儿及中小学生中进行过意外伤害的调查，结果显示：非致命意外伤害的发生率为24.10%，其中，造成身体缺陷者占1.64%，造成永久性伤残者占1.01%。国内其他相关调查也显示：每年有20% ~40%的儿童因意外伤害需要给予医学关注，其中有1/3需要手术治疗、卧床、休学或1天以上活动受到限制。

意外伤害的发生有其内在规律，主要与儿童的生理状况（如年龄、性别、心理特征、身体状况）、家庭条件（如经济状况、父母的年龄和受教育程度、单亲家庭、父母的安全意识）和社会因素（如经济发展水平、健康教育的落实和普及程度、产品及公用设施的安全状况）等有关。

当今中国，在普遍“只有一个孩子”的城市独生子女家庭，儿童意外伤害带给社会、带给家庭、带给个人生理和心理上的严重损伤，往往永远无法愈合。因此，儿童意外伤害，已被许多学者视为当今最严重的社会、经济、医疗和公共卫生问题之一。

中国独生子女意外死亡的风险有多大？有一些人口学家根据全国第五次人口普查资料建立生命表推算得出如下结果：大约有3.91%的人活不到18岁，有5.1%的人活不到30岁，其中1.17%是在18 ~29岁死亡的。虽然比率并不是很高，但绝对数量并不少。

中国社会科学院一项研究称，中国目前已有100多万失去独生子女的家庭。卫生部的数据显示，我国每年新增失独家庭7.6万个。2012年，据人口学专家、《大国空巢》作者易富贤根据人口普查数据推断：中国现有的2.18亿独生子女，会有1009万人在或将在25岁之前离世。这意味着不久之后的中国，将有1000万家庭成为失独家庭。

意外伤害，犹如悬在儿童及青少年头上的一把利剑，随时都有可能夺去他们的生命和健康！

而如果这种危及生命的伤害降落到已经长到16岁以上的独生子女身上，无疑就将已经丧失生育能力的中年父母们也置于生命和生活的绝境。正因如此，当他们那唯一的孩子突遭不测、生命垂危时，他们是那样的歇斯底里，那样不惜代价地想挽回孩子的生命。

正因如此，2002年8月28日的《南方都市报》曾报道了深圳一位母亲挥金17万包机救女的动人故事。8月24日，远在云南丽江旅游的张小姐乘坐的旅游车为了避让另一辆车突然翻入山谷，车一连翻了几个滚，车上乘客死伤惨重，张小姐也生命垂危，被送进丽江第七人民医院抢救。但由于该院医疗条件不太理想，而张小姐如果得不到有效救治，很可能会终身瘫痪。在获悉女儿不幸车祸的消息之后，如遭雷击的母亲陈女士心急如焚，经多方联系四处求救，取得了深圳机场求援专机的帮助。求援专机迅即起飞，往返数千公里，从云南丽江将危在旦夕的张小姐救回广州，终于得到了及时的治疗。据陈女士透露，此次包机救女花费17万元人民币，钱是深圳的一位亲戚帮助垫付的。

相信每一位读到这则报道的读者，都会像我一样，在被这位母亲爱女之情深深打动的同时，也会生出一种难言的感慨——可怜天下父母心！

但我认为，准确地说，应该是“可怜中国独生子女父母心”！因为当你只有一个孩子，而孩子生命垂危的时候，你别无选择，你会不惜代价地为之付出。

第二章　不该凋谢的花朵

我一向认为，揭人家的伤痛是一件极不人道的事情，也是一件极其艰难的事情。

但这一次，我不得不去做有生以来第一件违背自己本意的事情，因为这绝不是一般意义上的事情，不像那些天生好奇的人那样只满足于寻找街头巷尾的佐料而不惜幸灾乐祸地去窥探人家的隐私。我所要做的这件事情，绝不仅仅牵涉到那些不幸遭到意外伤害的独生子女家庭，而且关系到当今中国所有的独生子女家庭，乃至中华民族自身的生态现状以及中国的未来。所以，即使我认为不应该去揭人家的伤痛，即使这件事情做起来极其艰难甚至是艰苦卓绝，但我还是决定要做。

我下这么大的决心，其实已经不只是两三年的事了。我这个被朋友和同事认为很有社会责任感的人其实首先是一个地地道道的俗人，我的血脉里天生涌动着与绝大多数人一样的七情六欲。我热爱生命，热爱生活。我尤其喜欢孩子，每每见到那些憨态可掬或天真无邪的孩子，总会不由自主地放慢脚步，频频注目，胸间无限温柔地涌动着欣喜与怜爱之情。

记得还在恋爱阶段的时候，有一次与女朋友上街，途经一家幼儿园时，我对隔栏而望的一群孩子喜不自禁，默默注视，流连忘返，几乎忘了身边期待陪伴的女朋友。可令我意想不到的是，这件事不仅丝毫没有影响她对我的爱恋，我喜欢孩子这一点反而更坚定地促成了我俩之间的婚姻。待到我们有了自己聪明伶俐、漂亮可爱的女儿，我更是无可救药地父爱泛滥。只要一到下班时间，我恨不能早一点回家，与女儿一同嬉戏玩耍。堂堂的七尺男儿，竟然如此儿女情长，这在如今我的许多同龄人看来是很不可思议，甚至是很没出息的事情，但对我来说纯属生性使然。而“爱孩子”这一点，在妻子看来却偏偏成为我身上最大的优点，用她的话说，“这才有人情味”，所以她当初坚定地选择了我。

然而毕竟搞文学的人喜欢胡思乱想。当我们像中国繁华都市里许许多多三口之家那样，充分享受天伦之乐的时候，忽然间却害怕失去什么。以至于后来，当我接二连三地从媒体上获悉某某地方的独生子女不幸夭折的消息时，我内心深处随之感觉到难以言状的颤抖与痛楚。联想到街头上随处可见的“只生一个好”的计划生育公益广告，看着广告上那对年轻夫妇那么忘情、那么心花怒放地呵护着怀里那唯一的掌上明珠时,我不知怎么的就生出一个极不应该,甚至是大逆不道的假设:假如将来的某一天因为某种不可预测的因素,某种无法抗拒的外力的摧残,他们不幸地如花一样夭折,似玉一样破碎,这对原本无比幸福的夫妇将如何面对这种灾难性的打击?假若这对夫妇因为年龄或健康的原因从此不能再生育,他们又将如何面对生老病死,度过那风烛残年的余生呢?

我为自己这种近乎荒唐的设想不寒而栗!

但在中国,自古就有"天有不测风云,人有旦夕祸福"之说——谁能否认我这种近乎荒唐的假设存在着变成现实的可能?所有追求幸福、祈求平安的人们,哪怕是达官显贵,又有谁能保证自己完全能够把握住自己的命运不受天灾人祸的随时袭击呢?

没有,从来没有。

所以,面对那不幸遭受灾难的家庭,我无比痛心,也充满同情。我不忍心触痛他们,可同时又渴望走近他们,甚至带着一种不知从何而来的悲天悯人的情怀渴望着进入他们的生活,以自己多少有些不自量力的关心、同情与开导去抚慰他们那受伤的、至今仍汩汩滴血的心灵。我想从他们所经受的打击、所面临的困境中考察当今中国普遍存在的一家三口、"只有一个孩子"的家庭模式的血缘生态现状,乃至由此带来的对中国社会、对中华民族现在与未来的影响。

所以,我想对那些我渴望采访、被我无意触痛的家庭和当事人说:原谅我吧,我走近你们,不仅仅是为完成我自己认为此生不得不做的一个社会使命，更为了你、我、他——我们中华民族的每一个家庭，从现在开始直至未来，能生活得更加美好！

第一节　张晔：眼看着就要上大学却梦断车祸

17岁，豆蔻年华。正在读高中二年级、一年后准备考大学的北京女孩张晔，一如含苞待放鲜艳欲滴的美丽花朵，在冬天里的一个早晨却突然血溅街头，永远地凋谢了。父母那整日充得满满的人生希望，那寄托在女儿身上的无限梦想，随之像肥皂泡一样在最美丽的时刻异常残酷地彻底破灭……

血色清晨

1999年1月19日的那个早晨，北京的冬天一如往年日短夜长。

已经是6点半了，但天仍灰蒙蒙的。正在上高二的女孩张晔像往日一样推起自行车走出家门，与邻居的另一名女同学一道冒着瑟瑟寒风，骑自行车去上学。今天，是学校期末考试的第一天，身为学习委员、成绩一直在班里名列前茅的张晔已经做好了一切准备，她对这次考试充满了信心。

天空的东边，朝霞如血。街道的中央，人影幢幢，你来我往。

张晔与同伴一前一后、一路说笑地朝学校的方向驶去。行至离家不远的拐弯处，一辆面包车突然如脱缰的野马从侧面疾驰而来，两名如花少女还来不及躲闪，便先后被撞倒在地，血溅街头。

这真是一个地地道道的血色早晨。两名少女的青春热血染红了北京的街头。这骇人的血色透过氤氲朦胧的晨色，与天边的如血朝霞渐渐融成一体。天地间顿时红成一片，空气中霎时间弥漫着血腥的味道。各种路过的机动车不约而同“呜呜”地发出凄然的哀鸣。

在两名少女的出事地点——北京南郊南苑机场附近的那条依旧昏暗的小街上，过往的路人被眼前这突如其来的事故惊呆了。人们纷纷停止赶路，有的惊呼，有的哭喊，有的观望，有的则焦急地张罗着打 110 报警。

肇事司机经过一夜的疲劳驾驶，困顿麻木的神经也被这突如其来的事故震醒了。面对众人的围困和指责，他别无选择地在好心人的督促和协助下，将两名鲜血淋漓的少女匆匆地送到附近的七一一医院。

父亲张立军是在女儿被送到七一一医院抢救之后才得到消息的。

事实上，女儿出事的地点距离自己的家门口也就几百米远，可张立军和妻子王俊玲对此一无所知。女儿离开家门之后，张立军便上班去了，妻子刘俊玲下岗在家。张立军大约是在八九点钟的时候才得知女儿出事的消息。当他得知这一消息的时候，才想起早上刚上班时，有一位同事说起早晨距家门口不远处发生的那起车祸。但那时候晨色微曦，那位同事并未看清被撞者。张立军也没太在意，就如报纸和电视新闻上时常报道的车祸新闻一样，听起来虽然令人伤心，但毕竟与己无关。可能每个人都会觉得，那样的不幸事件离自己毕竟很远很远。而现在，张立军做梦也没有想到，这种以往看似遥远的不幸已经降临到自己的头上。当他的另一位同事、好友马秀魁将消息告诉他时，张立军心一沉，忽然间便有一种不祥之兆。

其实，马秀魁在将这一不幸消息告诉张立军的时候，竭力控制着自己的情绪。作为张立军多年来最好的同事和朋友，马秀魁知道张立军患有心脏病，经不起外来的严重刺激。所以，马秀魁搜索着适当的词句，尽量地轻描淡写。

“立军，听说你女儿让车给撞了，咱们赶快去医院看看吧。”

张立军隐隐约约感觉到大祸临头，但同时还心存侥幸。他想：不见得会那么严重吧？

张立军是被马秀魁架着走进医院的。一路上尽管他尽量往好处想，但仍然感觉到内心发慌，两腿发软，以至于无力爬医院的楼梯。马秀魁架着张立军坐上了电梯，到了医院的急救室。妻子刘俊玲这时候已先他一步赶来了，是街坊告诉她的消息。

情况比张立军想象的要严重得多。

张晔出事至今虽然已经过去好多年，但张立军的另一位同事和好友余小云在向我描述车祸的惨状时，我仍感到毛骨悚然：“这孩子满脸是血，脑浆汩汩地往外淌。我一看都傻眼了。立军的同事、好友几乎都赶到医院来了，见这阵势都纷纷恳求医生，说不管花多少钱，都要把孩子救下来！”

同事和好友都没敢让张立军夫妇进急救用的隔离室，怕他俩受不了。

直到医生让看拍出来的 X 光片子，张立军夫妇才知道女儿已经在病危状态。医生尽可能平静又明白无误地说：“张晔的生命最多能维持三天。”但夫妇俩仍声泪俱下地恳求医生全力抢救，说哪怕是个植物人也要留下，因为张晔是他们唯一的孩子啊！这个已经长到 17 岁的

“唯一”如果都没了，自己这一辈子还会有什么指望呢？

七一一医院的医生是善良而负责任的。这所远离闹市、位于京城南郊、平时并不为京城多数人所知道的医院，无论是普通护士、医生，还是科室主任乃至院里的领导，都对张晔这朵行将凋谢的少女之花以及她的父母投以深深的同情，他们有什么理由不进行全力抢救呢？

手术与护理在这所医院紧张而有条不紊地进行着，医护人员以高度的责任感和人道主义精神，全力投入到对张晔的救护行动中。

一天、两天、三天……张晔的生命之火在风雨飘摇中顽强地燃烧着，所有的人都全神贯注、满怀希望地祈祷着这羸弱的生命之火能持续下去，期待着这无限宝贵的青春生命能在医护人员的精心呵护下发生奇迹重获新生，这种祈祷与期待一直进行了九天。当第九天的如血朝霞照常映现蓝天的时候，张晔这盏燃烧了17年265天的生命之火，还是无情地、令人痛惜地彻底熄灭了。

与张晔一同被撞倒的那位同学却很幸运，虽然留下终生残疾，但毕竟保住了性命。

假如不发生意外，这是一个幸福的三口之家

我是在距离张晔出车祸的数年之后才开始对她的家庭及亲友进行采访的。实际上，张晔1999年1月19日早晨出车祸之后，我便在同年3月29日的《北京青年报》上读到了车祸的简短消息。我之所以留意这则简短消息并且小心翼翼地保存下来，是因为我早就开始关注独生子女意外伤害事件以及与此相关的一系列思考。

从开始关注到进行实质性的采访，为什么有那么长的时间距

离呢？

我想除了公务缠身，其他的原因也不言而喻。与记忆中一部文艺作品的篇名《不要惊醒死者》意思截然相反，我内心深处一直是诚惶诚恐地不忍惊扰生者的。我这里所说的生者，当然是指那些遭受磨难的家属。我所说的不忍惊扰，是指不忍心早早地惊扰——当家属伤痛未愈的时候，有谁忍心再去触痛他们心头的创伤呢？

几年过去之后的2002年元月的某一天，我不得不进行这项对任何一位报告文学作家来说都将是极其艰难的采访。

当我多少有些忐忑不安地按照114查号台得到的号码拨通北京电器元件厂的电话，期望查阅到张晔父母张立军和刘俊玲联系方式的时候，不想事情进行得比我预想的顺利得多，因为接电话的恰好是张立军的同事兼好友余小云先生。余小云听我说明意图，其所流露出来的热情令我意外。他说，您想了解张晔车祸事件的来龙去脉，那好啊，我们正在忙着帮助她父亲张立军打官司呢！余小云立马向我介绍了他的另一位同事，同样是张立军好友的马秀魁。他们仨都是同事和好朋友，现在工厂不景气，他们仨都下岗了，自己都在外面找活路。余小云说马秀魁更了解张立军一家目前的情况，而且能说会道。余小云还自告奋勇地说，我跟马秀魁打个招呼吧，让他安排个时间接受您的采访。我说，我想和你们俩一块儿聊聊，余小云爽快地满口答应。

两天后的一个下午，两位中年男子应约来到我的办公室。从外表上看，余小云清瘦，马秀魁魁梧，但俩人都古道热肠。说起张立军的事，俩人你一言我一语，既痛心惋惜，又愤愤不平。几年前张晔出车祸被送进医院救治的那段日子，余小云和马秀魁都极其仗义，他俩自始至终奔前忙后。时至今日，他俩还在为张立军打官司的事打抱不平并忙碌着。

说起张晔的夭折，俩人都痛惜不已。

马秀魁说："张晔那孩子学习可优秀啦！她每学期的考试成绩在她学校的同年级中都能进入前十名。那孩子一米七二的个儿，大眼睛双眼皮，唉！太可惜了……"

不过要说张晔的学习成绩，余小云更有发言权，因为他儿子是张晔的同学。

余小云说："张晔学习成绩真的是好，比我儿子好多了。这么说吧，要是张晔考590分，我儿子顶多能考580分。她原本是要上清华附中的，就是差那么一分两分的没考上，最终上的十八中也非常不错。我儿子成绩都不如张晔，可现在已是北京工业大学二年级学生了。张晔要是不出车祸，现在也该是名牌大学二年级的学生啊！唉……"说着，他不住地叹息、摇头。

马秀魁接着说："张晔这孩子真的是很灵气，很懂事，干什么都很有热情。那年放暑假，她去推销化妆品，干得蛮像回事。有一次她去我家，跟我女儿一起唱卡拉OK，嘿——我发现她唱得很不错！她的书也看了不少，一部美国小说《飘》她看得很入迷，看完了还津津乐道地向大伙讲那小说写得如何如何好。"

我问马秀魁："你女儿也是张晔的同学吗？"

马秀魁答："不是。我女儿比张晔大多了，现在在《电子时报》

工作。”

听着他俩的描述，张晔的形象逐渐在我的眼前清晰起来：张晔从小就是一个乖孩子，不但形象挺拔出众，而且从小学到高中，学习成绩一直名列前茅。就是在出车祸前的高二那个学期，张晔既是班里的学习委员，又是学校里的升旗手。她的人缘很好，学校得知张晔被撞的事后，组织学生捐款 1 万多元。同时，张晔从小学到中学的同学纷纷前往医院探视，为张晔叠了 1000 只纸鹤，为她祈求平安……可想而知，这样一个风华正茂、前程似锦的 17 岁少女，做父母的在她身上寄托着多少希望和梦想啊！

张立军是知青出身，属于人们说的老三届初中毕业生。他父亲是搞技术的，在市政公司工作，修过天安门和北京站广场，“文革”时挨过斗。他母亲是家庭妇女。张立军那时兄弟姐妹一共 6 个，全靠父亲一个人的工资养大。

1968 年 12 月底，张立军刚满 16 岁，就跟着他哥哥到山西太谷县农村插队，在农村整整干了 14 年，回城时已经 30 岁了。刘俊玲也已 28 岁。刘俊玲的家境比张立军好些，她兄弟姐妹 4 人，父亲在建筑公司工作，母亲则在外贸公司任职，刘俊玲在家里排行最小。张立军和刘俊玲是回城后在工厂里认识并自由恋爱的，1980 年结婚。1982 年 4 月 29 日，张晔出生。张晔出生时脐带盘在脖子上，差点出了危险。但老辈人说，小孩出生时脐带盘上脖子，那是背着书包呢，长大了一定是一个读书人，而且是一个出色的读书人。这虽然有点迷信之嫌，但张晔的成长历程又多多少少印证着老辈人的这种说法。假若不发生意外，张晔是能够顺利考上大学，毕业后找份不错的工作的。两位被"文革"耽误、都没有机会上大学的中年父母，平日里恩恩爱爱，不玩牌不吸烟，满心欢喜全身心地将全部希望寄托在这唯一的孩子身上，指望着这唯一的女儿一年多后能顺顺利利考上大学。

可天有不测风云，谁曾想到这样一个对未来充满憧憬、和睦幸福的三口之家，会被一场飞来的横祸无情粉碎呢？

如此沉重的打击，对任何一个三口之家来说都是致命的。

马秀魁讲："出事那天，我在医院一直守着张立军，怕他受不了打击，因为他有心脏病。孩子就在医院的隔离室中抢救，他想见又不能见，也不敢见。临告别时才看了一眼。那时医生已给张晔整了容，不然张晔那血淋淋的惨状，直到现在我回想起来都受不了，何况她的父母？"

马秀魁叹了口气，又接着说："张晔的丧葬和骨灰的安放也费了一番周折。火化时我们都没让张立军夫妇去，那时他俩都哭成了泪人，本身身体又都不好，再有个三长两短可受不了。我们只让他的外甥去帮着料理，张晔的同学来了 100 多个，也都跟着去参加了告别仪式。对于骨灰的处置，他们夫妇俩开始坚决不留，既想空（航空）撒又想海（大海）撒。但那时他们精神都处于非常状态，我们怕他们将来反悔，就悄悄留了下来。后来他们也明白了，就先寄存在张晔的姥爷那儿，因为她姥爷信基督教。第二年她姥爷去世了，她姥姥说放在一块儿吧，最后张晔的骨灰和她姥爷的骨灰一起安放在西北望一块基督教的墓地里……"

谁在往他们的伤口上撒盐

张晔车祸的肇事司机叫朱银友，是从安徽来北京打工的农民。出事的那天早晨，他是疲劳驾驶，在出事前的那一瞬间由于打盹将急刹车错踩到油门上酿成了惨祸。

在路人的督促下，朱银友还算知趣，他在众人的帮助下将两名被撞少女送进了附近的七一一医院，还主动拿来了 1 万元医药费帮助救治。

交通大队的调查结论是司机应负全部的责任。他们将朱银友开的那辆白色小面包车扣在了交通大队。

那时候张立军和刘俊玲夫妇悲痛欲绝，他们在亲友和同事的帮助下全身心投入到对女儿的救治上。由于交通大队已介入处理车祸事故，车祸刚发生时司机也在配合救治，所以他们并未意识到肇事者在经济赔偿上会发生什么意外。

可意外还是发生了。张晔 17 岁的生命之火彻底熄灭之后，在张立军和刘俊玲夫妇仍难以在丧女的悲痛中解脱出来时，却发现肇事司机朱银友不但再也没有露面，而且已经跑得无影无踪了。

为抢救女儿，张立军夫妇倾尽了一辈子的积蓄，将家里的三四万元全花光了。这区区的三四万元当然不够，张立军的哥哥给拿了两万元，山东的一位朋友送来了 1 万元，加上肇事司机拿来的 1 万元，还不够，七一一医院出于人道与同情，也减免了一些医药费。

实际上，张立军不是那种不明事理、得理不饶人的人。相反，他是一位心地善良的好人。尽管女儿的不幸夭折给他带来无尽的创痛，但他并不想对肇事者做过分的纠缠和苛求。他认为孩子既然死了，再不能复生，对方该怎么赔偿，都按法律认定的办。肇事司机是外地来京的打工者，生存也不容易，“咱也别讹人家”。他还将女儿学校从学生中募捐送来的1万余元的捐款送回学校，执意让老师们退还给学生。他说大伙儿活得都挺不容易的，还说：“咱干吗去增加人家的负担?”

然而，面对逃匿的肇事司机，张立军无法沉默。他将一纸诉状送到了北京丰台区人民法院，丰台区法院也受理了此案。

一审判张立军胜诉，由肇事司机朱银友和车主李秀华共同赔偿车祸医疗费及家属精神损失费，共计人民币11万余元。李秀华是北京大兴人，他因做熟肉生意与朱银友成为朋友。据李秀华讲，朱银友是借他的身份证买的车，法院根据法律判11万余元由肇事司机与车主共同赔偿。

李秀华不服，他说，我没撞人，凭啥要我赔偿？为此，他上诉到了北京市第二中级人民法院。中院经调查，二审维持了原判，但也略有调整，因为肇事司机朱银友畏罪跑了，判车主李秀华先代为垫付赔偿金。但李秀华拒不执行。

张立军花了数百元手续费，向法院申请强制执行。两三个月后，张立军和朋友马秀魁、余小云等人跟着法警，驱车来到位于京郊的大兴县李秀华的居住地，但李秀华已人去房空。周围的人都说，已经好长时间没看到李秀华了，他也没回来。显然，他是负案逃匿了。

望着那空空如也的房屋，张立军的心如行将下雨的天一般，霎时间阴沉下来。这种郁闷的心情与丧女的悲伤夹杂在一起，一直萦绕于胸。

直到2000年,法院的法警才在青海抓住了肇事司机朱银友。朱银友身无分文,但他拿出了购车保险单,交给了交通大队。按保险单上的保额,保险公司最高能赔5万元。张立军心想这保险额连同那辆肇事白色面包车的价值,这回有希望拿到赔偿金了。于是,他随朱银友拿着保险单到北京中国人民保险公司索赔。但对方拿过保单一看,说这不是北京的保单,是天津宝坻县中保公司下属一家营业公司开的保单。经查询方知,1998年该公司在北京中保大厦租了一间办公室,前后也就一个多月,弄了些保费后走掉了。北京的中保公司还告诉了天津宝坻县中保公司的联系电话。打电话一问,对方承认有这回事,但说办保单的那个机构解散了,那些人都不在了。显然这不是理由,跑得了和尚跑不了庙,反正这保单是你们中保公司的。法院负责此案的法官来到天津宝坻县中保公司,但对方说必须是当事人、车主李秀华,而且说那张保单的有效期是一年,现在已经失效,即使有特殊情况需要理赔,也须由车主本人经办。可车主不在呀,连影儿都找不着!很显然,保险理赔是没希望了。一行人毫无办法,一脸的怨恨,一脸的沮丧。最令他们不解的是,外地的保险公司怎么可以到北京来开办保险业务呢?这样做理赔能有什么保障呢?

保险理赔的路看来被堵死了。张立军心想先将那辆白色面包车卖了吧,那11万元的赔偿金能先拿回一点算一点。回到北京,他去找交通大队,说明来意。但交通大队的说法让张立军一下又傻了眼:凡交通大队扣押的车辆,按规定每天须缴纳30元的存车费。那辆白色面包车已经被扣了整整两年的时间,须交给交通大队的存车费少说也得两万多元吧?可那辆白色面包车买的时候车价也就是 4 万余元,加上折旧,扣除交通大队两万多元的存车费,这车还能卖几个钱呢?

无奈之中,张立军又找到法院,要求进一步对车主李秀华强制执行。但接待他的法官说,不是去过一次了吗?他人不在,我们也没办法。你能找到他吗?找不到怎么执行呀?

张立军一听,如鲠在喉。他从没打过官司,从不知道打官司这么艰难。自己是打赢了官司的呀,可执行起来怎么这么难呢?判决执行不下去,这责任难道只能让当事人自己去想办法、自己去负责任了吗?张立军怎么也想不通。

时至今日,张立军打赢的官司仍搁在那里,能否执行遥遥无期。判决书上那白纸黑字写的 11 万余元的赔偿金,张立军仍一无所获。女儿车祸致死花去的那笔巨额救治费、丧葬费,至今仍分文无补。

人到了倒霉的时候,真的是一路不通便路路不通,干什么都不顺啊!

丧女的痛楚,打官司不断奔波的辛苦,索赔不成带来的无尽烦恼……这一切的一切几乎是席卷而来,一股脑儿地落到张立军和刘俊玲这对中年夫妇身上。他们感觉自己眼前的生活如雪上加霜,异常灰暗,冷入骨髓;自身的伤口像被谁又撒了把盐,阵阵抽搐,疼痛难忍……

难以解脱的噩梦

我是在马秀魁和余小云的热心帮助下才采访到了张立军的。那天我在办公室采访完他们俩，便提出请他们帮助我与张立军联系一下，讲明我的意图。我若自己找张立军，怕太冒失了，希望马、余俩人同张立军事先沟通一下，让他有个思想准备。毕竟他们仨都是好朋友，自打张晔出事，马、余俩人为张立军奔前忙后，直到现在还在为张立军打官司索赔的事奔忙操心。

腊月里，北京的天异常寒冷。寒风冷飕飕的，不时裹挟着混浊的尘埃，在孤寂落寞的胡同里窜荡，让人感觉到人生的几分凄凉。

张立军和刘俊玲夫妇居住在宣武区距离长安街不远的一个大杂院里。这处约莫二十来平方米的平房分里外两间，是刘俊玲的嫂子暂借给刘俊玲住的。

痛失张晔这唯一的孩子之后，张立军和刘俊玲夫妇俩宛若惨遭严寒摧残的庄稼，原本生机勃发、挺拔昂扬的俩人一下全蔫了下来，精神的支柱几乎垮了。

尤其是刘俊玲，多少次哭得死去活来，多少个日日夜夜以泪洗面、噩梦重重。她怎么也不相信自己那如花似玉的女儿，那眼看着就要上大学的女儿忽然间便没了身影，永远也回不来了。所以，只要一回到南郊自己那套原本与女儿朝夕相处的楼房里，她便精神恍惚。她一会儿觉得女儿正在水房洗脸，那洗漱的水声清晰入耳，一会儿又仿佛见到女儿在写字台前学习功课的身影……这样的错觉日夜出现，让刘俊玲一直精神恍惚，似梦非梦，亦真亦幻。这种状况连续不断，使得刘俊玲无法自已。往日贤惠利索、精神清爽的她忽然间像变了个人似的，只要一回到屋里就时常发呆，寝食不安，神经兮兮的，精神几近崩溃。

这种状况持续下去，挥不去，赶不走，不仅使丈夫张立军日夜担心，就连刘俊玲自己也不免害怕。亲戚朋友看她这个样子，也都伸出关爱之手，劝他们俩不如暂时离开那个环境，到外边散散心。夫妻俩一商量，觉得在理，便搬到市中心的这处简陋狭窄的平房来了。春节的时候，夫妻俩还应表姐之邀到河北保定一带散了散心。

虽然住到了市中心，夫妻俩却时常要回到南郊的那套两居室的楼房去看看。为了纪念女儿，将女儿音容笑貌永远地留住，那套楼房中女儿专用的书房，所有的用物、陈设，至今都纹丝未动。那张床，那张桌，那盏灯，那个书包，那些书和笔，以及女儿生前喜欢听的录音机和歌曲磁带……这一切的一切，让做父母的一见之下，就仿佛又见到了女儿，眼前又满是女儿的音容笑貌。因此，虽然女儿早已一去不返，但张立军和刘俊玲却都不约而同地选择了沉默，谁也不忍心去动女儿的那些东西，唯恐惊动女儿那渐渐安息的灵魂。每次打开女儿的房门，夫妻俩只是默默地看一会儿，然后各自拿一块干净的抹布，小心翼翼地擦去女儿遗物上的那些尘埃……

虽然住到了市中心，但女儿生前的同学好友仍时不时前来探望张立军和刘俊玲这两位长辈。夫妻俩也很喜欢这些孩子，每次见到他们，就像见到自己的亲生孩子一样倍觉亲切。张晔的这些同学好友，有的后来到城里来上高中，上下学路途遥远，张立军和刘俊玲就让他们住到自己家里来，一直到他们上了大学……

在他们现在住的那套平房里，张立军一个人接待了我。由于工厂不景气，妻子刘俊玲提前退休之后在外面找了一份零工。那天都到傍晚6点多钟了，可她还未回家。张立军自己几年前下岗之后，跟着一同下岗的好友马秀魁在外面打零工，帮人家推销低压电器产品。俩人的收入加起来，勉强能够度日。

眼前的张立军跟我想象的差不多：宽肩大脸，典型的北京汉子。丧女的打击和岁月的磨砺使刚过半百的他，容貌上罩着一层淡淡的忧郁。面对我的来访，早有准备的他仍愁云满面，心事重重。

问及小时候的张晔，张立军的声音缓慢而低沉——

“张晔这孩子刚出生时瘦长瘦长的，几乎是皮贴着骨头。我还担心，这么瘦弱的孩子不知该怎么长大呢！可没想到一转眼十几年过去，孩子说长大就长大了，而且还很聪明，成绩一直很好。小学四年级时，老师就让她上讲台给别的同学讲数学。她还喜欢绘画，后来因为学习紧张，就没什么时间了。让我们感到欣慰的是，这孩子学习从来不用我们操心，特自觉，我们都看好她考大学。这孩子性格开朗，爱说爱笑，人缘还特好。出事后同学纷纷来看望她，都以为能救活，都想看上她一眼。

“唉！发生这事儿，要说起来还有点迷信色彩呢。出事的前一天，她骑的那辆自行车脚蹬莫名其妙地折了轴，我给她修好了。头一天晚上，她去同学家帮助复习，很晚才回来，我和她一块儿等她妈妈回来吃饭，饭菜我都做好了。她妈妈从姥姥家回来时，饭桌上三副碗筷都摆好了，叫她妈吃她妈不吃，过来把其中的一副碗筷收了，不想刚拿过手就掉到地上，那碗碎了。当时我觉得心里哪儿好像不太对劲儿，可也没吭声。到了晚上，张晔进了里屋，说妈今晚我跟你一块儿睡吧，平时她都是自个儿在她的房间睡的，我见此状便说行，我到外边去睡。

“张晔她姥姥信基督教，平时她家里的人都爱跟着戴十字架。考试前的那天晚上，张晔说妈你那个十字架给我戴着，明天我考试考好点儿——嗨，怎么说呢，这些事说起来是有点儿迷信，但回想起来，似乎又都是前兆……”

回想起女儿的车祸，张立军依然是满脸的懊悔。

我问：“张晔以前上学，你们做父母的接送吗？”

“小学时当然要接送，后来大了，就不怎么接送了。上初中她自己骑自行车。上了高中，因十八中路比较远，开始我们也不放心，接送了一段时间。我先骑车送她到南苑，然后她坐我们厂里的班车去上学。再到后来，她自己就骑自行车了。”

“你们原来对女儿有什么期望呢？”

“我对孩子的要求是学习要好，将来做一个对国家有用的人。她从小特佩服周恩来总理，说将来我也要出国留学，想当教师或者律师。可真的是没想到……唉！现在说什么也没用了。”

张立军不住摇头，感慨良多：

“我与俊玲相爱的时候，她的父母并不乐意，原因是我家庭出身不太好。她父亲出身虽然也不算好，但他们毕竟怕女儿将来吃苦。那时候家庭出身不好，在社会上就抬不起头来，哪想到社会能发展到今天这样啊。

“孩子出生后一直住在她姥姥家，因为她家有房，宽敞。孩子 11 个月时我住在她家，因为生活上的小事我被她父母打了出来。我这人脾气不好，到现在我都不去她家。那次被他们打出来后我半年多没见到孩子，待到元旦的时候我爱人才抱着孩子到厂里看望我。后来，孩子基本上是在她家长大的。所以孩子跟她姥姥姥爷都有感情。姥爷现在不在了，可姥姥还在。张晔出事之后，我们好长时间都没敢让双方老人知道，怕他们都受不了。

"打击真是太大了，好长时间我俩都没缓过劲儿来。尤其是我媳妇，精神都快崩溃了！所以我特别紧张，生怕家里再出什么事。她受打击到了何种程度呢？她说我到我妈那儿去，我说大冬天的咱们这里有暖气他们那里没暖气呀，她说，我就得去我就得去！没办法，我只得找一位开车的朋友送她去。可到了那儿刚进屋门，她又会打电话来说，你快来接我吧，你快来接我吧——她真的是精神恍惚、六神无主了！在原来的那套楼房里住，我们老有错觉，一进家门就总感觉到孩子就在跟前。尤其她，老觉得眼前有女儿洗脸的动作，要么就是发现女儿在跟前看电视。到了晚上更是睡不着觉。

"夜深人静的时候，我们俩躺在床上老想着将来老了该怎么办呀！想得浑身发紧，因为想到老了要是病倒在床上，行动不方便了，拉一裤兜子屎啊尿的都没人给洗，那时候可就惨了……"

张立军哽噎起来，几乎没能再往下说。我心头一时也掠过阵阵凄凉。因为他们只有一个孩子，可这唯一的孩子眼下却没了，永远不可能复生。他们的晚年能有真正的幸福吗？

迟到的孩子梦

张立军和刘俊玲也曾想到重新要个孩子。那年刘俊玲 45 岁，觉得还不大呢,再生孩子没准儿还行。孩子的名字也都想好了,还叫张晔。

张立军说:“政策要许可当初我们就会多要一个孩子,因为张晔的姥爷姥姥都喜欢孩子,我爱人什么花呀鱼呀狗呀猫呀的,一概不喜欢,就是喜欢小孩。”

张立军说着摇了摇头,艰难地咽下一口唾液,语调充满懊丧:“唉!现在想要孩子,真的想极了,但毕竟年龄不饶人。我俩都一样,身体状况不行。前几年我心脏病时恨不得每分钟才跳十几下。孩子在时我能辅导她到初一。我上学时数学比较好,我父亲不是也搞技术嘛,所以我一直辅导她数学。”

说到能否再要孩子的问题,张立军似乎酸甜苦辣一下子全涌上心头,话又多了起来。其实,那天采访他的好友余小云和马秀魁,他俩就讲了张立军和刘俊玲夫妇在女儿去世之后,想重新要一个孩子所做出的种种努力。

大约是张晔不在两三个月之后,他们想,试试看能否再要个孩子。这一念头冒出来之后,他们便开始身体力行,日夜盼着能重新怀上一个孩子。遗憾的是,他俩的愿望一而再、再而三地落空,一年过去,两年过去,盼子的愿望不断折磨着这对年近五十的夫妇。夫妇俩弄不清这到底是什么原因。按说,张立军身体还行,刘俊玲的身体经历了丧女的打击之后,大伤元气,整天病恹恹的,总是提不起精神。但每月还是来例假的,只不过不太正常,经常提前,最多的时候能提前 7 天。问题会不会出在这里呢?

夫妇俩于是到中医医院检查，结论是子宫内膜脱落。医生的解释是，例假周期准是因为有排卵期的支撑，没有排卵期的支撑，例假周期自然不准。这种情况可以服药调理，但能否彻底调理好，各人有各人的身体状况，只能试试看。

刘俊玲满心虔诚地从医生那里买回了药，一心一意地服着，只是总不见效果。于是，刘俊玲情绪低落，天天郁闷。

这期间，刘俊玲从晚报上看到一条消息，说海淀区某医院有一位大夫，治妇女不育症很灵验，人称“送子观音”。这消息霎时点燃了刘俊玲内心的希望。她如获至宝地将这个消息告诉了丈夫，并迫不及待地提出去那家医院看看。张立军将信将疑，不太支持妻子去，但妻子死活要去，自打医生查出是她自己的问题，她内心总是充满内疚。其实，在孩子的问题上，丈夫并没有责怪她，还安慰她说不能要就不要了吧，可她比丈夫更迫切。结果她自己先跑了一趟，回来时面带喜色地告诉丈夫：“那大夫说行！你跟我去吧。”

张立军蹙了蹙眉，还是不大相信。他将这事告诉了好友余小云，余小云很仗义地一挥手，说：“嗨，不妨去瞧瞧呗！”于是，他陪着张立军一块儿去探了个究竟。结果，俩人都认定那个所谓的“送子观音”是个骗子。因为那大夫开一个月的药就得1500元，还不知道管不管用。张立军一听头都大了，内心一细想，说算了吧，咱一个月才挣多少钱呀？后来有朋友告诉他，那个“送子观音”的药实际上真不管用，听说没多久就被抄了。

这期间，夫妇俩还一同到妇产医院询问能否申请试管婴儿。医生向他们解释说，试管婴儿是35岁以下还没孩子的夫妇才合适，到你们这种年龄啊，成功率低，医院也不愿意干，因为要是失败就影响了原有的成功指标。再者费用也高，得三次取精、授精，每次两万元，三次就得花六万元——哪儿来这么多钱呀？夫妻俩基本死了心。

张立军的另一位同事对他说，护国寺中医医院有一个老太太，是治疗妇女不育症的专家，像刘俊玲这样的症状她能够治好。于是，刘俊玲又开始到那所医院看那位专家，并开始吃药。

总之，为了能再生一个孩子，张立军和刘俊玲夫妇几年来东奔西跑，四处求医，心操了不少，钱花了不少，可时至今日仍不见成效，夫妇俩于是心灰意冷。刘俊玲更是大受打击，整天情绪低落，郁郁寡欢。自打女儿离去，没几年时间，原本身体壮实的她仿佛一下子老了十岁。白头发添了很多，笑容不见了，皱纹爬满双颊。尤其是那层无尽的忧郁，像一层瘟疫，顽固地罩在她原本那精力充沛、满是笑容的脸上，想挥挥不去，想赶赶不走。张立军看在眼里，疼在心中。尽管女儿的离去也给他带来了刻骨铭心的痛苦，但他毕竟是男人，男人天生要比女人坚强。要说盼望能有个孩子，张立军心情更甚。只是相比于妻子，他更内敛些，碰了钉子也更想得开些。他总是想，要不了就不要了吧，想也没用，急更没用，还是顺其自然吧。他这样想，也这样去开导妻子。眼看丈夫如此豁达，刘俊玲虽然心存感激，但依然内疚，依然忧郁……

2001年夏天的一天，张立军应朋友之邀在南苑的一家饭店吃饭。刚落座，女服务员走了过来，张立军抬头一看，忽然眼前一亮，这位女服务员挺像自己那已经不在人世的女儿。他心头不由一热，一股暖流涌了上来。席间，朋友们劝酒说笑，异常热闹，张立军一个人却心神不定，眼睛总是瞅准机会左右端详那位服务员。

回到了家，张立军将这事跟刘俊玲说了。俊玲一听，也按捺不住好奇，非要丈夫带她去瞧一瞧。张立军经不住妻子动员，就带她去了。

到了饭店，夫妻俩前寻后觅、左瞅右瞧，终于找到了那位女服务员。四只眼睛齐刷刷地盯住了她，盯得那服务员不得不开口说话："叔叔，阿姨，你们俩是不是有什么事呀？"不说还好，这一说，倒让两位长辈不好意思起来。

张立军的头霎时摇得像拨浪鼓，一个劲儿地说："没事，没事。"话一出口，又觉得心存不甘，禁不住又补了一句，"实话跟你说，我们觉得你有些像我们的孩子。"

女服务员纯真地笑着说："是吗？"再一转眼，却发现眼前的这位阿姨已经低下头哭泣。女服务员那笑容僵住了，转而蹙了蹙眉。

张立军见这阵势，只好如实将女儿已经不在人世的情况告诉给眼前的这位女孩。

女孩听罢，出乎意料地说："阿姨您别哭，要不我给你俩当孩子？"显然，这女孩很善解人意，她是想安慰眼前这对失去孩子的父母。但这话说得张立军和刘俊玲夫妇俩心里热乎乎的，而且不约而同地萌发出一种从未有过的希冀：这孩子长得这么像张晔，她要是真能做咱们的孩子，那该有多好！

刘俊玲抹了抹眼泪，试探着问女孩："你、你说的当真？"

女孩望着两位伤心的长辈，眨了眨眼，抿了抿嘴，最终笑了，说："您二位要不嫌弃，我可以考虑考虑。"刘俊玲破涕为笑，夫妇俩紧紧拉着女孩的手，你一言我一语，竟然把事情给说成真的了——女孩愿意当他俩的女儿。

女孩叫刘红兰，家在东北农村。事情说成之后，她的父母还特意来北京与张立军刘俊玲夫妇见了面，因为他们家里还有其他孩子，所以对刘红兰给他们当女儿的事也表示认同。张立军和刘俊玲夫妇喜出望外，当时就让刘红兰辞掉了工作，跟着他们到市中心这边来住，并且专门给她腾出平房中的里屋，还买来了一台电脑，让她参加电脑班。衣食住行，夫妇俩对她也都百般呵护。很显然，他们一开始就将刘红兰当作自己的女儿，对她也投入了全部的爱心。刘红兰也感受到了来北京之后从未有过的温暖，她把这个家当成自己的家，把张立军和刘俊玲当作自己的父母，"爸"前"妈"后叫得很亲切。张家的日子忽然间又恢复了生机。

然而，随着时间的流逝，日子又渐渐平淡起来。才两个多月的时间，刘俊玲脸上那难得的笑容又逐渐暗淡下来。自打刘红兰走进这个家，她便将她完完全全等同于自己那已经不在人世的亲生女儿张晔，她将刘红兰看成是张晔的再生。刘红兰的一举一动、一笑一颦，刘俊玲都要拿她与张晔做对比。这样的一种心态和对比，使刘俊玲对刘红兰越看越觉得不对劲儿，越看越觉得不顺眼，越看越觉得刘红兰处处都不如自己的亲生女儿张晔。

实事求是地讲，刘红兰许多方面的确不如张晔。她毕竟从小生长在农村，书也只读到初中，而且是乡村里的初中，无论是教育水平、生活水平还是文化环境都没法与北京相比。但身体和智力而言，小刘也不笨不傻，电脑学了两个多月之后，她打字的速度每分钟都已达到了七八十个，这对一个从小受教育程度不高的农村女孩来说已经很不容易了。这一点，张立军看得比较清楚，可妻子刘俊玲却不然。渐渐地，刘俊玲开始从内心拒绝刘红兰，对她的爱和呵护渐渐冷淡下来，她也开始在丈夫张立军面前发泄对小刘的各种不满。而在怎样看待小刘的问题上，张立军却显得比较理智客观，他不同意妻子总拿小刘与张晔比。他希望妻子对小刘能多一些包容，但妻子却总听不进去。为此，俩人没少争辩，没少争吵。妻子在这个问题上的固执是惊人的，这种固执让张立军异常苦恼。张立军的心情也渐渐烦躁起来，脸上那好不容易恢复的笑容也日渐消失。到了后来，张立军也不与妻子争论这个问题，他想爱怎么着就怎么着吧，但他不希望让刘红兰走。

刘俊玲的态度却早已让刘红兰看在眼里，她开始苦恼起来。自打来到张家，她感受到了家庭的温暖。作为农村来的孩子，她当然希望能在北京的这个家生活下去，希望北京的这对父母能一直对她好，自己也愿意作为他们的女儿，将来尽职责和孝心。但现在，她已看出刘俊玲对自己的冷淡，也已看出张立军与刘俊玲之间的分歧，她不想勉强，不想让他们尴尬和为难。留与走的思想斗争一直困扰着这位农村来的女孩。

终于有一天，当张立军和刘俊玲都不在家的时候，刘红兰给张立军留下一封信，走了。严格地讲，刘红兰留下的不是一封信，而是一张字条，上面简简单单地写道：

爸爸：

我走了。我花你们的钱以后会还给你们。

刘红兰

张立军回家发现字条，内心"咯噔"一下，酸溜溜地说不清是什么滋味，他极其难受。毕竟当初是自己主动让人家来的，还让人家辞了工作，现在刘俊玲内心却又拒绝人家，怎么说他都觉得有些对不起这位农村女孩。这么想着他内心火了，冲妻子大声嚷嚷，夫妻俩为此又吵了一架，都在怄气。但事已至此，张立军也没有要主动再找回刘红兰的意思，他觉得妻子这个样子，留是留不住人家的。他又想刘红兰都这么大了，在北京也都有过工作，现在又学了电脑，她不至于找不到工作吧？

自此以后，刘红兰再没回来过，甚至连电话也没打过。刘红兰的父母倒是给张立军来过电话，说要劝刘红兰回到张家。张立军回答说，她要有意回来就回来吧，不就添一口饭吗？从内心上讲，张立军是希望刘红兰回来的。毕竟，他们渴望着能有一个孩子啊！

刘红兰在张家的几个月，张家在刘红兰身上花了数千元钱，这是张家当时为数不多的一点积蓄。虽说刘红兰自己说以后会还，但张立军并不希望这样。

现在，下岗和提前退休的张立军和刘俊玲夫妇都在外面找活路，打打工挣点钱。这一方面是为了糊口过日子,另一方面是为了再攒点钱,过些年干不动活了,生活能有所依托。经历了如此大的打击和生活变故,他们几乎已经一无所有。

对于能否再生孩子,张立军的态度是能有更好,碰上就要;碰不上,急也没用,一切顺其自然。至于收养,刘俊玲是绝对不要了。对此,张立军是一脸无奈地说:“认命吧,还有那么多人结了婚不要孩子呢!”他苦笑,摇头。

让张立军和刘俊玲伤心的是,张晔车祸的赔偿金,法院判决已经过去那么多年,时至今日却仍未拿到。说到如今的法院执行难,张立军愤愤不平:“被判赔偿的车主真的找不到吗?他不是有身份证吗?当地不是有派出所吗?公检法在中国难道是铁路警察各管一段吗?”所以,他认为不是执行难的问题,而是想不想执行的问题。如此下去,中国的法律能有什么威信呢?

张立军的话当然是值得沉思的。执行难在中国如果任其成为顽症,且不说这样下去法律没有权威可言,对于像张立军和刘俊玲这样失去唯一孩子、生活遭受惨重损失的夫妇来说,其打击更为实际也可能极其致命。因为他们晚年赖以生存的根基异常单薄和脆弱,没有足够的积蓄,谁来支撑他们风烛残年的晚年生活呢?

第二节　马旻:泪飞顿作流星雨

也许你还记得1998年寒冬那个预测有流星雨的夜晚,也许你曾亲眼目睹一颗流星划过灿烂的夜空,然而你是否记得,还有一个曾与流星一起消逝的女孩，一个如流星般美丽的女孩，她就是马旻。

马旻真的走了，却留下了无尽的叹息与无限的思念。她实在太单纯了，单纯得让人不敢想象。她的生命仿佛一颗流星，虽然在天空的光芒只是一瞬，却又无比光辉，无比美丽。有这样一个传说：地上死去一个人，天上就会多一颗星。如果我还能等到下一次流星雨，我一定会对夜空中很亮却又很小的那颗星，默默地问：马旻，你现在可好？

——摘自马旻同学一篇怀念作文

仰望星空，怀念一个灿若明星的女孩

马旻的名字据说是她的姑姑起的。

“旻”字，《现代汉语词典》上的注解是“秋天、天空”的意思。我猜想，在给她侄女取以“旻”为名字的时候，姑姑最初一定是想取“秋天”和“天空”中所包含的辽阔、高远的意思，期望马旻这个活泼可爱的小侄女将来能有无可限量的前程，能有多彩美丽的人生，能有秋天里那样硕果累累的收获，为她的父母、家庭乃至整个家族争光。

从严格意义上讲，马旻不属于独生子女之列，但从她家庭的实际情况看，她又是按照独生子女的有关政策生下来的。

在马旻之前，父母生了一个女儿，也就是说事实上马旻有一个姐姐，叫马丽，生于1980年。但马丽生下来后没多久，父亲惊恐地发觉这孩子的发育并不正常，个儿是随着岁月的增长而长大了，可言谈举止不但没有随着年龄的增长而成熟，相反是愚钝古怪，智力发育几乎是零，被医院鉴定为“弱智”。弱智的孩子不但没有给父母带来快乐和希望，反而成了一块无形的石头重重地压在长辈的心头和生活中，让人有一种透不过气来的感觉。

作为家长，原本的希望宣告破灭，新的希望又是那样迫切地渴望点燃。

按照独生子女的有关规定，马丽的父母费尽周折才获得允许，重新怀上另一个孩子——马旻。

1984 年的一个冬日，随着马旻的呱呱坠地，马旻的父母乃至他们的整个家族那高高悬着的心才稳稳落地。因为他们惊喜地发现，马家的这第二个孩子，不但聪明伶俐，而且还长得美丽可爱。她那双忽闪忽闪的大眼睛，不但清澈明亮，而且透露出对眼前这个世界无限的憧憬和向往。

也许是孩子的这双明眸和这种天使般的眼神，当然还有她那张天使般可爱的笑脸，才启发了她姑姑的灵感，并为她起了“马旻”这个寄托着马家无限希望的名字。

马旻的父母极其普通。父亲马太石和母亲苏秀珍都是知青出身，“文革”时到京郊的双桥农场插队并一直留在那里，后来分别成为双桥饮料厂和双桥农药厂的工人。但由于双方工厂的经营状况每况愈下，加上弱智女儿马丽带来的生活负担，马氏一家对马旻的降生可以说是喜出望外。马旻的到来也一如马家点燃的一盏熠熠生辉的烛光，让原本黯淡混沌的马家一下子豁然开朗，欣喜若狂般地重新看到了人生的无限希望。

事实上，马旻没有辜负马氏一家的期望。自打她一上学，成绩便一直遥遥领先,她在学校的优异表现让出身贫寒的马家喜出望外。在他们这个世代都没有出过大学生的家庭,马旻的表现让马家所有的大人把出一个大学生的希望寄托到了她的身上。为了让马旻有更好的学习环境,读完小学之后,马家想方设法让马旻离开教育基础相对薄弱的郊区。结果马旻不负众望,以优异的成绩考进了北京城内朝阳区距爷爷奶奶居住不远的慈云寺中学上初中,同时也离开父母住到爷爷奶奶这边来。此前,由于父母忙于工作,无暇照顾弱智的大女儿马丽,马丽也一直住在爷爷奶奶这里。现在姐妹俩都来了,无形中加重了爷爷奶奶的负担。

但马旻很懂事,学习特自觉。她对奶奶说:"奶奶您等着我,等我考上大学,将来找份好工作给您挣钱!"

马旻的这番话,奶奶信,爷爷信,爸爸妈妈信,马家所有的人都信。因为上初中之后,马旻的成绩一直出类拔萃,不但在学校名列前茅,而且还被评为朝阳区的"三好学生"。她的成绩和表现,博得了同学和老师的一致赞扬。

马旻到底是怎样的一个女孩呢?

在马旻不幸遇难之后,一位同学在一篇题为《消逝的那颗星——记好女孩马旻》中这样深情地回忆:

马旻是一个样子极为文静的姑娘,纤瘦而腼腆,一对秀美的眸子是那么的温婉柔和。第一次见她,我惊叹于她清秀的外表,她让我联想到了池塘中清秀可人的朵朵荷花。然而就是这么一个柔柔弱弱的女孩，不但身兼班长与学生会主席二职，而且还常常拿年级第一，这让我在很长的一段时间里都带着佩服与羡慕的眼光去看她。

我认识她是一个非常偶然的机会。那是一个昏暗的雨天，一切都带着淡淡的灰色，忘记带伞的我一个人默默地走在回家的路上。冷冷的雨点就那么肆无忌惮地落在我的身上，也落在我的心里。这时，她清丽的身影出现在小路上，手里打着一把黑雨伞。突然她向我走来，并且轻轻地问："你是哪个班的？"还不大认识她的我吓了一跳，盯着那双清澈而明朗的眼睛，疑惑地答："三(5)的。"她听后，目光里顿时充满了信任，轻声地说："我家就在前面，要不我的伞先借你用吧？"我想，借我用？她不会在逗我吧！那她怎么办？"我没事的！"她边说边俏皮地一笑。"不，不用。"我连忙说，但见她样子很认真，所以微笑地撒了个小谎："其实我家也在前面，用不着伞。"于是她不再坚持，善意地对我笑笑，然后，与那把黑雨伞一同走了。看着她渐渐消失在雨中的背影，我愉快地想：善良的女孩啊，我又怎么能打着你的雨伞，眼睁睁地看着你淋雨回家呢？

至今，这件小小的事仍然感动着我。它让我知道，在这个世界上，还有一方心灵的净土，那里居住着善良的人们。然而我没想到的是，马旻的那份稍稍过分的单纯，竟会最终葬送了她的生命。

在那个"流星雨"之夜，她失踪了，我们全班更是每人得到了一份由马旻的父母复印的报道。然而没有人特别在意，大家总觉得，这个邻班的女孩，早晚有一天会平安地回来。

那几天，天很冷很冷，甚至还下了场大雪。就在雪停的那天，我们知道，马旻她，走了，永远地走了。记得老师告诉全班这条消息时，教室里的空气凝固住了，每个人都在沉重地呼吸。而我则呆呆地愣在那里，不敢相信死神竟会带走年仅14岁的马旻。顿时，她的离去使我的大脑变得开始混乱起来：什么叫死？是消失了？不，马旻怎么可能消失？前几天我还跟她说过话，她还要把伞借给我……

在马旻不幸遇难之后，北京的媒体舆论更是或怒不可遏，或扼腕长叹，像《“流星雨”为谁而下》《少女“雨”夜失踪》《谁来制止悲剧》等报道一时间让马旻的名字与那场流星雨带来的骚动紧紧地联系在了一起。人们在愤怒谴责凶手的同时，更多地探讨着青少年该如何防范行将降临的意外伤害。

而马旻的突然夭折，让马家原本赖以依托的精神支柱瞬间轰然坍塌……

天上流星与人间悲剧

记得小时候，老人们就流传着这样的一个说法：流星即灾星，天上有流星陨落，地下必有人死亡。

事实果真如此吗？自从盘古开天地，时至今日，似乎还没有人进行过科学的考证。然而这一次，流星带来的人间惨剧，却是实实在在的事实。

1998年，北京的冬天冷得出奇，人们牙根打战脸颊通红，只要一开口，那浓浓的雾气便脱口而出，那样子就如一个个“呜呜——”待开的火车头。

即将于11月18日到来的狮子星座流星雨被各种媒体渲染得满城风雨、沸沸扬扬。就连学校的老师们也都按捺不住，好奇地躁动不安起来。他们在课堂上一再鼓动学生不要错失这千载难逢的机会，要在流星雨到来的那一天创造条件，到黑夜中去，到大自然中去领略流星雨的壮观景象。老师们还不厌其烦地向学生们介绍有关流星雨的各种知识，告诉学生在什么场合、什么情况下观赏流星雨会更清楚、更有利。老师们所有的这些知识，当然也是现蒸现卖，大都是从各种媒体那里搬来的。当然，老师们也不会忘记告诫学生，深夜外出观看流星雨一定要注意安全，一定要有家长或大人陪伴。

11月17日晚，马旻刚放学回到爷爷奶奶家，流星雨的诱惑便搅得她心旌荡漾无法平静。这位年仅14岁的少女，正值青春勃发的年龄，对知识对生活对未来……对一切的一切，她都充满了好奇，充满了兴趣，充满了渴望，充满了向往。何况在学校，她既是“三好学生”，又是班长兼学生会主席，许许多多的活动她都必须以身作则，她必须带个好头。像狮子星座流星雨这即将到来并且被渲染得沸沸扬扬炙手可热的事件，她能放过吗？当然不能。可夜深人静的，怎么才能如愿以偿地观赏到这千载难逢的流星雨呢？

马旻稚嫩的内心躁动不安地打起了小九九：自己孤身一人，当然是不可能去的。让家长陪吗？爷爷奶奶年岁已大，身体又不好，再说整天操劳照顾两个孙女，半夜三更地打搅他们，万万不能。爸爸妈妈又远在郊区，专程请他们来陪伴吗？他们白天工作劳累，晚上需要好好休息，第二天还得上班呢，再说让他们到爷爷奶奶这儿来，也没有地方睡觉呀!

很显然,指望家长半夜三更地陪伴自己外出去看流星雨,此路不通。可这千载难逢的流星雨,自己又不能不看呀!有什么别的办法呢?

聪明而又单纯的马旻急中生智,她找到了办法:找自己的堂弟一同去看流星雨。

马旻的堂弟是叔叔的孩子,比马旻小一点,同在慈云寺中学上初中。而且,堂弟与马旻住在同一幢楼上,堂弟他们家住三楼的一套一居室,马旻和姐姐马丽与爷爷奶奶一起住在九楼的一套两居室里。

吃过晚饭,马旻将堂弟招呼到九楼来。姐弟俩关在一间屋子里有说有笑,他们对奶奶说是要商量做作业。平时他俩虽然同住一幢楼,可也是很少在一起做作业的。堂弟的到来虽然让爷爷奶奶多少有些纳闷,但听马旻那么一说,老人也就没再在意。再说又劳累了一天,爷爷奶奶都困了,晚上 9 点没过,他们便都关灯上床,呼噜噜睡着了。弱智的姐姐马丽更是不谙世事,混混沌沌早早就进入了梦乡。

深夜里,青春少年也困了。堂弟没有回到三层的家去,是马旻让他留下的。他们各自在床上或沙发上和衣趴了下来,争分夺秒地驱赶着身上的倦意。

大约是凌晨 3 点,马旻被事先设置好的闹钟吵醒了,她也迅即叫醒了堂弟。俩人抹了抹脸,伸了伸懒腰,强迫自己打起精神,穿好外衣,然后蹑手蹑脚地走出了家门。他们走的时候,爷爷奶奶一无所知,仍然沉浸在梦乡之中。

这两个青春少年就这样下楼走出楼道，走进了万籁俱寂的苍茫夜色之中。

与白天相比，黑夜总是蕴藏着恐怖和罪恶的，何况是万籁俱寂的下半夜呢？然而，对于天真无邪心存憧憬的这对少男少女来说，此刻他们内心只有好奇与激动，他们满心欢喜地穿行在灯光摇曳的夜色之中。

冬天的寒风刀刻一般，嗖嗖地砸在脸上，疼得两人"嘶嘶"地龇牙咧嘴。然而从他们那"嘶嘶"呵出的白色哈气，不难看出他们怀中却都揣着一团青春的火焰，这火焰激励着他们一步步远离家门。

辽阔的夜空此刻被楼群、电线和树木切割得七零八落，两个少年只好一边走路一边抬头，激动而又好奇地寻找着辽阔的、便于观看流星出现的夜空。从位于朝阳区红庙自家的居民楼走出来，沿着朝阳路向东，马旻和堂弟一路说笑，一路抬头看天，渐行渐远。此刻他们内心只有激动，只有好奇，只有憧憬，他们全然忘记了夜的黑暗与恐惧，更不知道人世间还有随时都可能出现的危险与罪恶。而恰恰就在他们心无旁骛忘情行走的时候，一桩令人发指的罪恶正逐渐降临到他们头上——

"站住！"一个声音不知从哪里冒出来。

堂弟吓了一跳，要往回跑。马旻却镇定自若，拉住堂弟说："咱们没干坏事，为什么要跑？"

说话间，两个少年发现一个身着棉大衣、手持黑色警棍的陌生中年男人已经拦住了他们的去路:“你们出来干什么? 是什么关系?”

马旻定了定神,似乎没有丝毫的害怕,她一一做了回答。

陌生男人左右打量着眼前这一男一女的两个少年,问:“你们有学生证吗?”

“学生证?”

两个少年面面相觑,稚嫩的脑壳摇得像拨浪鼓:“没……没带。”与此同时,陌生男人的这句话让他们放松了警惕,心想这人可能是夜巡的民警或治安联防队员,没什么可怕的。

马旻掏了掏衣兜,将学生证递给了对方。

陌生男人看了看马旻的学生证,不怀好意地盯着眼前这位秀气纯真的少女,又瞅了瞅她身边那个看上去还小的少男,问:“你的呢?”

“我……我的没带。”堂弟怯怯地说。

陌生男人问:“你家在哪儿?”

“就在那儿。”男孩指了指身后不远处临街的那座板楼。

陌生男人朝男孩手指的方向瞧了瞧,拿着马旻的学生证往前走。走到了距离男孩家住的居民楼大约有300米的地方,陌生男人停住脚步。他不怀好意地盯着眼前异常秀气又一脸稚气的少女,忽然又将目光落在男孩身上,用不容置疑的口吻命令道:“这样吧,你先回家去取学生证,我和你姐姐在这里等!”

两个少年面面相觑,不甚情愿。但迫于陌生男人的淫威,马旻还是一脸天真地对堂弟说:“要不,你就回去吧,我在这里等你。”听马旻这么一说,堂弟也就顾不得多想了,撒腿便往回跑。平时跟堂姐在一块儿，他总是听她的。这不仅仅是因为她是自己的堂姐，更因为她学习好，在学校又是班干部，在同学中间有很高的威信。堂姐都说话了，此刻他只想到要听姐姐的，只想快点往回跑，也好快一些回到堂姐身边。

马旻的堂弟一阵风似的跑回家的时候，把熟睡中的妈妈惊醒了。因为爸爸出差到外地去了，这时候家里只有妈妈。

醒来的妈妈看着风风火火的儿子，诧异地问："你干吗呢？"

儿子一边翻着东西，一边回答："我找学生证。"

"咦？半夜三更的你找学生证干吗呀？"

儿子尽管气喘吁吁地翻着东西，却还是一五一十地将刚才碰到的事情说了。

做母亲的一听觉得蹊跷，立即警觉起来。她迅即翻身下床，穿好衣服跟着儿子飞奔下楼。当母子俩风风火火地跑到刚才的那个地方时，马旻和那个陌生男人早已无踪无影。此刻呈现在母子俩眼前的，只有冷清空寂的街道和凄厉刺骨的瑟瑟寒风……

艰难的寻访

时值1998年11月21日。

这一天，《北京青年报》第11版一则转摘自《北京晨报》、题为《少女"雨"夜失踪》的消息引起了我的注意。

据《北京晨报》报道，本应于18日凌晨出现的流星雨吸引了14岁的少女马旻和她的堂弟。18日凌晨，当马旻看完流星雨后，就再也没有回来……

这则新闻配发了马旻的一张特写照片，照片上马旻的那张鹅蛋脸清秀白净，她扎着马尾辫，身着深色外衣，洁白衬衣的衣领翻在外面，显得活泼帅气。照片上的她笑容可掬，而且像手持话筒，旁边有一只手搭在她的左肩上，不知是在主持班会还是正在和家人或同学说笑呢，可谁能想到，这张笑脸竟成了这位 14 岁少女留给人世的最后印象！

照片的右侧，报纸编辑用醒目的字体设计了这则新闻的篇前提示："一场流星雨过后，一个不像坏人的男人把 14 岁的女孩和她的堂弟骗了。悲痛的父亲说，孩子太没有警惕性了，太缺乏自防自救的意识。"

这则新闻和照片在报纸刊登的时候，少女马旻到底身在何处？她的命运到底如何？新闻中并没有给出肯定的答案。相反，这则新闻的最后，报纸编辑还将马旻及那个陌生男人的外部特征附带登出：

马旻，女，14 岁，身高 1.69 米，运动发。上穿棕色短呢大衣，下穿草绿色宽条绒裤，脚穿黑白相间的旅游鞋。

陌生男人，40 ~ 50 岁左右，身高 1.64 米左右，体态壮，圆脸，背头（有白发），下穿深色裤子。手提带护手的橡胶警棍。

很显然，报纸刊登的这则新闻带有寻人启事的性质。不难想象，眼下少女的父母和她家里所有的亲属，正承受着怎样的一种煎熬、怎样的一种内心创痛！尽管"失踪"和"寻找"本身让人仍心存希望、心怀侥幸，然而一种不祥之兆早已随着《少女"雨"夜失踪》这则新闻的刊发而阴暗地笼罩到我的心上。试想，一个尚未涉世的少女在夜深人静的时候被一个陌生男人莫名其妙地带走，还能指望有什么好的结局呢？

果不其然，事情不幸地朝着我担心的方向发展，而且其结果也让我无比震惊与愤怒！

一个月之后的1998年12月22日，《北京青年报》上刊登了一则题为《"流星雨"夜杀害少女，庞德禄一审被判死刑》的新闻，又一次让我的神经感到被外来的什么东西重重一击——

本报讯 昨天上午，北京市第二中级人民法院依法审理了庞德禄故意杀人案。当日下午，法院做出判决并公开审判，以故意杀人罪对在"流星雨"夜杀害少女马旻的庞德禄一审判处死刑，剥夺政治权利终身。

1998年11月18日凌晨3时许，庞德禄在本市朝阳区朝阳路京棉三厂附近冒充联防队员，将外出观看"流星雨"的14岁少女马旻杀害。

市第二中级人民法院经审理认为，庞德禄冒充联防队员，将少女骗至偏僻处欲行强奸，因遭到反抗，遂使用暴力剥夺他人生命，致人死亡，其行为已构成故意杀人罪。其犯罪性质极为恶劣，手段凶残，情节、后果特别严重，民愤极大，必须依法严惩。

马旻命运出乎我意料的地方，是她竟然被杀害了——强奸不成便杀害少女，罪犯手段之残忍、品性之恶劣，简直令人发指！一朵含苞待放、即将为自己和人世间抒写美丽的花蕾，就这样被罪恶摧残了。世间所有一切善良的人，谁听了能不为之流泪和愤怒?!

然而人海茫茫，众生芸芸，即便你心存同情与怜悯，你也只能在死者及其亲属所不知道的地方，默默地献上自己的一份祈祷和祝福。因为在人家撕心裂肺、悲痛欲绝的时候，任何人的同情和安慰对死者的亲属来说都是苍白无力、无济于事的。所以对于马旻一家，我一直寄予同情和关注，但很长一段时间，我一直不敢惊扰他们，我只是将所能搜集到的有关马旻遇害的几则新闻，小心翼翼地保留下来。

直到数年之后的2002年春天，阳光渐渐回暖，花草次第开放，虫儿鸟儿你歌我唱的时候，我开始挤出时间，想方设法要采访马旻的家庭。

按照新闻中提供的有关信息，我先拨通114查号台，给马旻生前所在的北京朝阳区慈云寺中学打电话。

第一次，接电话的像是一个中年妇女，说话瓮声瓮气的。我说要找他们校长，她说，你找他干吗？不得已，我只好如实禀告意图，她不耐烦地说："都猴年马月的事了，我们上哪儿查她家住址啊！再说人家出了这么一档事都怪糟心的了，你找人家干吗?"我耐着性子，问马旻的班主任是谁，能不能帮助我找一下？她说，我不知道，"啪"的一声挂了电话。显然，这位瓮声瓮气的中年妇女，是理解不了我的意图，也不会帮助我的。而我，当然也不肯就此罢休。

第二次，我打电话找到了慈云寺中学一位姓陈的校长，竭尽恳切之辞向他说明意图，希望他能够帮助我查到马旻的家庭电话或住址。陈校长不冷不热地说："都那么多年了，不好查。"我说："那能不能告诉我马旻生前的班主任是谁？我想了解马旻生前在你们学校的情况。"陈校长说："那位班主任已经不在我们学校了。"我问："他（她）调到哪里去了？"陈校长说："不知道，他（她）辞职了。"查找马旻的线索戛然断裂。

沉默。显然，这位校长同样是不会帮助我的——是因为他们学校在马旻这件事上有什么愧疚，生怕媒体弄出不利他们名声的报道吗？我无从知道。反正，我不能再指望他们。

我只能想办法查找别的途径。然而，北京之大，我该从哪儿入手呢？

无奈之中，我又从 114 查号台查到了红庙社区居委会的电话，我想没准居委会能知道马旻家庭的情况，毕竟马旻事件曾经震动了整个北京，事件发生地的居委会不至于不知道马旻家庭的情况吧？

结果如我所料，这一回柳暗花明。接电话的一位女士听我讲明意图，话语充满了热情。她说，前两天我还见到马旻的奶奶呢，那老人太不容易了，他们家是困难户，是我们居委会的重点帮困对象。我问女士姓名，她说她叫李凤汝。对于她的热情，我一再道谢，并希望她能帮助我联系一下，看能否让我采访到马旻的奶奶。李凤汝满口答应，并约定过几天再与我通电话。

过了两天，李凤汝主动给我打电话，告诉我说她又到马旻奶奶家里去了，跟老人提到我要采访的事。老人一提起马旻便伤心，死活也不肯答应。说完，李凤汝也为我感到遗憾，同时也为没能帮助我联系成采访的事而表示歉意。我灵机一动，对她提出："我能不能先到您那里去，请您聊聊有关他们家的情况？"她满口答应，并约好了接待我的时间。

4 月 24 日，是个大晴天，太阳很灿烂地高悬在天，将北京的大街小巷照得异常清爽。下午两点钟的时候，我如约见到了李凤汝女士。

这是一位瘦削温和的中年女子，慈眉善目，长脸，一见面便笑盈盈地等待着我的询问。我见她如此热情，没寒暄几句就直奔主题。

李凤汝凭着自己对马旻家庭的了解，一五一十地跟我讲了起来：

"那孩子的父母好像是双桥农场的，我见过。她父亲看样子挺精明的，但俩人都有病，她母亲像是心脏病，父亲似乎是脑出血，我不清楚他们的名字。听他们说马旻走后，那个弱智的孩子反而好些了。马丽今年都 24 岁了，一直待在她奶奶家里，由她奶奶带着。那孩子出家门都认不了回家的路，挺愁人的。孩子的爷爷是去年去世的，父母在双桥农场那边。据说他们的生活挺困难的。按市里规定，家庭平均收入不到 285 元的，都视为困难户给予不同程度的补助。原来街道办每月给马丽补助 280 元，去年重新审核，因为按规定马丽没结婚不算独立户，家庭平均收入须与父母一块儿合算，这一算超过了市里规定的最低生活保障线，原来的补助就给免了。老人家很伤心，她带着孩子来找居委会，还要申请困难补助。申请是可以的，但要将父母双方的工资卡寄来并盖上公章，可至今他们都没拿来。他们自己说都下岗了,单位连原来的牛和地都卖了。”

我问:“您一直在这儿工作吗?”

“我原来不在这儿,在棉纺织厂,一年多前到这儿来才知道他们家的一些情况。我去他们家时,一提马旻的事老人就哭,说你们不提还好,都这么多年了,一提我就伤心。要不是出事马旻都该上大学了,成绩挺好的。前两天我在她家聊了半小时,那傻孩子没出来。孩子的奶奶快七十了吧,身体也不好,腿做过手术,生活靠退休金,现在住一居室。以前老头子还在的时候他们住两居室,老头没了以后便与同楼的二儿子对调,奶奶带马丽住一居室。老太太平时也不出来遛弯儿。

“我也见过马旻的父母,蔫蔫的,一看就是经受过重大打击,是强打精神出来的。我也问过马丽知不知道妹妹的事,她说知道,有时生气了也会对奶奶和父母说:‘明儿我也死了,你们也就省心了。’我们昨天去的时候老人正头痛,跟我们说话的时候是拿热毛巾敷着头的,过一会儿那傻孩子才从里屋出来。老人伤心地说,这么多年了,我们那么困难也没人帮助过我们,现在又提这事儿我才不愿说呢!说出事时我们东跑西颠求爷爷告奶奶地找马旻,那些报纸也不理我们,登个寻人启事要我们那么多钱,现在又提出要采访,老人从心理上就拒绝。”

李凤汝女士说完这一番话,歉意地摊开双手,说:“很抱歉,我所知道的就这些,都告诉你了,马旻的奶奶又不愿意多说。”说完,她站起来,准备开会去了。她事先也告诉我她只能有一个小时的时间接待我。

我对她说:“你能不能想办法帮助我打听马旻奶奶或她父母家的

电话？我自己给他们打电话做做工作，让他们接受我的采访。”李凤汝表示尽力而为。

与李凤汝女士告别，走出红庙社区居委会办公室，我有些失望，同时又心有不甘。步履缓慢地穿行于小区楼群之中，我抬起头，竭力寻找着14岁少女马旻生前的住所。此刻在我的前后左右，既有六层砖楼也有高层塔楼，可马旻生前到底住在哪栋楼呢？我眼下这小路，楼与楼之间这绿树点缀的小径，这绿草氤氲姹紫嫣红的花坛旁边，哪一处是那位14岁少女生前的欢乐所在？哪一处留下过那位14岁少女温馨的足迹呢？

在快要走出小区走上大街的时候，我还是一无所获——难道我对马旻事件的寻访就要至此结束吗？我有些失落，同时又心存不甘，于是频频回头。恋恋不舍之际，我一眼瞥见两位正坐在花坛边晒太阳、一边聊天一边打着毛衣的老太太，遂下决心将推着的自行车掉转方向，来到了她们的身边。

“请问一下，数年前曾有一位叫马旻的14岁女孩因为深夜出来看流星雨被害，她住的是哪栋楼？”

两位老太太都抬起头，上下左右地打量着我，其中一个问：“你打听这个干吗？”

我自报家门，介绍了自己的身份，我说我想采访马旻的家人。

两位老太太一听，皱巴的脸马上温馨地开出花来。她们热情地朝东北角指了指，说你出了院东头挨着路边的那栋板楼就是。

我又问：“你们知道她家的情况吗？”

两位老太太都摇了摇头，其中一个说："你应该去找慈云寺居委会。"

我有些纳闷，朝我去过的地方指了指："刚才我去的也是居委会呀？"

"嗨，那是红庙社区居委会，他们下边还有慈云寺居委会呢！"

我眉头一展，真有些柳暗花明的感觉，于是连连道谢。

伤心是灵魂深处绝望的痛

告别两位热情的老太太，走出小院向东一拐，我一眼就瞥见了临街的那栋板楼。这栋如巨型石板一样的居民楼雄踞于北京朝阳区东西走向的朝阳路南边，再往东数百米，东四环路上的慈云寺立交桥近在咫尺。此刻，板楼正木然地俯视着大街上沸沸扬扬川流不息的芸芸众生——它是在为数年前那位不幸凋谢的14岁少女沉痛默哀呢，还是透过眼下这沸沸扬扬川流不息的芸芸众生，仍痴心地期待着那位14岁迷失少女的归来？

沿着板楼的东头再向南拐，呈现在我眼前的是一大片杂乱肮脏、巷道狭窄的平房。在这片空气污浊、人烟拥挤的贫民区中，我时不时屏住呼吸，小心翼翼地穿行其间。一路打听，终于在一条异常狭窄的巷道中找到了一处平房——慈云寺居委会。在这个居委会，一位叫范俊兰的中年女子听我介绍完来意，热情地接待了我。我禁不住问："你们这一带有不少困难户吧？"

"可不是嘛！"范俊兰原来在某城区的一个文化馆工作，因为家住在慈云寺附近，退休后便应聘到这个居委会当了一名干部。据她介绍,这一片困难户多,特困户都有好几个。

说到马旻家里的情况,范俊兰说:“自马旻出事之后,她的父母都有病,住双桥那边,他们现在是双桥饲料厂的工人。马丽住在她奶奶这边,街道上现在每月给她20元残疾补助,由我们代领后送到老太太家。老人跟我们关系还可以,她们有什么困难都让我们帮忙,马丽的父母也都挺通情达理的。但马旻事件给他们精神的打击特别大,隔了年她爷爷也因受打击太大而患病去世了,而且与马旻出事是同一天,都是11月18日,这事也挺怪的。”

是挺怪的。难道冥冥之中,爷爷与马旻在天之灵真有一种天然的感应吗?

范俊兰继续说:“做父母的受打击之后,身体实在是太糟糕了,他们照顾不了马丽,而是继续由奶奶照顾。目前经济上她们当然是困难的,但精神上的打击最大。马旻的奶奶每次来居委会,都是愁眉不展的。我们平时都特别忙,能力有限,除了按照政策规定每月给她们送20元补助,别的方面确实是无能为力。这一片的困难户确实是太多了,还有比马旻他们家困难的呢,住她们同一栋楼上的还有盲人母子。所以我们真的是能力有限,照顾不了那么多。

“马旻被害后,法院判对方死刑,同时判对方赔偿3万元。可对方家中有一个男孩,也在读书,比马旻大一岁。他父亲死后他由母亲一个人带着,家里穷得更是叮当响,根本就拿不出赔偿这边的那3万块钱,这事到现在都还拖着呢。”

“听说马丽现在身体有好转?”

“好像是。她爷爷死后，马丽已经会说再见什么的了。说起来也怪，马丽突然间就明白了些，原来可是糊里糊涂。”

说话间，热心的范俊兰用一次性纸杯给我泡来了一杯热茶，并几次打电话替我找马旻的奶奶李芳鱼。接电话的是马丽。

范俊兰问：“马丽呀，你奶奶在吗？”

“她不在。”

“她去哪儿啦？”

“不知道。”

“我是居委会的范阿姨，待会儿你奶奶回来，让她给我来个电话可以吗？”

“行。”

因为居委会很安静，通电话的时候对方的声音我也能听到。范俊兰放下电话，我问：“听声音，似乎也觉不出马丽有什么不正常。”

范俊兰说：“是。可要见到她本人，你马上就会明白是怎么一回事了。”

说话间，范俊兰主动提及她的儿子，说现在只有一个孩子，教育起来真是太难了。她说她儿子智力不差，可学习不好，就是不喜欢功课，而喜欢文艺方面的东西。我说，那你就因势利导，让他往文艺方面发展。范俊兰说，这道理我也明白，可做起来就不那么容易了……

范俊兰怕我久等，又去给马旻的奶奶打电话，又打了两次，时间间隔约一刻钟，终于找到了马旻的奶奶李芳鱼。老人一听说是要采访马旻的事，满口的不乐意，说前两天红庙社区居委会不是有人跟我说过嘛,我都拒绝了,我不愿意再提这事儿。范俊兰抓着话筒耐心地做老人的工作,说你不是老说你家困难吗?人家也是想好心帮助你,究竟有什么困难你先向人家说说,人家再帮助你呼吁呼吁。也可能是这话让老人心有所动,也可能是碍于居委会经常帮助她们,李芳鱼最终还是不太情愿地答应到居委会来一趟。

范俊兰如释重负,温和地跟我说:“你再等一等,她一会儿就到。”显然,她为能为我说动老人而感到欣慰,而且看样子她也想帮帮这位老人,想让我帮助她们呼吁呼吁。这时她忙了一会儿手头的工作,没多久她就说要出去接马旻的奶奶。

不一会儿,范俊兰领着马旻的奶奶李芳鱼来了。我连忙起身,将步履蹒跚的老人迎进了屋。

老人不老,看上去也就六十开外,但驼背,干瘦,头发花白,无边的愁云重重地笼罩着满是皱纹的脸,使得她整个人看上去如被严霜摧残过一样。很显然,苦难一直折磨着她。

我不无同情地请老人坐下,范俊兰也给她端来了一杯茶。在我的引导下,老人声音缓慢地开始说话:“要不是居委会,我真不愿意说了,一说就伤心。她爸爸脑血栓,都是这事儿给急的。马旻这孩子是好孩子,学习特别好,不出事现在都上大学了,提起来就伤心。”没说几句,老人的胸腔就像抽拉的风箱一样,一起一伏地喘着气。

我皱眉愁心地说:“我知道您伤心,也非常同情您现在的处境,我就是想关注类似你们这样的家庭,写文章呼吁社会各方面对你们进行帮助。”

“谁也不管！”老人嗓门儿大了起来，似乎要竭尽全力喊出内心积抑已久的委屈。“孩子丢了找了多少家报社，又是出钱又是出人，最终登报寻人了，找了那么多天都没找到。最后在一片小树林里找到了，孩子被抱出来的时候都已经不成人样了。”

“您把这些情况都详细说说，我帮您呼吁。”

“呼吁？你说我家孩子没人管呀！她姐姐是残疾人，去年8月补助都取消了，靠我500多元退休金……”

我打断她：“她父母不是还支持吗？”

“他们挣的钱都不够看病的！”

“他们单位状况不好吗？”

“可不是吗？他们农场牛也卖了，场地也卖了，人也下岗了，每月几个钱不够干吗的。他们俩又都一直病着，法院判对方赔的钱也一个拿不着。出事前她爸她妈身体都挺好的。你说晃晃荡荡出去，学校老师说看流星雨长知识，马旻这孩子又是学校的班长，全校的三好学生，全朝阳区的三好学生，学习特别好。她说自己要起带头作用，半夜三更地跟她堂弟偷偷就出去了……”老人说着伤心地哭起来，“我不愿意提这回事！你看我这气管炎，都喘不过气来，腿也痛，膝关节也老痛。她爸脑血栓身体都哆哆嗦嗦得不成个样。她妈妈心脏病，动一回喘一下，闹一回抢救一回，闹一回又抢救一回的，生活特别困难。后来给居委会申请困难补助，给个200多元的，结果到去年8月却取消了，一分也不给。不给也没办法，我现在不愿意提这回事，提这回事就生气。孩子丢了你说花了多少时间、动了多少人白天黑夜地找，你说得花多少钱？”

“共花了多少钱？”

“好家伙花了好几万呢！都是她姑姑找人家借的，到现在账都没还上呢。报案登报的，五天什么都没找着，最后在小树林……”老人一把鼻涕一把泪地又哭了起来。

稍微平静下来时，她又接着讲：“法院判赔，但那一家穷得叮当响，家里的东西不值一百块钱，有什么办法？他家人说，人不是枪毙了吗？我们又没犯法，我们还得吃饭呢！”

我问：“法院没强制执行吗？”

“没有。”

“对方的确太穷？”

“穷？谁知道穷不穷。”

“去看过对方家吗？”

“我哪能去？他们一生气也都病了怎么去？当时她妈都疯了，又胡说又唱又跳的，她爸爸气得一下子脑血栓到医院输液，病了很长时间，直到现在都还痴呆呆的，一看到这残疾孩子就想起那个来。”

老人喘了一会儿，继续讲：“看流星雨的那天晚上，她爷爷躺倒动不了，也是脑血栓。她爸她妈不在身边，她叔叔住在楼上跟我们不在一个屋，不是……”老人纠正说，“那会儿他在三层我在九层住，两年后老头也死了后换的。去看流星雨时孩子也没说，那天他们俩偷偷嘀咕好了，二小子那孩子也上九层住了。我说，你怎么不在下边住？他不走，说俩人在那儿学习、看电视、聊天什么的。我们侍候他们一天，老头动不了了，我也累得睡着了，他俩悄悄溜出去看去了。第二天一早起来，我说嘿，这俩孩子哪儿去了？5点多钟就找不着孩子，就报警。派出所就到正在施工的东四环慈云寺立交桥转了一圈。因为听说到亚运村看流星雨清楚，到亚运村也找了，还是没找着，说明天天亮了再找吧。求爷爷告奶奶地找了五天，后来人家说孩子被打死了，那坏人要强奸她，她不服，反抗，宁死也不让。这孩子平时哪儿都不去，买个她需要的卫生纸还得我给她买。你到学校去调查调查，她是有名的好学生，这孩子就是爱学习……”

老人抹了一把泪，声音又哽咽起来：“我真是不愿再提这孩子，提一次病一场的。现在看病钱都不够，看了病饭也不用吃了，钱不够。这残疾孩子老得看病，看病又不报销……”

我问：“经济上你那几个孩子不帮忙吗？”

“唉……”老人长长地叹了一口气说，“她爸她妈身体都不好，她姑身体也不好，都挺困难的。住同楼的二儿子是开车的，经济好一点，但最近房子刚装修，也没钱了……”老人喘着气，说话时不时间断起来。“去年7月份以前，这残疾孩子都有困难补助，现在一分也不给……20元的残疾补助，够干吗的？水钱电钱煤气钱哪样儿不费？这傻孩子又不懂，老浪费煤气和水的……”

“您自己看病能报销一部分吗？”

“今年不是改革了吗？自己得花一千五，花够一千五才能报销60%。”

“马丽她爸她妈的医药费呢？”

“不能报,全是自己掏。她妈是下岗又办了退休。她爸病了干不了活,想买断工龄听说国家不让,农场里牛也卖了地也卖了,他俩都是插队知青。”

“他们在外头做点什么吗?”

“没有。他们身体都不好,干不了活,都是孩子出事后落下的。他们就这么个聪明孩子,盼着这孩子上大学,结果……”老人艰难地哽咽,“孩子是上中学才来这里住的。这孩子出事我有责任,可老头病了我又累了一天,半夜都睡着了,后半夜他们偷偷开门悄悄走了,我都不知道。出事后老头老说少一口人、少一口人,号呀哭呀,一下子就病倒了……”老人用手背抹了一把泪,“这孩子就是爱学习,回来就学习。她知道家里困难,学习很自觉,说奶奶您等着我,等我上大学帮您还钱……她不跳舞,但在学校练体操。只要老师布置的事,她都很积极,考试老考数一数二……我不愿意提这回事!”

我说:“我想跟您儿子或儿媳妇聊聊。”

“他们一聊就伤心。”

“或者跟您女儿聊聊?”

老人沉默了一下,说:“那我问问她,她们也不愿意提这回事。”

老人每一次哭,都让我的心往冰窟窿里沉一次,我觉得锥心钻骨,脊梁嗖嗖地冒着凉气。这时候我不得不开始安慰她:“您自己要多保重。既然事情已经发生,伤心也已经无济于事,保重身体才是第一位的。”

“唉……呀……我整天闹病,喘不上气,肚胀,气管炎。马丽什么都帮不上，还跟你费水费电费煤气。她叔叔老在外地，她姑姑也气得血压高。我退休金每月才五百来块，最要命的是马丽没人照顾，自从孩子出了事，他们都神神经经的，照顾不了。我也有病，住那边（指马丽父母那边）去又不方便看病。我前年和去年住院共花了几万块钱，钱能报一点，她姑借一点，自己掏两千五。今年掏不起了，我没钱看病。我主要是肺炎、气管炎，嗓子发堵，老吐白痰。”

“马丽她爸妈也来看您吗？”

“也来，礼拜六或礼拜天来。他爸没活，胳膊不行，干不了活，患脑血栓，还有螨虫病，老喘不上气，每年夏天都打针，药费又不报销……孩子死了不知花了她姑姑多少钱呢！孩子后事操办反正要花好多好多钱。马旻她爸是老大，老实巴交地到双桥农场插队，孩子一出事气得瘫痪了。几乎全社会的人都说那坏蛋应该千刀万剐的，开始还没判枪毙，后来我们上诉到高法，才枪毙了……唉，不愿意提这回事！孩子不是三四岁，而是 14 岁，长得高高大大。那坏蛋原来坐过牢，咱们国家对这些坏蛋改造改造就放出来，法律太松了。要我说，逮着一个坏人就枪毙，逮着一个小偷就剁手，社会上保证就没有这些坏人……”老人喘了一会儿气，继续讲，“出事时，我二儿子出差不在，马旻堂弟的妈妈知道孩子住在这儿。唉……要说也是命，那么多人去操场看流星雨咋就马旻遭了倒霉呀？……找到孩子时，孩子的头和脸都没有了，瘆得慌……”老人呜咽起来，伤心与痛苦的撞击让她那衰老干瘦的身子不停战栗。

我的心不由自主地一阵阵揪痛，同时也琢磨着如何将采访深入下去。待老人稍许平静，我说："我想找您二儿子，有他的电话吗？"

老人想了想，答道："我问问，看他愿意不愿意。反正孩子也没了，人财两空，你说，说这个有啥意思？"

"但您不说没人知道您的困难，说了我可以写文章呼吁人们帮助您，这个社会上还是有好心人的。"

老人若有所思，但又嗫嚅道："那……你看国家又不帮助解决我们的困难。"

我说："我看居委会他们也很同情您，没再发补助不是他们的责任，而是按政策办事。但他们还在为您争取、做工作。"

"谁家要没事谁愿意吃这补助？马丽这孩子又这样，想给她找个活吧，她连字都不认识。找人家帮忙人家说好人都找不到活呢，您还想找活！本来想找份帮着搞卫生的工作……"

我打断她："马丽现在在家能帮助您干点活吗？"

老人答："有时她脑子转过来了，高兴了，也能帮你扫个地什么的。她要不高兴，打死也不干。早上不起，睡到十来点，晚上不睡。总之脑子智力差，什么也不懂，费气费电费水……"

"听说马丽比原来好一点？"

"好也是那样，干不了活。下楼你要不带她，她都找不回来，不认识家呀！……"老人喘着气，忽然想起什么，又讲起了马旻。"找马旻找了五天五夜，最后是一位老太太在一处荒山的小树林里发现打来了电话，我闺女才报案从电瓶厂抓到那坏蛋。那坏蛋杀了人像没事似的，又上班去了。他老婆还包庇说那天黑夜他在家里呢——

你说可恨不可恨？他家有一个男孩子 15 岁，却把俺 14 岁的孩子掐死了。”

老人这时重重地咳了一口浓痰，从衣兜里掏出一张挤得皱巴的卫生纸，打开，将痰吐进去，包上，愁容满面地继续讲：“孩子丢了之后全家亲人都没法上班，连春节吃顿饭都难以坐到一块儿。有一年春节一家人想聚，吃饭时马旻她妈就哭，她姑也哭，一家人都哭。结果饭没吃就散开了，这么多年再也没在一起吃过一顿团圆饭……二儿子老不在家，女儿老有病，我不愿意提这事儿，一提血糖又高了。孩子丢了带来了这么多烦恼，他们都说还不如不要孩子，原来都是挺好的身体，我真的不愿意再提这事儿……”

老人又一次唠叨说：“去年，我住院时花了三万多，自己一下子拿了三四千，手里都没钱看病了……几个月来，我又患气管炎、肺炎、肺气肿，都是闺女从外面买点甘草片、化痰片凑合着吃……”

老人再也说不下去，她不停地咳嗽，不停地抽泣，不停地用那块皱巴的包着浓痰的卫生纸一遍又一遍地擦着眼泪和鼻涕，这是眼前这位历尽磨难、饱尝痛苦的老人别无选择的情感表达。我想，她只有让老泪流得更痛快些，让驼背的干枯的身体抽噎得更猛烈些，她内心深处积压得太多太久的苦楚才能尽快排遣。与此同时，我的心被老人满腔的苦楚刺痛着，感染着，融化着。我清楚地感觉到我的内心深处忽然间盛满太多太多的泪水，以至于这太多的泪水一次次往上涌，不停地挤压着我的鼻腔。右手也不由自主地去身上摸钱包，将钱包里仅有的 200 元钱掏出来，递给了老人。

“老人家,这点钱您拿着吧,虽然帮不了您什么大忙,但它代表了我的一点心意。”

老人先是一愣,但终于还是伸出那只干瘦皱巴、血管纵横的手,接过钱,连连道谢。

我说:“您不用谢,我个人的能力非常有限,但如果我能写文章将你们家目前困难的情况真实地反映出来,让更多的好心人来帮助你们,那不是更好吗？所以,我真心实意地想见到马旻的爸爸、妈妈,或者马旻的叔叔或者姑姑,好好地同他们聊聊。”

老人想了想,说:“马旻她爸爸妈妈聊不了,他们俩身体本来就不好,一提又病了,病了又没钱看病……”

“要不就找她叔叔或者姑姑?”

“她叔叔老不在家,不好找。”

“那她姑姑?”

老人想了想,咂了咂嘴,说:“我……跟她商量商量看吧,马旻出事之后都是她姑姑在那儿跑前跑后,她文化高,事情又是她一手处理的……不过她身体也不好,也一样不愿意提这回事。”

“您能把她的电话告诉我吗？我想亲自打电话说明我的意图,跟她商量商量采访的事。回头您也跟她商量一下。”

老人想了想,随口念出了女儿的电话号码,并表示回头同女儿说一下。

我飞快记下那个电话号码,一边道谢,一边又说些安慰的话,之后便将老人送走,接着又与居委会的范俊兰女士道谢告别。

2002年4月30日晚上，也就是距离上次采访马旻奶奶大约一个星期之后，我忐忑不安、小心翼翼地给马旻的姑姑（出于对当事人必要的尊重，这里不便于透露其真实姓名，以下简称马女士）打电话，唯恐自己因为言语表达不当而伤害心灵已经遭受严重创伤的对方。之所以相隔一个星期，是想腾出足够的时间让对方有思想准备，好接受我的访问。

我首先向马女士自报家门，耐心地介绍了自己的身份，说明意图，并说已经跟她的母亲聊过，希望进一步了解事件的详情以及目前所面临的困境。

马女士在耐心听完我的介绍之后，却断然拒绝。她言语激烈，语速极快，以致我如同冷不丁遭受到雷雨的袭击，噼里啪啦，来势凶猛。我几乎来不及招架，来不及回味，转瞬间便一头雨水，浑身湿透，阵阵寒意溢满胸间，侵入心房。自始至终，我几乎没有任何回应和解释的余地，对方就不由分说地将电话挂了，以至于我手握话筒愣了好一阵。待我回过神来，细细回味，才隐隐约约理清刚才她电话中主要的关键词和大致意思——

我不愿意提，马旻这事对我们全家带来的打击和伤害到底有多大，外人是无法想象的。在单位我也是有头有脸的人，刚开始的时候也是头头是道安慰我的哥哥和嫂子，可现在跟你通电话我都浑身冰凉！马旻出事之后，我们全家人都跟疯了似的，不吃不睡找她，整整找了五天五夜。最后那天，我与丈夫将马旻从土堆中扒出来的时候，她血肉模糊面目全非，真的是惨不忍睹，我浑身冰凉，这种感觉后来一直缠绕着我。不瞒你说，这事都快过去四年了，我们都未过夫妻生活，为什么？因为根本没有心情！你想想，我丈夫为此要付出多大的牺牲啊？他当过四年警察，可马旻当时那惨状现在一提起来他都受不了！我哥我嫂就更甭提了，要么疯疯癫癫，要么萎靡不振，我不愿意再提此事了。我每月四五千元的收入，哪怕我和丈夫少花点，也要全力支持他们，因为他们现在实在是太惨了！我不愿提此事了，谢谢你这样的好人，可我实在不愿意谈，因为没什么用。法院判对方3万元赔偿款，至今分文未得，有什么办法呢？唉……以后再说吧。我真后悔给她起的名字，与文曲星联系上了，唉，要说这也是命啊！

马女士这番发自肺腑、伤心至极的话，现在细细回味，依然让我感觉毛骨悚然、浑身发冷。我深信，没有经历过痛入骨髓的心灵创痛的人，是万万说不出这番话的。据了解，马女士所在的单位，是一家效益不错的公司，搞产品开发和推销，她是公司里的一位负责人。她与当过警察的丈夫，恩恩爱爱，感情笃深，但一直没有自己的孩子。马女士又是极注重亲情的，所以作为姑姑，她对侄女马旻喜爱至极、关怀备至。因为马旻的聪颖好学，让她这位姑姑看到了娘家家族走向兴盛的希望火种，她盼望马旻能顺顺利利健康成长，如愿以偿考上大学，给一直生活在底层的娘家人带来福音。所以，马女士真的是对马旻寄予了厚望，这种厚望从马旻刚一出生便已经开始，因为马旻的名字都是马女士给起的。马女士是娘家文化和社会地位最高的人了，起名字的事落到她的身上，也是自然而然的事。

马旻的“旻”字什么意思呢？天空、秋天之意呀。马家的又一匹小马驹降生了，呈现在她面前的是辽阔高远、碧蓝如洗的秋空，意为前程远大、不可限量、马到成功呀！马旻的姑姑最初一定是想取“旻”字的“秋天”和“天空”中所包含的辽阔、高远的意思，期望马旻这个活泼可爱的小侄女将来能有无可限量的前程，能有多彩美丽的人生，能有秋天里那样硕果累累的收获，为她的父母、家庭乃至整个家族争光——“马旻”是一个多么好的名字呀！怎么能跟传说晦气、不幸的文曲星联系在一起呢？难道非要从“文曲星”三个字中拆取偏旁部首机械地组成一个“旻”字吗？

看来，中国人真的没有摆脱“信命”的宿命，许多人在经历倒霉和磨难的时候，总是要往坏处寻求因由，或从似是而非的民俗文化传统中寻找对自己厄运的诠释。似乎只有这样，将一切的不幸归结到“命”上，才可能找到解脱，渐渐舔干伤疤，慢慢地消除痛苦。他们从不承认天灾人祸的出现往往只是一种偶然，而且对于绝大多数人来说，概率往往是均等的。只要你生活在这个世界上，只要你是芸芸众生中的普通一员，说不清什么时候，也说不清在什么地方，病魔、车祸、台风、火灾、地震、战争……所有一切不可预测的意外伤害，以及由此可能带来的死神，都可能不期然地落到你的头上，让你无法防范，让你无处逃遁。当然从主观上，这当中有些意外的伤害我们可以尽可能去防范，比如火灾，比如溺水，等等，我们可以主观上尽量小心谨慎地去降低其发生的概率，却不可能绝对地回避。世事难料，谁能保证自己活在世界上就绝对不会有个三长两短?

所以人活在这个世界上,一方面要开朗达观,以积极进取的姿态去投入生活拥抱人生;另一方面,对于随时都可能发生的病魔与灾难,要以坦然的心态去勇敢面对。因为人生苦短,灾难的发生也非你自己的错,死者已逝,不可能复生;而活着的人,理应积极乐观,去活得更好,这既是对自己和依然活着的亲人的生命、生活负责,也是对逝者最好的怀念和慰藉。试想,如果家族里一人之死带来的只能是全体成员永无休止的悲伤与哭泣,甚至身体和精神的全部崩溃,那么死者在九泉之下的灵魂能够安息吗?死者在九泉之下要是真的有知,不更加痛苦不堪吗?

我非常同情马旻一家的遭遇,也非常理解马女士电话中那一番话所包含的痛苦心情。与此同时,我隐隐约约地感觉到了马女士痛苦之中对待家人以及对待人生所包含的一些误区。更重要的是,她的那番话,更促使我盼望接近她、走进她的精神世界。我希望亲身感受她心灵深处所负载的痛苦,并希望与她探讨如何面对这样的痛苦,如何更好地救治她和她的亲人身上目前所面对的心灵创伤。我迫切地希望以一个朋友的身份与她促膝谈心,与她一块儿分担心灵上所承载的艰难与痛苦。我想,这不仅仅是因为我的职业角色所应有的责任,更是我个人良心上的一种责任。

大约是一周之后的一个晚上,我又一次忐忑不安、小心翼翼地给马女士打电话,希望表达我此刻充满怜爱与社会责任的真挚之心。

马女士一听是我,心灵的两片蚌壳紧紧关闭了,她冷冷地说了声:

“我说过了，我不愿提此事。”然后“啪”地挂了电话。

握着话筒，我又一次发愣。这似乎是我每一次遭受冷遇、吃了“闭门羹”时的下意识动作。因为当你满腔热情、真心实意却忽然遭受当头的一盆冷水，那种突然间的反差需要慢慢调和，那种反差的原因需要你冷静分析、细细探究。渐渐地，我开始理出了头绪，我认为马女士一定是深陷于痛苦中无法自拔，当然外人可能也难以想象。而在双方之间都不能完全理解的时候，沟通便成为当务之急。

我还是希望走近马女士并求得她的理解与支持，我希望她心灵的蚌壳能向我打开。我当然不是要窥探人家的痛苦，而是要透过类似的个体痛苦来分析、探究当今家庭和社会所面临的生活现状及困境。于是2002年“五一”节放假期间，我给马女士写了一封信——

马女士：

您好！

我是看望过您的母亲、并与您通过两次电话的杨晓升。作为一个有良知、不乏人道主义关怀和社会责任感的人文工作者，我非常痛惜马旻所遭受的意外伤害，非常同情并理解您和您的亲人为此所承受的痛苦。但我以为，再大的痛苦，也不能永无休止地任其疼痛，甚至摧毁我们继续生活的信心。您对马旻的感情和对娘家在经历劫难之后全力以赴甚至不惜代价的帮助，我非常钦佩。与此同时，我觉得您不应该由此而影响自身的正常生活，否则不但对您和您的亲人不利，对您的丈夫来说，我更是觉得很不公平。马旻在九泉之下要是有知，灵魂恐怕也会不得安宁。怀念马旻、医治心灵创伤、救助娘家尤其是您的母亲和马旻父母最好的方法，绝不是永无休止地让自己和亲人陷入痛苦的泥淖中永不自拔，而是要千方百计地鼓起自己和亲人继续生活的信心和勇气，千方百计将马旻遭受意外伤害所带来的损失降到最少，这也是对马旻最好的告慰和纪念。

从内心讲，我真的不忍心惊扰您和您的亲人的情感与生活，但从我的社会角色和社会责任上讲，我又渴望通过对类似马旻遭受的意外伤害事件的了解与分析，研究中国当今独生子女遭受意外伤害之后，相关家庭所遭受的伤害程度以及所面临的生存困境，并以此审视独生子女家庭的生活现状。我知道您是娘家中文化和社会地位最高的人，您对马旻一直倾注了无限的爱心和情感，马旻出事之后的一切事情也几乎都是由您一手处理的，所以我渴望与您交谈。我也迫切希望通过与您的交谈，能消解或分担您和您的亲人心灵所承受的痛苦，不知您能否理解我此刻的心情并接受我对您的请求？

愿您和您的家人永远平安！

杨晓升

2002 年 5 月 3 日

我选择在 5 月 3 日给马女士写信，是有意要错开节日开始的浓厚气氛，我不想在节日刚刚开始的时候提这个令她扫兴的话题。但我又极希望能利用“五一”长假的时间，与她见面交谈。因为平时我的时间基本都扑在我主编的一本文学杂志上了，我有关失独家庭的采访与写作时间，只能在我的双休日或假期中一点一滴地挤出来。

写好信，我又一次忐忑不安、小心翼翼地给马女士家里打电话。我只想跟她说“我写了一封信，希望您看一看，然后再聊”。

接电话的不是马女士，而是年轻女子的声音。那女子说她不在，我是她的表妹，您有什么事？我说我有一封信要传真给她。发完，又给对方打了一次电话，询问传真内容是否清楚。接电话的仍然是马女士的表妹，她说很清楚。我说，麻烦您交给您表姐行吗？她说，我一定交给她。听声音，马女士的表妹声音甜润，性情开朗，与眼下节日的气氛还很协调，丝毫感觉不出有什么伤感。所以我寄予了希望，我相信她会将信交给她的表姐。我渴望这封情真意切的信能对她有所触动，能温暖她并渐渐融化她情感的冰川，能慢慢打开她紧闭的心灵之窗接受一个渴望走近她的陌生朋友的交流。

我耐心地等待了两天，又给马女士家打了电话。

这回接电话的正好是马女士。我小心翼翼地问：“您好，您是马女士吧？”她说：“是。”我说：“我是杨晓升，我给您的传真信您看到了吗？”她说：“我跟你说过，我不想再提这个话题。”“啪”的一声，她把电话挂了。

我很扫兴，无言以对，但心无怨言。我首先是反思自己：是不是因为节日期间提这个话题惹她生气了？我开始这么认定并调整计划，心想干脆冷处理，多过些日子再说吧。

大约是半个多月之后，我心存希冀地给马女士打电话。这回我是利用中午的休息时间，将电话打到她的单位。她一听是我，还是那句话:“我说过了,我不想再提这件事,就这样吧……”说完就要挂机,我急忙说:“您等等,我的信您究竟看了没有? 您真的一点都不想谈吗?”我之所以这样说,是因为第一次与她通电话的时候她噼里啪啦说的那番话,并且曾流露“以后再说吧”之类的话语,所以我对她仍然心存希冀。而现在,面对她再一次的拒绝,这种希冀一如遭受风吹雨打,基本上熄灭了。

一个人生命的伤痛和心灵的痛苦是那样的难以消除!

一个人的心灵和情感是那样的难以向外界哪怕是充满善意的沟通!

此中原因,我猜想马女士和她娘家人那痛苦的心灵,仿佛遭受暴发的山洪冲击、承受力正超越极限的大坝一样,你只能提心吊胆、小心翼翼地呵护它,却不能有哪怕是一丁点儿的惊扰,否则它将可能一触即发,转瞬间土崩瓦解……

既然如此,我只能就此止步。我只能默默地隔着世俗的时空和心灵的藩篱,对不幸遇害的马旻以及她活在世上所有的亲人,默默地献上我最真挚的祝福。

祝他们从此一生平安!

第三节　何羽飞:上学路上无归期

生命是那样的神奇。当一个人的生命从母体中分娩出来,在父母的精心呵护下一天天长成活蹦乱跳、聪明伶俐的少年时,父母脸上那种怜爱之情和得意之情,会让人对生命、亲情和生活产生多少无限的眷恋！

生命又是那样的弥足珍贵。当一个健康活泼、茁壮成长的生命突然间被飞来的横祸残酷毁灭时，做父母的——有谁能承受如此惨不忍睹、撕心裂肺的打击以及由此而带来的痛苦呢？

回家的路有多远

1999年4月5日，是中国传统的清明节。这一天，在中国九百六十万平方公里的国土上，无数的中国人会走向原野走向山川走向先人或逝者的墓地，烧香跪拜，凭吊祖先，祭拜亡灵。

然而谁也不会想到，就是在这一天，在中国的首都北京，灾难和死神会不期而至，而且偏偏降临到一个年仅11岁的小男孩身上！

他叫何羽飞，父亲是北京某化工研究所的工程师，母亲是某师范大学历史系的在读博士。聪明伶俐的何羽飞的出生，不仅给这个普通的知识分子家庭带来了无限的生机和快乐，也让知识分子出身的父母事业和生活有了继往开来的火种。

何羽飞所在的北京某实验小学，位于北京市中心的宣武门一带，是全市闻名、令人向往的重点小学。何羽飞是这所小学五年级(3)班学习优秀、令老师和同学喜爱的好学生。

这一天是星期一。下午的最后一节课是自然课，而且是向前来参观的德国客人开放的公开课。在这节气氛活跃的自然课上，面对邹老师的提问，聪明好学的何羽飞对答如流，令在场的德国客人都感到惊讶。以至于下课时，兴高采烈的德国客人给孩子们留下了一大堆糖果。

放学了,何羽飞和同学们欢呼雀跃地围住了邹老师。何羽飞调皮地探着头问:“邹老师,什么时候分糖果呀?”何羽飞想,要是能将糖带回家就好了,他要回家让爸爸妈妈与他一同分享从学校带回的欢乐。

当时已经将近下午5点钟,不少孩子的家离学校很远。为了不让孩子们的家长焦急,邹老师笑着拍了拍何羽飞的头说:“就属你馋!快回家吧,糖果明天再分。”听邹老师这么一说,何羽飞立即停止喧闹,背起书包准备回家。但走出校门时,何羽飞内心多少还是有一丝遗憾。

从位于宣武门闹市区的学校回到远在京城北郊西三旗的家,何羽飞需要不停地挤车、转车。大约是一个小时之后,何羽飞背着书包,气喘吁吁地来到清河站转车,他还得再坐两站才能回到西三旗的家。

这时候已经是傍晚6点。春风和煦,夕阳将西天涂抹得一片橘红。何羽飞站在人群中间,一边等车,一边抬头眺望西天那美丽如画的夕阳,稚嫩的脸笑逐颜开,内心情不自禁地对天边的美景流露出了无限的眷恋。

清河站是一个比较大的公共汽车中转站,一共有十几辆大公共汽车在这里停靠。加上不时冒出来的小公共汽车,使得这里人车拥挤,噪声不绝。11岁的何羽飞并不喜欢这里,爸爸妈妈更不愿意自己的孩子走进这人声嘈杂、缺乏安全的地方。可这里又偏偏是何羽飞上学、放学的必经之路。本来,何羽飞是可以不在这里换车的,因为爷爷曾告诉他,可以先坐331路到新街口豁口,再从起点站坐上去西三旗的398路公共汽车,那样人少了就可能坐上座位了。何羽飞觉得爷爷说得对,只是那样要多绕些路,所以他跟妈妈说:“那样太费时间,我回家还有那么多的作业要做呢！”妈妈听了也不再强求。所以，每天早晨和傍晚，何羽飞都要在这里转车。何羽飞每天都必须早早起床，匆匆忙忙地洗漱，匆匆忙忙地吃完早餐，然后又匆匆忙忙地背上书包跑出家门。他必须在早晨6点半前坐上398路车，这样才能按时赶到学校。下午放学，经过漫长的等车、挤车和转车，往往是傍晚7点左右才能回到家里。吃完晚饭，他又得开始做作业，洗漱完了，至少也是晚上11点钟才能睡觉，所以他每天只能睡6个钟头，只能在周末的时候才能补上一觉……

398路公共汽车开过来了，急着等车回家的人群一片骚动，争先恐后地往前拥。汽车还未停稳，一声惨叫却从飞转的车轮下响起。这声来自孩童的惨叫让北京春天的黄昏异常惨烈，在场的人无论男女老少，霎时间都感觉到毛骨悚然。挤在最前排的人一下子被惊得目瞪口呆：一个身穿蓝色校服的小男孩此刻已经被巨大的车轮撞倒，血肉模糊，男孩绝望地张着嘴，无限痛苦地扭曲着脸，一双小手仍然紧紧地攥着书包带儿……

少顷，一位手牵孩子的母亲才张大嘴，呜咽着惊叫起来：“这是谁家的孩子呀？他妈妈还等着他回家呢！”

这位年轻母亲的哭喊声如同一柄利剑，将在场的每一个人的心房都狠狠地刺痛了，刺醒了。于是，人们开始大呼小叫地张罗着抢救，有人开始报警、求救，拨打110和120，有人开始想方设法寻找孩子的家长。

有人从孩子的书包中发现了一个电话号码本，并从书包里的课本和作业本上得知了孩子的名字和所在学校的名称，于是打电话通知了何羽飞所在的学校。120急救车来了之后，有人迅即协助，将孩子送进了附近的医院。

第一个赶到医院的是何羽飞所在学校的杨老师。医生心情沉重地告诉杨老师，何羽飞被撞中了头部，送进医院的时候，心跳、血压已经消失，抢救到现在，一直没有苏醒的迹象，身体也已经渐渐冰凉了……

还没有放学回家的邹老师获悉惨状，禁不住放声大哭。她攥着来不及分给孩子们的糖果说："我为什么那么蠢！为什么不先把糖果分给何羽飞，好让他不留下遗憾啊！"

紧接着赶到医院的是孩子的母亲。当噩耗费尽周折好不容易传到她的耳朵时，这位历史学博士正准备回家买菜做饭，期待孩子和丈夫的归来，享受又一个傍晚的亲情快乐。可她做梦也没有想到，就是在清明节的这个傍晚，厄运竟然残酷地降临到她的头上，将她宁静的生活捣毁得面目全非。当她失魂落魄地赶到急救站时，看着失去知觉、面目全非的儿子，她失声痛哭，一下子瘫倒在地。面对医生"抢救无效"的结论，她无法相信，她不甘心，她仍歇斯底里地一遍遍问大夫："还有更先进的抢救办法吗？还有更先进的抢救办法吗？"

就在前几天，儿子趁星期天，悄悄地给爸爸妈妈做了一顿早饭，笨手笨脚地煎了三个鸡蛋。接着又顶着小雨，跑了三个早点摊儿买回了油饼。末了，儿子还用稚气的笔，把当时帮妈妈做事的得意，都写在了日记本上。

孩子的父亲也赶来了。平时，妻子跟儿子住在小屋，今春停暖气之后，他住的大屋很冷，妻子就让他到小屋来支个小床，说一家三人挤在小屋暖和。儿子见状，却非要让爸爸挤到自己与妈妈睡的双人床上。当儿子躺到爸爸和妈妈中间时，别提有多高兴了！尽管何羽飞是独生子，却从没有同龄独生子的那种娇气，平时对物质要求不高，吃、穿、玩从不挑三拣四。妈妈忙，做不好饭，做什么儿子都说真好吃！儿子最大的满足，就是晚上能与爸爸妈妈守在一起……孩子在医生抢救时脱下的衣服已经被交通大队当作物证拿走了。做父亲的他已经被这突如其来的横祸冲撞得魂不守舍，他呆呆地反复念叨，孩子没衣服穿，太冷了吧，太冷了吧……眼看着早上欢蹦乱跳出了家门的儿子，此刻却僵硬地躺进了冰冷的箱子里，他悲痛得呼天抢地："我和他妈妈可是一辈子没做过什么错事呀……"

世界上有一种伤痛难以医治

我是在报纸上得知这个消息的。从那时起直至现在，每每提到京城的小学生长途跋涉上学放学的事，我的内心深处就不由自主地生出一种难以言状的压抑和难受——不仅仅是为一个已经死去的何羽飞，更为了千千万万个每天跋涉在上下学的路上、车祸的危险随时降临的无辜孩子们。这当中的深层次原因，是中国当今分数至上、升学至上的教育现状。

不难想象，如果不是为了让孩子考出高分数，以便逐级升上重点初中、重点高中直至重点大学，如果中国的学校不是人为地分出重点和非重点，有谁愿意将孩子舍近求远送到远离家门的学校上学，让自己（因为接送）和孩子每天早出晚归长途跋涉一同遭罪？何况由于被迫择校和平时的交通，他们还要花费高额赞助费和大量的交通费用！所以，不客气地说，中国教育的现行弊端是导致何羽飞在上下学路上不幸夭折的间接凶手。

同样是为了避免在不幸家属最痛苦的时候去触痛他们、打扰他们，我没有马上去采访何羽飞的车祸事件。直到两年多之后的2001年秋天，我开始想方设法寻找何羽飞父母的联系电话，经过无数的周折终于找到了他们家的电话号码。然后，我选择了一个休息日，小心翼翼地将电话打到了他们的家。

接电话的是何羽飞的母亲，北京某师范大学历史系副教授、博士生王女士。我竭力镇定自己，温和而耐心地向王女士讲明了我的意图。开始她还算热情，但情绪很快由热情转向激动。提起要见面采访车祸事件以及儿子生前的情况，王女士连连谢绝，说不行不行，这事太让我伤心了，我不愿意再提这件事。说着说着，她激动起来，对当今中国的城市交通状况和市民的素质大加痛斥。她极不满意甚至仇恨当今京城拥挤混乱的交通。她说，政府应该大力发展公共交通，而不应该让那么多的公车和私车纷纷开到大街上来，造成了公共汽车的拥挤和道路的严重堵塞。她说，现在市民的素质太差了，挤车时争先恐后从不考虑别人，从不谦让孩子和老人，真是太可恨了，否则我儿子也不至于被他们挤到车轮底下。她说，总之现在的城市交通状况真是让人难以忍受，到处都存在车祸隐患，到处都存在生命杀手，我们的城市交通管理水平太差了！末了，王女士建议我去看一看中国科学院院士、著名理论物理学家何祚庥最近发表在报上有关抨击城市交通方面的文章。她愤愤地说，我与何祚庥先生一样，很有同感！

我赶紧随声附和，也抨击了几句，对她说，何祚庥院士的文章您能不能帮助我找一找？还补充说，1998 年我为天津百花文艺出版社采写长篇报告文学《告警——中国科技的危机与挑战》时，也曾采访过他。我之所以这么说，是想尽量找到合适的话题与她交流，以拉近我同她之间的距离，取得同她见面的机会。但我的这种意图没能得到她的配合。当我将话题又拉回到同她聊她儿子的这件事上时，她又果断地拒绝了——匆匆结束话题并当即挂断了电话。

两周之后，我再次拨通了她家的电话。她倒是耐心地听着我的表述，我竭力强调我有关独生子女意外伤害问题采访的重要性，恳切希望她接受我的采访。她一直听着，但到了最后，她还是不同意，她说，无论如何我忍受不了这个话题，只要一说到儿子我就无法控制自己的情绪，我真的受不了，实在是对不起！说完，她又不由分说地将电话挂了，让我没有再说话的机会。面对话筒里传出的“嘟——嘟——”忙音，我一脸的无奈，并再一次体会到写这种文章的采访之艰难。当然，自己下决心要做的事，我从来就不会丧失信心，更不会轻易放弃。

又过了一段时间，我开始对何羽飞的车祸事件进行外围采访。我的最主要目的已经不在于了解当时车祸的详细过程，而是希望了解车祸发生、孩子夭折之后给家庭带来的损失与伤害。

我首先将电话打到何羽飞的母亲王女士所在的某大学历史系办公室，办公室一位接电话的女同志听说我要采访，一方面说恐怕太难，她不会愿意,另一方面又禁不住为两年前王女士的那次不幸而扼腕叹息,唏嘘感慨。这位女士说,王老师以前在学术上很活跃,经常发表论文,可自从她儿子意外出事之后,她一直很痛苦,几乎谁都不接触,学术上也默默无闻了,真是可惜,我们都很同情她,可她老是这个样子恐怕也不是个事儿,最终会毁了自己!我向这位女士提出要采访他们的系主任,她立即建议我采访王老师的博士生导师、著名历史学家瞿东林教授,因为瞿教授对她的情况更加了解。我连忙道谢。

那天晚上,我给瞿教授打电话,说明了我的意图并提出对他进行采访的要求。瞿教授很热情,说起他的学生王女士像一下子打开了话匣子。但他同时向我表示歉意,说自己太忙了,一直在做课题,哪怕是一个小时的时间也很难挤出,近一个时期都难以接受我的采访。但电话中,瞿教授已陆续介绍了有关他的学生王女士的一些情况。

瞿教授说,王女士是 1984 年毕生的本科生,留在系里工作,后来一边工作一边读在职硕士生、博士生。她学习、做学问都比较认真,肯刻苦钻研,也发表过一些论文。但她性格内向,不活跃,不爱与别人交往,甚至有些孤僻。儿子出事前,她读在职博士,按学制本应该是在 1999 年 7 月份毕业,但那年 4 月她儿子却出了事,她的精神遭受了严重打击,一直难以解脱,难以完成学业,现已推迟了两年。这期间,她又怀了孕,但没能保住,这一来对她打击更大了。我劝她先稳定稳定情绪,调整好自己的身心,先读完博士学位再考虑别的。原本她打算最迟在今年冬天进行论文答辩,可最近听说她又怀孕了。反正因为孩子的事,她学业上反反复复,受的影响当然很大,受的打击不仅仅在精神上，而且在工作上。读博士前她已经是副教授了，按规定她可以招收硕士生，但她没有招，可与她同期的副教授带硕士生都带两届了。对此，我很为她惋惜……

瞿教授就此打住，没有再说下去。我说，等您有时间，我再去拜访您吧。他表示同意，但又遗憾地表示目前确实没有时间。

与瞿教授通完电话之后不久，我开始上网查阅王女士的资料。

王××：副教授。出生于1961年11月。研究领域为中国史学史，目前正从事元明清北方农田水利、生态环境变迁、自然灾害、北京的粮食供应、江南学者思想等问题的研究。代表性论文有：

《王夫之史论的历史价值》，刊发于《史学史研究》1990年第1期。1994年12月获第一届全国青年哲学社会科学优秀成果奖之专家提名奖；

《〈通鉴直解〉与张居正改革》，录入《史学论衡》。1990年12月获北师大青年教师优秀论文奖；

《郑若曾行年著作考兼谈〈筹海图编〉的作者问题》，录入《历史文献研究》，该书1997年8月出版；

《元明清时期的"西北水利议"》，刊发于《北师大学报》1996年第12期；

《明中后期至清初江南学者的民生经济思想和实践》，录入《史学论衡》，该书1998年6月出版；

《明中期以来江南学者的"是非"之论》，刊发于《苏州大学学报》

1998 年第 2 期。

代表性著作有：

《东宫文华——历代宫廷教育》，云南人民出版社 1992 年版。历史教育问题，是一个长期被人忽视的问题。本书主要探讨历代宫廷中帝王、皇子教育问题，其中包含历史教育内容及实际效果；

《大江东去兴亡盛衰启示录》，浙江人民出版社 1994 年出版。1995 年 9 月获华东地区第九届优秀政治理论图书奖一等奖（集体），1995 年 12 月获北师大历史系首届白寿彝史学论著奖二等奖。

这里要特别请读者原谅，为了尊重王女士本人的意见，避免外界的打搅，本章的写作从一开始就没有透露王女士的真实姓名，儿子何羽飞其实也不是真实的名字，原因也是为了不刺痛她脆弱的神经。

从上述资料不难看出，王女士在史学上的成果还是颇为卓著的。很显然，如果不是因为她那唯一的儿子出事，她不但可以按计划顺利拿到博士学位，而且还会出更多的学术成果。

网上王女士的资料中还有一张她的个人照片，是头像特写。从外表看，这是一位端庄慈祥的知识女性，宽脸，微胖，肤色白净，眼睛温和有神，一种不经意的微笑春风般掠过她的脸颊，祥和而又充满自信。面对这样的一张照片，很难想象，厄运和灾难那样无情地降落之后，她会变成什么样子。而且丧子之后她的精神几近崩溃，几年来一直精神不振。面对如此的人生悲剧，只要是一个善良的人，无法不顿生同情，也无法不为她惋惜。只是所有的这些同情和惋惜，当事人如何能感受到？她能接受吗？

我很想再一次给王女士打电话。但好几次拿起话筒，没拨完号码，就放弃了。

这个世界上有一种伤痛触摸不得，也难以医治。

那我还是赶紧打住吧。何况瞿东林教授说，王女士又怀孕了，那我就更没有理由去打搅她。让她安心、宁静地孕育新的孩子、新的希望吧，也让我们为她和她的家庭以及未来的孩子，献上最美好、最诚挚的祝福！

第四节　集体罹难，花季最不能承受之重

2002年的“五一”节，长假给中国人带来的轻松快乐之气尚未散尽，集体性灾难便不期而至。

5月7日20时37分，北方航空公司的一架MD—82飞机B2138号执行6136次航班任务，从北京飞往大连，于21时42分与空管部门失去联系，在大连机场东侧约20公里海面失事。乘坐此次航班的，绝大部分是“五一”长假到北京旅游、准备返回大连的旅客。灾难降临之前，他们绝不会想到，这次愉快的北京旅行会成为他们与美好人生的最后诀别。

北方航空公司这架MD—82飞机上共有103名乘客，其中儿童3人，妇女30人，外籍旅客8人，机组人员9人，全部遇难。这些无辜死去的冤魂，除了3名儿童，到底有多少是尚未成人和刚刚成人的独生子女？不得而知。因为从媒体公布的遇难者名单中，我们看不出他们

各自的年龄。但他们当中肯定有不少独生子女，这是毫无疑问的。最明显的是9名机组人员中那么多如花似玉的空姐，只要是出生在中国的都市，她们的年龄决定了她们只能是家里的独生女，这也是毫无疑问的。

当这么多的独生子女殒命之后，他们那中年的父母该如何承受这如此残酷的现实？又该如何面对以后那孤苦无助的人生呢？

滕云是此次空难中的一位中学生，也是家里的独生子。

"开学已经好几天了，滕云的座位学校一直为他留着，同学们都非常想念他。"由于滕云的父母难以承受失去爱子的悲痛，面对当地媒体记者的采访，他们早已泣不成声。滕云的舅父宋先生低声说，小滕云出生在黑龙江，3岁时随父母来到大连。在桃园小学读了两年书后，去年升入四十四中学。"孩子去北京是旅游度假的，与他同去的是他父亲单位的一个叔叔。临行前，滕云的母亲有些不放心，想和孩子一起去，但是小滕云却对妈妈说，希望父母能给他一个独自闯荡的机会。就这样，他和那位叔叔购买了5月3日13时30分左右飞往北京的机票，没想到回来时遇上了空难。"

班主任杨老师对记者说，滕云是班级里公认的好学生。8日上午上课时她还在想，一向遵规守纪的好学生怎么无缘无故地旷课呢？直到下午她才得知滕云不幸遇难的消息。"我不敢相信这是真的，甚至不敢把这个消息告诉同学们。在墙角，我哭了很久才控制住自己的情绪。"当同学们得知滕云遇难的消息后，都感到非常难过。

再过五个月，大连市沙河口区黑石礁小学三年级(1)班学生申华就要过10岁生日，可她已经永远不能再为自己吹灭生日蜡烛了。她和妈妈闻红、爸爸申平岗都在大连“五·七”空难中罹难。

在海军北海舰队某部官兵从出事海域打捞上来的书包里，还有申华的日记本。在申华的最后一篇日记《登长城》中，她写道：“天气格外好，万里碧空，飘着朵朵白云。”申华和爸爸、舅舅一起去登长城。“长城真是雄伟壮观啊！”申华说，自己刚登到一半就觉得两腿发软，想打退堂鼓，但想起了老师说过“做什么事情都不要半途而废”的话，她又坚持到底了。

据孩子的家属介绍，申华品学兼优，也许是因为父母都从事医学工作的原因，申华人生中的第一个“官儿”，就是担任班级的卫生委员。每天早上她的脖子上总是挂一把钥匙，第一个到学校为同学开门，然后带领大家打扫卫生。在申华可爱的米老鼠书包里，有语文课本、阅读手册、日记本等遗物。

申华的母亲闻红和父亲申平岗夫妇均年仅42岁，风华正茂，事业成功。闻红是大连医科大学附属二院的内分泌科医生、教授。申平岗是大连医科大学附属二院外科教研室副主任、教授，被誉为“一把刀”。闻红的父母亲都是医学教授，其父亲闻立荣还是中国著名的诗人学者闻一多的侄子，全国知名肾病专家，享受国务院特殊津贴。

“五一”期间，闻红要去北京参加一个国际学术会议。因为正好是长假期间，全家商量利用这个机会一起去北京游玩几天。5月2日，小申华和爸爸先于妈妈乘火车到达北京，闻红则于4日与同事乘飞机到达。

5月7日晚6点左右，申华在北京给外公打电话，要外公闻立荣给她买一个田字格本。申华还紧接着对外公说她这次在北京所看到的，有许多许多的感想要写下来……忆及这一情节，闻立荣老人不禁失声，他怎么也不会想到，这次通话，竟然是自己与外孙女之间的最后诀别！

时间仅仅相隔一个多月，集体性灾难的悲剧在北京再次降临。

6月，是北京多姿多彩的季节。日渐递进的炎热让北京夏天的生活多了不少生机与热闹。即使是深夜，灯火辉煌的北京也无法恢复人们预想中的那份静谧与安宁。

16日凌晨2时30分左右，一场惊天大火突降“蓝极速”——位于北京海淀区学院路20号的一家网吧。

“只觉得浓烟从楼梯口滚滚而来，有人大喊，着火了！”一位幸存者说，“我和一个正在上网的同伴迅速后退，但烟比我们更快。当它冲到我鼻子里的时候电断了，一片漆黑。”

慌乱的救命声惊醒了石油大院28号楼201住户周女士。在所有住户中，她家的房子与“蓝极速”只有两米之遥，是最近的一家。弄清情况后，她迅速拨打了119电话，而后便一路小跑下了楼，来到“蓝极速”网吧北侧的小路。

“我听到里面一个女孩的声音：我难受，快上医院！”周女士说，“另一个男孩回答：有我在，别怕！先喝口水，我带你跑出去！”然而，在弥漫的烟雾里，男孩和女孩的声音很快变成了绝望的救命声。

“蓝极速”网吧位于临街的一座简易楼的二层，坐北朝南，前后都是东西向的小街。但在此时，网吧的大门已不知被谁牢牢锁死。北边和东边的7个封着铁护栏的窗户，就成为上网者逃出的唯一生路。

“求求叔叔阿姨，快救救我呀！”“我只有20岁，我不想死！”北侧的那个1米见方的窗户内，6个脑袋挤在一起。他们声嘶力竭的叫喊声撕破了黑夜的长空。

目睹了大火场面的周女士说：“119和120已经赶到现场，医生们踏着一片狼藉，开始向外抬人。但在前门，我没有看到一个生还者，死者已经被烧得变了形。我的手在抖，心碎了——死者肯定是孩子，他们的母亲大概还在熟睡中。”

年逾90岁的老婆婆，干瘪的嘴不住地喃喃自语：“惨呐，惨呐！”

16日晨，当1300多万北京市民从睡梦中醒来时，抢先报道的媒体已经发布消息：在这场新中国成立以来北京市伤亡最多的火灾中，当场烧死20人。17名伤者被消防人员送医院抢救后，又有4人离开了人世。3天之后的6月19日，又一名伤者因抢救无效死亡，这名姓张的死者是网吧工作人员。他因吸入性损伤导致呼吸道溃烂，一直处于昏迷状态，后因呼吸及其他器官衰竭死亡。至此，北京“蓝极速”网吧火灾造成的死亡人数上升至25人。

据北京市公安部门对死者身份的核实，发现此次遇难的25人当中，大都是附近高校的学生，其中有9名遇难者是来自网吧附近的北京科技大学预科班同一个班级的同学。在获悉此一消息后，许多学生家长纷纷打电话到学生宿舍，有些家在北京的家长甚至亲自打车到学校看望自己的孩子,在证实自己的孩子平安无事后才松了一口气。一位前来探望儿子的家长心有余悸地说:“现在的黑网吧也太缺德了,为了钱,连基本的安全措施都不舍得投入,眼睁睁看着那些国家栋梁葬身火海,我的心都快碎了!”而该校一位网友在校园网站发言说,我很为他们难过,就快放假了,遇难的同学却永远回不了家,他们的家长真的要望眼欲穿了,可怜天下父母心!

据不完全统计,截至“蓝极速”发生火灾的这段时间,北京市共有网吧2400余家,其中同时具有文化、公安、工商三部门审批核发“三证”的合法经营者不足200家。合法与非法之间,存在如此巨大的悬殊,安全隐患到底有多少?作为网吧主要客源的广大青少年,有多少年轻的独生子女的生命时刻存在巨大的威胁?想来令人后怕。“蓝极速”网吧中那不幸罹难的25条年轻生命,他们中的独生子女家庭,他们那些可怜的父母,无疑又增加了这人世间难以承受然而又不得不承受的苦难。而火灾带来的苦难,在中国难道还少吗?

我不由得想起新中国成立以来最为惨烈的那场克拉玛依火灾,还有那惨烈程度仅仅次于克拉玛依的洛阳大火。

如果时光能够倒流,但愿日历上抹去1994年12月8日这一天。

可是无情的时光却偏偏流逝到这一天的下午。凄厉的寒风席卷油城,克拉玛依友谊馆座无虚席,这里云集的是7所中学、8所小学精心挑选的优秀师生,共有15个规范班(先进班)的少年儿童在这里向新疆维吾尔自治区教委的领导作汇报演出,馆内有学生、教师、工作人员、验收团成员及当地领导796人。

6时20分左右，观众席第二排的验收团成员阎辉民对前排克拉玛依市教委普教科科长朱明龙说："老朱，你闻到什么煳味没有？"此时，第二个文艺节目正在上演。紧接着，舞台上方掉下一块块着火的碎布片。原来，舞台的第七号光柱灯与幕布太近，灯的高温烤燃了幕布。但是，很多人以为是演出效果需要，是控制点火。没有人离席。

舞台上的工作人员慌了。以前曾经有一次，友谊馆举行气功报告会，舞台上的灯烤着一道侧幕，电工启动升降幕布的机关，把幕降下来将火灭了。可这一天，该馆仅有的两名电工都被派到乌鲁木齐去了。

一位教师连忙跑去抓住幕布往下拉，想扯掉那道幕布。那位教师费了好大的劲儿，仍未将幕布拉掉，谁也不知怎样降下幕布。火蔓延开来。

大幕被关上，意欲灭火后开幕再演。

学生们一阵骚动，交头议论。

"保持安静，坐着别动。"有人高声喊道。

这15个班分别代表一所学校。孩子们都想为母校争得"纪律秩序好"的好名声，听到喊话后，全都安静下来，坐等幕开。殊不知，狰狞的死神正张开凶残的魔爪向这群天真无邪的少年儿童步步逼近。

幕布是化纤品，没经过阻燃处理，燃烧极为迅速。大火很快烧着电线，"啪"的一声，电线短路，全场一片黑暗。霎时，惊叫声、奔跑声、呼喊声响成一片。

坐在观众席后部，紧邻两个出口的学生在教师的带领下急忙向门口疏散。来到前厅，通向外部的两个出口仅一门洞开，学生们拥挤在一起,后面往前推,左右往中间挤,一些学生倒在地上,身后的学生被来自背后的力量推着,从倒地同学的身上踩过。学生大都是 8 至 15 岁的少年儿童,怎堪如此踩踏!他们痛得直叫唤、哭泣。火魔像一头发怒的巨兽,在舞台左冲右撞地撕幕布、扯电线、烧道具……孩子们哭爹叫妈,东撞西碰,就是找不到出口。

悬吊在舞台上空的 13 道幕布、影幕和其他塑料制品迅速形成立体燃烧,释放出大量一氧化碳、二氧化碳以及氯化氢等有毒气体。这些幕布都是被一根根直径为 50 毫米的钢管吊着,当吊绳烧断后幕布坠落,馆外数百米外均能听见。

幕布向下坠落时,巨大的火球对整个空间形成压力差,“轰”的一声,馆内瞬间爆燃。强大的冲击力把台上的人员冲翻在地,正在奔跑的孩子像多米诺骨牌一样一个叠一个倒在地上。友谊馆 810 个椅子都是木椅上加海绵外罩布套,一遇火团,立即燃烧。友谊馆成了焚烧炉!热空气携带火焰蹿上 20 多米高的天花板,将天花板上的五合板、石膏板等引燃,天花板上不断掉下火团,落在椅子上。没多久,有毒的烟气充满友谊馆,众多少年儿童中毒昏迷。有几个孩子摇晃着站起来,没挪动步子,又栽倒在地。

烟雾中,除坐在后部紧邻出口的部分学生逃出外,其他人只能估计方位,拥向太平门。左侧的两个太平门紧邻厕所,开着,但门外有回廊,两个安全门都锁着。孩子们打烂玻璃窗,却奈何不了铁栅栏,挥舞着血肉模糊的小手朝窗外喊:“叔叔,求你们救救我!”浓烟不断涌来,一个又一个孩子软着身子瘫了下去。右侧的两个太平门都关着,一个门边还横了一架梯子,孩子们拍打着门,呼天抢地。

一阵冷风刮来,风助火势,火借风威,大火越来越大,浓烟越来越浓。门仍没有人去开。后面的学生不断从前面学生背上爬过去打门,人叠一层又一层。事后,抢险人员看到,这两个门口叠了 1.5 米高的少年儿童……

这场震惊中外的克拉玛依大火灾,使 288 名中小学生和 37 名老师、干部遇难。而那遇难的 288 名中小学生,由于绝大部分是油田职工的子女,他们基本上都是独生子女!

时间到了 2000 年,惨剧继续发生。

12 月 25 日,圣诞节,西方的平安夜。中原大地,素有牡丹城之称的河南省洛阳市,一场灭顶之灾偏偏将魔爪伸向喜气洋洋的无辜市民,地点是洛阳东都商厦。

这天晚上 9 时左右,4 名无证上岗的电焊工在地下一层实施焊接作业,想把小孔焊接上,将铁板封死。然而,电焊熔渣从茶杯大小的洞中溅到地下二层楼梯扶手上的一块红绒布上,绒布被一烧两段,并随后燃着了海绵床垫等可燃物,继而迅速引燃地下二层的其他家具。之后,几名电焊工发现起火,与正在地下一层搬运货物的工人拉来消防用的水带,对准钢板上的小洞往下灌水灭火。但火势越来越大,他们没有报警就慌忙逃离。本来可以避免的一场悲剧就在这样的违法违章作业和不负责任的逃离中发生了。

大火在封闭的地下二层熊熊燃烧,在东北和西北两个被铁栅栏封锁的楼梯出口形成两个烟火出口。浓烟借着火势迅猛向上扩散,在东南和西南两个楼梯道形成了烟道效应，浓烟迅速向楼顶冲击。

由于地上一、二层和三层营业大厅都有防火门，烟火没有在这些楼层扩张蔓延。地上二层的服装商场、三层的家具完好地保留在原处，丝毫没有燃烧的痕迹。正因为如此，地下二层3000平方米家具燃烧形成的浓烟全都顺着两个楼梯灌入了四层——面积达1800平方米的东都歌舞厅。火灾发生前，四面的楼梯通道全被铁栅门封死，唯一上下的通道仅仅是一部电梯。发现起火后，在四层的商厦管理者通知电工断电，电梯停止运行。在这里的人们其实已经困在了牢笼之中。由于地下二层燃烧的是海绵、床垫、沙发等可燃物，燃烧后的烟雾中含有大量的毒气，正在歌舞厅娱乐的人们在发觉前已经不知不觉吸入了有毒气体。

浓烟从东北和西北两个出入口袭向歌舞厅，大多数人本能地向歌舞厅后部移动，就在这面积不大的地方，200余人倒下了。在歌舞厅后部只有一个隐蔽的小门，本是通往另一个楼梯的出口，然而却被封闭成为一个杂货储藏室。60多名中毒较轻、体质较好的人冲到这里却找不到出口，只好从顶棚的一个洞口爬到楼顶，被赶来的消防队员救出。还有的人在四处寻找出路时，倒在了歌舞厅周围办公区的过道内。当第一批消防人员强拆进入歌舞厅和旁边的放映厅时，发现有的人还坐在沙发上，有的趴在地上，以为他们还活着，上前一看，这些人因为吸入过量有毒烟气，眼睛、口鼻流血，中毒窒息而死。其中放映厅有死者30余人……

这场新中国历史上仅次于克拉玛依的大火，又一次无情地夺走了

309条生命。这309条消逝的生命当中究竟有多少年轻人？这些年轻人当中，究竟又有多少人是家里的独生子女？不得而知。但可以断定，他们中的独生子女成员应该占大多数，因为他们大都是洛阳市内的年轻人。这批年轻人当然大都是独生子女，他们的父母大都应该在50岁左右。这些中年丧子或丧女、已经丧失生育能力的父母，不管他们怎么痛不欲生，怎么呼天抢地，都已注定无法改变从此孤苦悲伤的命运……

空难无情，火灾无情，不可预测的自然灾害更无情。

2008年5月12日，举世震惊的一场大地震让人们记住了位于中国西部那个先前鲜为人知的地方——汶川。汶川原本是四川一个生态良好、空气清新、令人向往的清凉之地，猝变的大自然却在最短的时间内，对信赖它、依偎在它怀抱中代代生息的无辜百姓，展开了一场惨无人道的屠戮。成千上万条鲜活的生命，在此终止了延续。许多正在上课的中小学生，有的身体被砸弯曲变形，有的脑袋搬家或被砸扁，有的已经没有手脚。废墟上，到处散落着沾满泥土的课本、字典和作业本，有《中国历史》，有《英汉词典》，每本书的上面都有稚嫩的笔迹……

据民政部报告，5·12汶川大地震共有68712人遇难，17921人失踪；据四川省计划生育部门统计，地震中有子女死亡或伤残的独生子女家庭8000余个，其中死亡和失踪6000余个。一场地震，8000余个稚嫩孩子的生命瞬间丧失，8000余个家庭瞬间陷入了天塌般的苦难挣扎之中。

这是大自然对无辜百姓一次惨绝人寰的杀戮，更可恶的是，地震丝毫不顾及它屠刀下是那千千万万家庭的独苗，他们都是害不得、伤不起的独生子女。

因为每一个独生子女的悲惨夭折，就意味着每一个家庭的毁灭。

因为每一个独生子女的身上，都寄托着每一个家庭所有的希望。

如今希望破灭，这样的家庭还有前程吗？

第三章　风烛残年，谁解孤苦滋味

生老病死，是自然规律。无论你是达官显贵还是平民百姓，生老病死都是一样的，谁都不能逃脱生命的衰老和结束。所以，中国传统中的“养儿防老”观念根深蒂固，“多子多福”几千年来也深入人心。虽然时代在发展，社会在进步，发达国家早已经拥有的养老保障或许会在未来的中国社会中逐渐实现，但就中国目前的现实而言，养老保障对大多数中国人来说依然如雾中花水中月，可望而不可即。不言而喻，风烛残年之际，生命的呵护靠谁呢？当然是自己的孩子。可如果没有孩子，孤苦无助之时，该怎么办？

第五节　郭宝臣：厄运撞得他的晚年如此凄凉

命运是什么？是永远让人捉摸不透的神灵，还是可以任由自己把握的方舟？似乎都是，也似乎都不是。有时候，人是可以把握自己的命运的。但有时候，人又是显得那么渺小、脆弱，那么无足轻重和无能为力。比方当厄运降临的时候，恐怕任何人都会猝不及防并最终徒叹命运的乖张……

生命曾经如此辉煌

在文学界，郭宝臣的名字许多人都不陌生，因为他是著名大型文学期刊《当代》的资深编辑。假如再追溯到“文革”刚刚结束之后新时期文学那一次次的轰动效应，你肯定会记住郭宝臣这个名字。因为他与杨匡满合作采写的长篇报告文学《命运》，发表在《当代》创刊后的第二期杂志上，并由人民文学出版社出版了单行本，在全国激起强烈反响，一时间洛阳纸贵，一印再印。这部报告文学一举夺得1979年度全国优秀报告文学奖。掌声与鲜花，名誉与光环，一下子从四面八方聚焦到两位作者的身上。

郭宝臣是一个平静的男子，平静得像一滴水，波澜不惊，泰然自若。这位20世纪50年代从河北农村走出来的男子，1965年从河北大学中文系毕业，被分配到中华人民共和国文化部艺术局工作，不但成了令人羡慕的北京人，而且是国务院直属部委机关的干部。不过从性格上讲，郭宝臣秉承了中国传统农民那种内敛、老实的基因。他身材不高，瘦削，戴一副眼镜，见人总是谦和地笑，一副与人为善、与世无争的样子。当然，这些并非郭宝臣性格的全部，他还勤奋、内秀，写作、书法、绘画样样都会，而且大都是无师自通、自学成才的。

作为一位优秀编辑，郭宝臣在组织每一篇作品、培养每一位作者的背后，有多少类似的故事呢？性格内敛的郭宝臣不愿意向我讲述。但郭宝臣所有那些已为人知的业绩，已使他在同事中赢得了广泛的认可和尊敬。这种认可和尊敬，使得他在1996年申请评聘编辑系列中的最高级技术职称——编审时，获得了评审委员会的通过。这一年已经54岁的郭宝臣，眼看着就要走向本职工作的顶峰，完成此生业务工作中的一项夙愿。

出乎意料的是，郭宝臣最终却没有如愿。对此他没有料到，他的许多同事也没有料到。获悉此一情况，生性内敛的他从此开始郁郁寡欢、一蹶不振……

屋漏偏遭天不测

郭宝臣原本有一个幸福的家庭。妻子芦秀珍在北京某绣花厂工作，是典型的北京人，性格开朗泼辣，贤惠能干。也就是在郭宝臣编审职称的评聘被行政否决的那一年，女儿郭缨已26岁，早已参加了工作。

郭缨上的是中专，学的是机械制造。虽然没有上大学，但她的性格像她的母亲，开朗活泼，干什么都不肯服输。中专毕业后，因为不甘满足于现状，为图谋更好的发展，她先后换了好几个单位，学过电脑，干过文秘。她最后选择的是一家房地产公司，干的是推销。尽管她干得不错，薪水不菲，但还是不满足现状。她渴望继续深造，向领导提出要报名参加外语学习班，不料这一要求未得到领导的许可。郭缨陷入了苦恼，一气之下，生性要强的她又辞掉了工作，在外面报了个英语培训班，专心学习起英语来。

郭宝臣有两处房子，一处在东城区朝阳门内大街，离人民文学出版社很近，是北京旧式的两居室，一大一小，没有厅，只有狭窄的过道，所以总面积不大，顶多只有四十来平方米。对于工龄很高、资历很深的郭宝臣来说，居住这种面积的房子当然是委屈了他。按规定，出版社后来又在分配新一批职工住房时，为郭宝臣补了一间，格局也是两居室，但与别人合住，厨房、厕所与别人共用，地点位于朝阳区东二环路十条立交桥东北角的东中街。

有了这处房子，郭宝臣便将书房搬来，读书、写作、看稿、编稿、绘画和练习书法，这一切活动都在这里进行。与此同时，这里还成了与同事们聚会的好去处。闲暇时间，《当代》编辑部的许多同事总要汇聚到这里来，聊聊天，打打牌，说笑闲谈，气氛十分融洽。郭宝臣原本沉默寡言的性格，在这样的氛围中也稍稍地发生了变化，稍稍地活跃起来。他留恋这样的氛围，从中他充分享受到了工作之外的乐趣，感受到了同事之间人际关系的亲切与融洽。

可自打编审职称评聘受挫，原本已经开朗的性格又回归沉默。他郁郁寡欢、自我封闭。他不再到朝阳区东中街的这处房子来了，再也没有心情与同事们一起说笑聊天、打牌下棋了。除了上班，其余时间他都闭门不出，将自己禁闭在东城区朝阳门内大街距离单位不远处的那套旧式居民楼里，默默地品尝自参加工作以来自己在人生道路上的第一次挫折和由此所带来的苦恼。

这段时间，女儿郭缨在抓紧学习外语。她见父亲心情压抑、足不出户，便提出自己要到朝阳区东中街的那处房子去住。女儿的理由很充分：其一，那里安静，有利于专心学习；其二，我已经长大了，该有自己独处的地方；其三，反正现在爸爸也不去那儿。这三条理由，父母当然没有理由否决。毕竟，女儿已经26岁了，而且已经有了男朋友，她当然不愿意总挤在家里这狭窄的空间里。

于是，郭缨离开家里，一个人住到朝阳区东中街的这处房子来。平时郭缨很少回家，至多是三天五天地往家里打个电话。一般情况下，她每周才回一趟家看看父母。

作为父亲，郭宝臣过去是很关心女儿的学习的。特别是她小时候，他教她写作文，辅导她学绘画。即使是她长大之后，他也时常与她聊天，过问她的工作与学习。女儿辞职学外语，也是事先征求了父亲的意见，并得到父亲支持的。但现在，因为职称问题受挫，郭宝臣自顾不暇，苦恼不已。此种状态，使他不知不觉中疏于和女儿的沟通，也很少过问女儿的事了。

女儿长大了，他对女儿也比较放心，何况女儿总是三天两头地打电话回家，询问爸爸妈妈的情况。但现在这段时间，记不清是多少天了，却总不见女儿来电话，更不见她的人影。芦秀珍觉得蹊跷，她有些坐不住了，不断往女儿的住处打电话，电话却总没有人接；不断打女儿的呼机，也总是得不到回应。

一种不祥之兆倏忽间涌上心头，老两口开始不安起来。

事实上，悲剧早已发生。时间是1997年3月25日。

自打郭缨辞职之后，她的心情也一直不舒畅。因为她本来是希望能在职学习的，现在辞职，她是被迫无奈，万不得已。毕竟自己已经长大了，辞了工作，自然没有工资收入。郭缨原本就有轻度先天性心脏病，医生说这种病不应该喝酒。但那一天，心情不舒畅的郭缨偏偏独自一人喝了点酒，然后走进安装有煤气热水器的公用厕所洗澡（那时候合住的邻居也不在屋里）。由于洗澡时没有打开排风扇，迷迷糊糊的她于是在热气、雾气和一氧化碳交织升腾的世界中，渐渐地丧失了知觉……

阳春三月，金黄的迎春花、洁白的玉兰花已经争先恐后地在北京的街头上悄悄绽放。可悲的是，郭缨——这朵正芬芳四溢、灿然开放的生命之花，却在这个春天，永远地凋谢了！

悲剧发生之后，首先是同住一楼的居民发现的。最初是有人上下楼经过郭缨住的那套楼房时，透过虚掩的房门，发现衣冠不整的郭缨趴在房间的过道上艰难地蠕动。但由于是衣不遮体的女孩子，路过的人又不明实情，不便上前看个究竟。后来时间久了，郭缨仍一动不动，大家都觉得不太对劲儿，便前去探个究竟。可惜一切都晚了，从发现到报警，再到将郭缨送进医院抢救，所有的努力都已无济于事。

最初的时候，邻居不敢将事情告诉郭宝臣夫妇，怕他们经受不了这种致命的打击。待到不得不将真相告诉他们时，这个原本幸福安宁的三口之家一如天塌地陷，老两口的精神和身体全线崩溃，一下子都不省人事。芦秀珍的亲戚，郭宝臣在《当代》编辑部的那些好心的领导、同事，将老两口送到医院。医生说，这是精神受到高度刺激之后，压抑和痛苦相互交织所产生的一种半昏迷状态。

没有经历过的人，当然是很难想象出人在遭受这种惨痛打击之后精神上的那种惨状的。

汪兆骞是文学界知名的资深编辑、《当代》杂志原副主编，当时是他与《当代》的常务副主编何启治一同将郭宝臣夫妇送到医院的。说起当时的情景，比郭宝臣年长两岁、一直共事的汪先生如今仍心有余悸。

“那情景确实太惨了，他迷迷瞪瞪的，一下子变得谁都不认识了，而且不说话，我跟他说话他一句都不回应。我心想，他不至于听不到我说话吧？于是我安慰他，跟他说你现在最要紧的是保重好自己的身体，千万不能把身体搞垮了，搞垮了又会造成新的悲剧，毕竟事情已经改变不了……”这么说着，就听郭宝臣突然间“哇哇”地哭出声来，哭声异常凄凉，几乎是声嘶力竭。这么把年纪这么个哭法，汪兆骞还从来没有经历过。以致后来的日子里，汪兆骞都不敢去医院看他了，他承受不了那种凄凉的哭声。

哀莫大于临近晚年失去孩子。

郭缨的死对郭宝臣夫妇的打击实在是太大了，其精神上的惨状难以言表。那些日子，他们俩一直住院，而且一住就是几十天。后来虽勉强出院，但精神的支柱全垮了。

那年，郭宝臣55岁，远未到退休年龄。可他痛不欲生，精神恍惚，已经无法上班。单位领导考虑到他的实际情况，同意他提前退休。

那年，妻子芦秀珍也55岁，刚好退休。开朗的性格、硬朗的身体，原本她打算再找份工作做，但突如其来的打击却无情地将她美好的一切彻底粉碎。她一病不起，身体出现半身不遂，而且终日以泪洗面，时至今日，仍日夜唠叨着要见女儿郭缨……

风烛残年，谁解孤苦滋味

我与郭宝臣的相识，其实也很多年了。当然论年龄，我同他是两代人，该称他老师的。那时候，我还在《中国青年》杂志工作，一次到《当代》编辑部串门，偶然间见到郭宝臣的毛笔字写得很是悦目，便请其为《中国青年》杂志的标题题字。后来我们之间的联系也增多了。

听到郭宝臣女儿出事的消息，我先是感到意外和震惊，继而是深深的同情与哀痛。无论如何，我是最听不得善良的人遭受不幸的，更何况是我原本认识的人呢？

可除了内心的同情与悲哀，我并未去看望郭宝臣，甚至连打电话都没有勇气。因为我除了能像别人那样说几句安慰的话，别的都无法给予。而人在悲痛欲绝的时候，任何安慰的话对他来说都苍白无力。所以，几年的时间，我未去打扰他，只是从内心深处给予他和他的老伴默默的祝福。

直到2002年春节到来之前，我才决意要去探望他。我已从《当代》编辑部的朋友们那里，知道郭宝臣经过几年炼狱般的情感煎熬，其情绪已渐渐从痛苦中走出来，还时不时地到编辑部来。正巧我那天给《当代》打电话时，朋友告知郭宝臣也在。于是我与郭宝臣直接通了电话说明意图，并约好上他家去看望，与他聊聊。

冬日的下午，我提前离开办公室，前往位于朝内大街203号大院内南楼郭宝臣的家。

眼前的居民楼，六层老式楼房，虽然外面粉刷一新，却难以掩盖楼道里的昏暗破旧,像是20世纪五六十年代盖起来的。郭宝臣生命中的大部分历程,就是在这栋楼里度过的吧?

尽管是事先约好见面的,但敲门的时候,我还是有几分忐忑。因为我听说郭宝臣的老伴芦秀珍,至今仍未从噩梦中解脱,而且身体异常糟糕。在我的想象中,她的身体也许就像年代久远却又遭遇一次地震打击的大厦,虽未倒塌却摇摇欲倾,经不起哪怕是一丁点儿的惊扰与撞击。幸好开门的是郭宝臣,他动作敏捷,蹑手蹑脚地将我引入他的书房,然后一转身,迅速将老伴的房门关上,反身又将自己书房的门关上。

尽管如此,我进门时还是见到了他老伴芦秀珍的身影。那是一位满脸皱褶与愁容的老太太。她身材不小,却浑身乏力,走起路来一瘸一拐,其中的一只手还随着挪步的节奏不时画着圆圈。那样子,看着都让人揪心。

郭宝臣歉意地对我说:"她身体太糟了,不能……"他说话的声音低沉、沙哑,令我感到他此时内心的苦楚。

我明白他的意思,便问:"她以前身体怎么样?"

"可硬朗了!"郭宝臣说,"以前家里的什么活都是她干,就连单位分东西都是她扛回家的,哪儿用得着我呀?可现在,她的身体全垮了,右手都不能动。买菜、做饭、洗洗涮涮什么的,全倒过来了,都得靠我。"老郭说这些的时候,蹙着眉,苦着脸,发音时不断地漏气。这时候我才注意到,经历了一系列生活变故的他,门牙都掉没了,满脸皱纹与沧桑,活脱脱一位风烛残年的老头!

从他断断续续、语无伦次的讲述中，我慢慢了解到，他们老两口得知女儿出事之后，精神和身体霎时间全线崩溃，很快都被送进医院。郭宝臣住了一个多月，芦秀珍住了两个多月。好在芦秀珍是北京人，兄弟姐妹一共九个，六女三男，芦秀珍排行第二，郭缨的后事和照顾郭宝臣、芦秀珍夫妇住院的事，大都是芦秀珍的兄弟姐妹和亲戚张罗着操办的。出事的时候，郭宝臣在石家庄市的两个姐姐、一个哥哥全过来了，甚至连侄子都过来了。

——真是患难之际，方显骨肉亲情！从这一点上讲，遭遇不幸的郭宝臣一家还应该算是万幸的。设想一下中国将来众多的独生子女家庭吧：如果谁遭遇像郭宝臣一家这样的不幸，一人毙命全家瘫倒，那时候又有什么骨肉亲情可以接济呢?!

晚年丧女，真是苦不堪言。

如果郭缨不出事，她现在也该结婚生子了（据说郭缨的男朋友在北京市政府工作）。而郭宝臣和芦秀珍老两口现在也该是帮助带带外孙子、充分享受天伦之乐的时候。谁曾想眼前的这老两口，如今会如此孤苦伶仃？

事实上，郭宝臣这个年龄的人，当时还不受独生子女政策的限制，是可以生二胎的。之所以没有生第二胎，郭宝臣说是因为经济上的限制，因为夫妻双方家庭和父母都需要接济。相比之下，他的同事汪兆骞就生了一男一女，而且都已成家立业，他们一家可尽情地享受天伦之乐。现在想来，郭宝臣当然是既羡慕人家，又对自己当时未生第二胎不免后悔。假如有两个孩子，他们的晚年又何至于如此凄凉呢？

郭宝臣说，他们老两口勉强出院之后，精神和身体一如被瘟疫所缠绕，一直陷入悲痛的泥淖之中不能自拔，可以说万念俱灰，而且总是浑身乏力打不起精神，甚至连生活都快不能自理了。以至于有一段时间不得不请来保姆，打理他们的起居饮食。

这样的时间一直持续了两年多。有一天，痛苦与沮丧的郭宝臣才忽然间清醒过来："女儿没了，只有我们两人相依为命了，我们不能倒下，我们要倒下了就全完了！"尤其是看到老伴半瘫的身体，他开始感到后怕，感到责任的重大。

他强迫自己，必须尽快从痛苦中解脱出来。

老伴仍卧病在床。他辞掉保姆，一个人打起精神去买菜、做饭、洗洗涮涮。他必须照顾身体已远不如自己的老伴。此外，他也强迫自己转移注意力，闲下来的时候，他开始写字、绘画，甚至开始看书、写作。他还走出家门，三天两头地到《当代》编辑部看书、看报，与年轻同事聊聊天。到了后来，他还在《作家文摘》报社找到了一份事做，帮助他们看稿、编稿。这主要是想找一份精神寄托，让生活充实起来。他想以此种状态来延缓自己生命的衰老，更想以此去影响精神和身体至今仍一蹶不振的老伴。

经济上，他们老两口倒没有后顾之忧，因为双方都有退休金，虽然数额不多，但还是够养老的。毕竟作为老年人，他们生活简朴，没有更高要求。而且因为发生了不幸，双方单位对他们一直是比较照顾的，尤其是在医药费的报销上，仅芦秀珍一人，每次看病开药，少则数百，多则上千，单位能给报销90%。这一点，老两口都感到欣慰，也感到庆幸。

最让郭宝臣担忧的是老伴的精神和身体。虽然女儿离开已经满5年时间了，虽然郭宝臣在强迫自己振作起来之后也不断地开导老伴，可老伴就是无法从噩梦中解脱出来。毕竟女儿是在这套房间长大成人的，半身不遂的老伴又无法走出这套房间。在自己这个熟悉的环境里，只要一闭上眼睛，女儿的音容笑貌，女儿的喜怒哀乐，都会不约而来，历历在目。

郭宝臣又不禁满脸苦楚，连连摇头。他声音沙哑，语调低沉："老伴做梦都在想她。平时只要是我跟她在一块儿，她都免不了要唠叨，说女儿怎么怎么的……"

不难想象，丧女的悲痛与绝望，已深深地刻进这对老年人生命的最后岁月，驱，驱不走；抹，抹不掉。尤其是芦秀珍，每天蜗居在屋里，在生命的风烛残年中咀嚼着命运不幸所带来的无限苦涩……

好在郭宝臣自己现在的精神状态和身体状态尚可，两人平时的饮食起居都由他打理。但假若有一天他真的老了，身体和精神都垮了，两人双双活动不便甚至都不能动弹的时候，谁来支撑起他们的这个家？谁来照顾他们的饮食起居吃喝拉撒？——亲戚？保姆？单位或是什么社会福利机构？

我不敢往下想。在与郭宝臣告别的时候，我只能在心底里默默地祝福他们——愿这老两口能平平安安、健康长寿，好好地多活些日子……

第六节　张穆然：生死之间说坚强

16 岁，花季少女的她爱说爱笑，一双美丽聪慧的大眼睛凝聚着对生活与生命的无限憧憬与渴望。然而有一天，可恶的病魔却偏偏让她在劫难逃，她不得不接二连三地到医院做手术。

不幸的家庭各有各的不幸

幸福的家庭是相似的，不幸的家庭各有各的不幸。

在经历了太多的悲伤与凄凉的采访之后，我不得不把采访的目标对准另一种类型的家庭。与上述的家庭一样，他们原本也是一个温馨幸福的三口之家，他们也同样遭受不幸。但他们面对死神降临，以及面对丧女之后的冷静、坚强与达观，让我们对生与死、幸与不幸，都有了另一种认识。

提起张穆然这个名字，相信许多人并不陌生。

1999 年新年伊始，这位北京女孩在与病魔和死神的抗争中所表现出来的坚强与达观，经《北京青年报》和中央电视台等媒体报道之后，曾经感动了无数的读者与观众。尤其是那期由崔永元主持、以《感受坚强》题目命名的《实话实说》节目播出之后，人们更是将张穆然的名字与“坚强”二字紧紧地联系在了一起。尽管死神最终仍无情地夺走了这位美丽女孩的生命，但相信她的流逝，如一道划过天空的彩虹，会给许许多多的人留下美好的记忆。

2002 年春节前夕一个阳光灿烂的上午，我来到位于北京三元立交桥东北角曙光电机厂的工人宿舍区，采访到了张穆然的父母。

这是一栋砖墙破旧的筒子楼。走进去，楼道里又黑又乱，到处摆放着零乱的杂物，散发着难闻的气味。我小心翼翼地躲着一家家住户堆放在楼道里的杂物，在第二层楼道的最西面找到了张穆然的家。确切地说，是楼道里几声瘆人的狗吠将事先约好的张穆然的父母引出门来，再由他们俩将我迎进他们的家。像这栋楼里的其他住户一样，他们的家也是唯一的一间房子，厨房和厕所在楼道的东头，都是大伙儿公用的。这间房子大约16平方米左右，面积虽然不大，但因为没有多少家具，里面并不显得拥挤，而且主人将整个房间收拾得窗明几净。我走进去的时候，朝南的窗户也正将灿烂的阳光慷慨地迎了进来，屋里无限温暖。与主人寒暄之后，我开始仔细打量房间里的陈设。窗户下面，摆着一张简陋的写字台。写字台的两侧，一左一右各摆着一张双人床、一张单人床。靠门这边，有一个长衣柜、一台电视、一张当茶几用的方凳和几张矮凳。

见我久久地凝视着那张洁净的单人床，张穆然的父亲平静地说："那是然然生前睡的床。"我明显地感觉到此时内心咯噔一动，颇有些触景生情的伤感——这就是伴随着美丽女孩走完16年短暂人生的那张床吗？16岁，她还来不及拥有自己的独立房间，就这样匆匆走了。父母在她离开的几年之后，都不忍心撤去这张床。很显然，眼前的这张单人床，已成了他们这对年过半百的夫妻对女儿最近距离、最亲切的永久怀念……

张穆然的父亲叫张文良，生于1950年，北京人。1968年，初中毕业的他随"知识青年到农村去"的大潮，到陕北延安插队。那地方苦啊，不但土地贫瘠，而且常年干旱，庄稼生长都困难，人所遭受的贫苦更不必说。尽管年轻的张文良跟许许多多的知青一样也能吃苦，也没少出力，但依然食不果腹。那时，他挨过饿，要过饭，连轴转上过夜班，拉过车子，也救过人，几乎什么苦力都干过。干了4年农活之后，他又被安排到村小学教了4年书，先后带过百十来个孩子。因为表现不错，1975年12月23日，他被招到了陕西汉中地区一个县里木业公司当了学徒工，在那里，他认识了现在的妻子莫学云。

莫学云生于1952年，东北人。15岁的时候，她跟随父母从东北来到陕西，支援大西北的建设。1970年，同样是初中毕业的她作为职工子弟，被幸运地招工到木业公司当了工人。所以从工龄上讲，莫学云的工龄比张文良长，工资也一直比张文良高。

木业公司是一个国营的大型企业，有上万名职工，光厂区就长达14公里，设有采矿、机修、报社、学校、医院、机关等机构。1980年，张文良与莫学云经人介绍认识的时候，张文良在机关，莫学云在机修厂。那年，张文良31岁，莫学云也已经29岁。

相恋一年之后，他们结了婚。那时候，张文良的工资是41.65元，莫学云虽然高些，但两人的工资加到一起也不足90元。没钱办婚礼，就再自然不过了。就连房子也没有，木条糊上黄泥搭就的库房便成了他们的洞房。

结婚一年之后的1982年5月27日，他们心爱的女儿张穆然呱呱降生来到了人世，二人世界变成了三人世界——中国同时代最普遍也最稳定的三口之家，就这样在他们当中形成了。孩子，是两个人生命的延续，而且是唯一的延续。在这个唯一的下一代身上，寄托着两个男女结合之后无限的情感与期待。从此以后，他们这三个人将风雨同舟，同甘共苦，相依为命，携手同走人生路，完成生命中承上启下的接力与轮回……

夫妻俩在女儿的身上，的确寄予了深情和厚望。只不过他们对女儿的要求，不像其他许许多多的家长那样，仅仅一味地强迫她无休止地学习、考学，而更多地将教育的重点放在了如何做人上。

“从小我们就教育她，做人首先一定要善良。比如看到要饭的，不要歧视他，更不能欺负他，因为他本身就很痛苦、很可怜。就是到现在，看到残疾人，不管多还是少，我们都要给一点钱。如果有人眼睛坏了，看不见了，我们也绝不让孩子管人家叫瞎子。就说前两天吧，我在长椿街坐 44 路车，下车时看到有一个小孩一手拎着旅行包，另一只手提着塑料袋，上车时东张西望犹犹豫豫，我问他你上哪儿去呀，他说想上东便门。我说东便门不在这儿上车。他说我想过马路可过不去。我说我带你过去吧。我就帮他过马路并送他上车。类似这样的事，我们能看到的，就会尽量去帮。孩子很小时，我们就这样潜移默化地言传身教，一点一点地去影响，做这类事情比多挣几个钱还高兴。

“我们的家庭跟别人不一样，经济上从来就比较苦。我们不像人家总是嘻嘻哈哈到处串门，我们不是那种性格的人，我们做事情都比较谨慎。但在家里，我们的性格都比较开朗，喜欢交流，思想上能跟上现实。然然在的时候她的思想是比较超前的。在外面接触到好多好的信息，她都会带回家来，吃晚饭的时候她就开始说。有时候晚上说到一两点钟她都不觉得困。她真的是没有一天不说话的，有什么事我们互相都得说。对于孩子考大学，我们也希望，但我们要求的方式不一样，我跟她说只要你尽心尽力，就对了。人和人不一样，不能不顾实际地比着上大学。如果你已费了很大的力仍然做不到，那强迫也没有用。像然然这孩子，事情要做不好，她就会急，尿出的尿都是黄的。不过她学习比较自觉，学习虽然说不上特别好，但她爱好多，看的书多，比较懂事、早熟。"

说这番话的，是张穆然的母亲莫学云。这位工人出身的中年女性，外表并不起眼，相貌、穿着都很朴实平常，看上去不苟言笑，宛如百花园里那不起眼的米兰，但说起话来不但一板一眼，还蛮有思想，像米兰开花时吐露出来的那种淡淡清香。

与妻子相比，丈夫张文良性格显得更加开朗健谈。他结实的身材和黝黑方正的国字脸，使他说话时透着一种刚毅和炽烈："然然爱看书这一点，可能是从小就受我影响吧。爱看书，确实也是我的习惯。可过去并没有那么多书可看，我呀，逮到什么就看什么，连皇历都看。实在看不到皇历，我就看字典，看毛主席语录。我自我总结，最好的书还是字典。为什么？因为它实用。一个字的意思、用法，都有了。这个吧，然然从小的时候我就想培养她自觉学习的习惯。而对于她的未来，我们的态度是顺其自然。"

"但做人方面，我对她的要求比较严。"莫学云说，"我要求她社会在变，但做人的原则不能变，应该堂堂正正、清清白白，我一直这么要求她。她确实很不错，很诚实，跟别的孩子不一样。她长得虽不特别漂亮，但给人一种飘逸的感觉，眼睛大大的很漂亮，在学校很打眼的。也有不少男孩子追她，但她说我现在不是谈对象的时候，她的确比较成熟，那时候她上初中。她是 15 岁得的病，她的书基本都是在 15 岁以前看的。北京大学的一个学生跟她聊天时都对她说，我都不如你看的书多。她说她看后吸收好的东西，不好的东西就舍弃掉，去其糟粕取其精华。我这孩子成熟得比较早，看问题也就比较尖锐，她认定的事情不会受别人左右。她平时跟我们交流，社会的、学校的……什么都有。”

张文良接茬说：“我跟她聊天吧，她无所不谈，爱谈什么看法就谈什么看法。谈完我要说话了，她马上能明白我的意思，马上会替你说了，不光用嘴说，还用眼睛说。所以谁跟她聊都是一种享受，她给你的感觉是聊的时候总是带着一股激情。15 岁以前她就爱看书，你看啊，《飘》《安娜·卡列尼娜》《牛虻》《荆棘鸟》和《钢铁是怎样炼成的》等等这些名著，她基本都看过。她到北京时 8 岁，上小学二年级。那时我们家有一台黑白电视。她做作业时我们基本不看电视，我就拿一本书，哪怕看不进去，我也要装模作样地看。教育孩子吧，家长就得以身作则。”

莫学云接着说：“然然长这么大没搽过雪花膏。她只买过一小袋天津产的儿童护肤霜，一块多钱。后来就不搽，冬天都不搽。她主张天然去雕饰，人长得什么样就什么样。这孩子呀…… 唉！最让我痛苦的是当初我忽略了她的身体，这一点我自己都后悔过。”她说得动了感情，怜爱之情溢于言表。

张穆然是1990年跟着父亲张文良，按照知青返城的政策来到北京的。那一年，张穆然8岁，张文良整40岁。从18岁到陕北插队至返京这一年，张文良离开京城整整22年。返京后，他被安排到曙光电机厂工作。因为京城找工作难的原因，妻子莫学云暂时没能一块儿来京，她继续留在陕西的木业公司工作。

张穆然来到北京上小学二年级，饮食起居和上下学的接送，这一切都落在父亲张文良的身上。从此，父女俩朝夕相处，有说有笑，相依为命，感情笃深。

在父亲的精心呵护下，张穆然在一天天长大，也一天比一天懂事。转眼间7年过去，她长到了15岁，已经在北京市一六四中学读完初中三年级，眼看就要升高中了。

这一年，是1997年。

暑假到来的时候，张穆然已经参加完全市升高中的统一考试，也已经被北京市一六九中学正式录取。但谁也没有料到，当花季少女沉醉于对未来的憧憬时，厄运却悄悄地降临到她的头上。

8月10日，张文良不小心扭了腰，动弹不了。张穆然的学校已经放假，她在家做饭照料爸爸。吃饭的时候，张文良发现这孩子不爱吃饭，问她怎么啦，她说胃难受。

张文良一摸女儿，说："哎呀！你的胃怎么这么胀呀？咱们上医院吧。"

女儿嘟囔道："你看你，腰又动不了。"

从8月10日到8月15日这几天，张文良的腰是动不了。但到了

16 号这一天,他的腰好些了,就想无论如何得带女儿上医院检查。

父女俩来到北京军区总医院,因为是想看胃,便挂了个内科。进了内科门诊,大夫一看,把张穆然招到别的屋里去做进一步检查,要求她做 B 超。张穆然便跟着上妇科照腹腔。

张文良一看女儿上的是妇科,霎时间满腹狐疑。女儿刚出了妇科的门,父亲就拉住了她,严肃地说:“然然,你跟爸说实话,你有男朋友吗?”

张穆然摇了摇头,坚定地说:“没有!”

做父亲的心情更糟,心想:坏了,这种事情还不如有男朋友呢。即使怀孕了,拿掉了就什么事都没有。既然没有的话为什么肚子大——凡是肚子里长东西得癌症什么的肚子都会大呀!癌症这东西,然然以前已经充分接触到了,她脑子里已经有这个概念了。因为她爷爷得的是肺癌,她姑父得的是直肠癌。当时然然就问“癌”是怎么回事,张文良也跟她说了,就连良性和恶性之区分、区分在哪儿,张文良都给她说了。这回癌症要真是落到女儿身上,想瞒都瞒不住呀!

最不愿意出现的结果偏偏出现了!B 超照完之后,大夫找到张文良,说你的孩子得马上住院,已经腹水了。张文良拿着化验单,脑子“嗡”的一声,像要炸开一般,心却忧郁地往下沉。腹水意味着什么,他太明白了:破水出来肚子才大、才胀啊!腹水意味着女儿的癌症已到了晚期!

张文良脑子在高速运转,竭力细数着女儿以往的生活和日子,寻找着以前可能出现的相关症状。他想起来了,就是在前些日子,然然复习功课准备考试前的时候，她老说腰疼。她妈妈说查查吧，可然然说"没事，我的身体挺好的"。她老说她的身材挺好、挺美的。她有时到姥姥那儿去，姥姥摸着她说，你这肚子怎么这么硬呀？那时候，张文良并没怎么在意，然然毕竟还是个孩子，做父亲的压根儿就不可能往坏处想。其实细想起来，然然小时候身体就一直不太好，可要说有什么毛病又查不出来，只是体质弱。不知道是什么原因，然然还曾经在学校晕过几回，当时她妈妈就带她到医院检查过，大夫还以为是孩子低血糖或没吃早餐……那时候怎么就没去更大的医院检查呢？现在回想起来，张文良痛悔不已。

当务之急是必须住院，必须做手术，这是大夫的结论。

"做手术会有什么结果呢？"张文良镇定地问。经过瞬间的惊恐，此时的他已经镇定下来。他觉得事到临头，自己作为父亲绝不能惊慌，更不能让女儿知道病情的真相。自己必须处乱不惊，必须平静地应对突如其来的这一切。

大夫回答："手术完了再看看吧。肿瘤长在卵巢上，这是最难治的，因为它本身就是一个分泌腺。"

很显然，大夫没有给出确切的答复，也不可能给出确切的答复。但为了救治女儿，张文良别无选择，他只能听从大夫的安排了。无论如何，他首先得让女儿住院，做手术。

但住院做手术得预先交 1 万元，这个数目对他来说太大了！满打满算，家里只有 8000 块钱。这 8000 块钱，还是他和妻子几十年来省吃俭用、节衣缩食积攒下来的全部存款。这点儿存款，是准备供给女儿上学的费用。眼下，他只能将这 8000 块钱拿出来给女儿住院了。可还差 2000 块，他必须想办法到处去借。他首先想到的是自己的单位、自己的工厂，可今天偏偏是礼拜六，休息日——他上哪儿去借呢？找亲戚朋友吧？时间都来不及了。妻子莫学云远在陕西，他自己一个人哪儿跑得过来？不行，事不宜迟，必须先斩后奏。

这么想着，张文良就对大夫说："我回去拿钱，孩子先住下了，您把孩子给我看住了，该办什么手续先给我办了，我把钱给您带来。"

几乎是不由分说，他又扭转身急匆匆去安抚女儿："大夫说你肚子里长了个瘤，拿掉就好了。咱们今天必须住院，我回去拿钱。"他见女儿并未惊慌，还比较镇静地点了点头，心想她并不知道内情，便放心地走了。

等张文良从家里回到医院时，他对大夫说："大夫啊，我就 8000 块钱，还差 2000 块。可我还得让孩了住院！"大夫看他急得满头大汗，同情地看着他。张文良继续说："这么着吧，8000 块钱您看行不行？行我们就住下，不行我找你们领导。"大夫说："那就先住下吧。"张文良一听千恩万谢，办了住院手续。然后，他又赶紧回家拿衣服呀洗漱用品什么的。忙完这一切，夜幕便完完全全地降临了。

晚上，张文良安顿好女儿，一个人走出医院，去邮局给远在陕西的妻子拍电报，叫她赶紧回来。

走出邮局大门，望着眼前美丽迷人的夜色，张文良却怅然若失。自打见到女儿的体检报告之后，他人在不停奔波，内心却异常压抑。尽管女儿已经住院，但他深知医学目前对癌症还是无能为力的，所以他有一种大难临头的感觉。他渴望医学能出现奇迹，渴望着能将女儿从死亡线上挽救回来。为了女儿，他将不惜代价。

他开始忙着通知亲戚，忙着四处借钱筹钱。岳父岳母来了，小舅子小姨子也都来了，而且都送来了钱。可妻子仍迟迟不见踪影。他急了，又到邮局拍了两次电报，叫她赶紧回来。待到妻子莫学云匆匆赶回北京时，女儿已经手术了。

女儿住院做手术的那些日子，张文良跑前忙后，一直在医院里守护着。每逢输液的时候，他更是几乎一刻也不敢离开。连续几天，他都没有好好睡觉。手术后的第二天夜里，女儿输完液，张文良也快支撑不住了，他感到自己疲惫不堪，想回家睡上一觉。他将女儿安顿好，便一个人走出医院回到了家。

时值盛夏酷暑，到处弥漫着热气，小屋里像蒸笼一样。进了屋，张文良洗了个澡，支起折叠床，便一头栽倒在床上。他眼皮困得直打架，却又放心不下女儿，心里七上八下，总觉得哪儿不对劲儿，便又一骨碌地翻身起床，匆匆地往医院赶。他急于见到女儿，因为冥冥之中，他仿佛听到女儿的一声声呼唤。

夜已深了，张文良一看表，已经是午夜12点钟。医院的电梯都没人开了，他蹬蹬地爬上楼，发现病房已经上锁。心一急，他便双手使劲儿，门一下被他晃荡开了。推开女儿病房，同屋的病友惊诧不已，女儿却在得意地笑。原来，张穆然在父亲到来之前就对病友说："我爸来了！"知父莫如女，张穆然深知父亲到底是放心不下她的。眼前这位父亲对女儿的挚爱之情，让病友们感动不已。

张文良并没有为女儿和病友们活跃的情绪所感染,此刻他的内心深处,只有对女儿无尽的疼爱,只有焦虑。

在病房里,张穆然常坐在父亲的腿上,父亲走的时候,两人拥抱着拍拍对方的背。当然,张穆然与母亲也是一样的。张穆然的姥姥说他们一家三口总是黏在一起,总有话说。张穆然说这是她最大的幸福。

在医院的楼道里,张文良曾对前来采访的记者说,他很满意他的女儿,她毕竟才16岁。他说,不是我们不理解她的痛苦,其实是我们不说,怕说出来会增加她的痛苦。说到张穆然的病情,张文良说化疗是很痛苦的,但这种痛苦能多换得一些孩子和他们在一起的时日。不过做父亲的为此也自我困惑:父亲想让孩子多受点苦,多换一些和他们在一起的时日,而不知道女儿是怎么想的。

张文良还说,我女儿做的许多事我都做不到。

要是哭能解决问题大家就放声哭吧

癌症是死亡的代名词,所以当一个人被医学判定患癌症的时候,那种万念俱灰的绝望便不可避免。

面对癌症,有人会从绝望中逐渐冷静下来,坦然地面对,全力珍惜为时不多的生活与生命,让自己的生命在时日无多的日子里发出光彩。有人拒绝过多的无济于事的悲伤与怯弱,要将微笑与坚强留给人间。

这个人不是五大三粗的男子汉,而偏偏是身体纤弱的16岁女孩张穆然。

张穆然当然也有绝望伤心的时候,但那种伤心不是在得知自己的病情时出现，而是在一个特殊的场合。

“第二次手术后父亲用三轮车接我回家，我坐在三轮车后面，心里一阵阵难受。父亲停下来，问我，怎么了？我说，我就想问问我到底得的是什么病。父亲还想瞒我，用一些话搪塞我。我说，我知道我得了癌症，病历我早就看见了。当时看病历的时候，前面的字都没看见，就看见一个癌字。父亲一下子就哭了。我父亲从来没在我面前哭过，很多人围着看我们父女当街抱头痛哭……”

上述这段话，是这位16岁少女生前面对媒体采访时的讲述。很显然，张穆然这一次的哭，是被父亲的爱女之情、悲伤之情深深感动了。除此以外，医生、病友甚至是与张穆然朝夕相处的父母，不但难以见到她的悲伤与绝望，相反见得最多的，倒是癌症病患者脸上那难以见到的欢声与笑语。

“癌症患者的死亡，头一个是被吓死的，第二个是被治疗死的，第三个才是病死的。”这富于哲理又不乏科学道理的话出自张穆然这位16岁女孩之口，既让人惊讶，又禁不住令人佩服。

但张文良解释说：“这些话恐怕也不是她总结出来的，而是听别人说的。在得知自己病情之后，她的心理放松到什么程度呢？她说老爸，不要紧，以前得癌症的，吃夏不吃秋，吃秋不吃冬，也就能维持半年时间。现在呢？能活好几年，所以我会好好配合大夫治疗。我现在就是不行，将来科学发达了，我就去当那个垫路的，行了吧？”去肿瘤医院，那里所有的药她都吃过了，可都没用。治疗肿瘤的几个教授一商量，想用一个以前没有用过的新方法治疗，便跟然然商量。然然说行，就算是给做试验吧，试好了，赚了；试不好，也算给别人蹚路子！

说起女儿面对癌症时的坚强，张文良与莫学云夫妇都不由自主地流露出了感动、欣慰与自豪。

莫学云说："然然病了之后，真的几乎看不到她害怕的心理，她总是跟病友谈笑，有时候说到晚上一两点钟，高兴得不行。病友得的都是妇科病。有一位从黑龙江省齐齐哈尔市来的病友，年龄挺大的，一住进病房就开始哭，而且老哭。然然跟她说，你哭什么呀，你的检查结果都还没出来呢！等看到检查结果，那个人很高兴，因为她的肿瘤是良性的。"

那次丈夫给她拍电报，莫学云并未收到，最终是她弟弟给她打电话将消息告诉她的。弟弟给她说"然然肚子长了东西，你得快去北京"。她记得那天是礼拜天，在单位她要不到车，从山里的单位到山外的县城总共70公里的距离，她求爷爷告奶奶搭人家的汽车，费尽周折才到了县城去赶火车。

张文良说："在病房里，别人哭呀闹呀的，她不，她说哭什么哭？病要能哭好咱就放开哭，说得那些大人病友都不好意思。她也难过，但会很快过去，会马上笑。她的笑又特别好看，语言又与众不同，总能感染别人，表达能力强，废话少。她跟前来采访的《中国青年报》记者聊天，一聊就是3个小时。她的同学来看她，来的4人都是团干部，那是然然快要走的前几天，她的话特别多。她越说越好，越说越流泪，可那是说话高兴的泪，那几个同学大受感染，都异口同声说比他们的老师说得还好。"

我禁不住问张文良："张穆然那种坚强乐观的态度，是你带给她的吗？"

张文良说："我想有一部分是。人和人是不一样的，有一部分性格是天生的。但天生的要看你怎么去发现，怎么去引导。社会教育和学校教育都是一样的，就看你接受的能力了。而家庭方面的教育就大不相同了，不同的家庭有不同的教育，家长的素质和言行在潜移默化地影响着自己的孩子。如果你不与孩子通气就硬逼着孩子去做什么，要我说这是家长的错误，不能怪孩子。孩子毕竟小，你是大人，她不懂你得叫她懂，她不明白你得叫她明白——明白什么该做什么不该做，怎么做人、怎么处事。我现在来说说做事。一个事情发生了，不要考虑为什么发生、我怎么这样，主要应考虑怎么解决，要达到什么结果。如果考虑这考虑那，却偏偏将解决问题的方法给忽略了，问题还是解决不了。我跟孩子聊天就传递这个，正像她所说的要是哭能解决问题咱们都哭。哭不是解决问题的方法，这么说大家都不哭了。吃五谷杂粮的都得病，而且这生与死从来就不分富贵贫贱，不分男女老少——要明白这一点，还有什么可以抱怨的呢？我们的然然明白！"

说到这里，他的一只手随着话音用力一挥，仿佛想进一步证明女儿的坚强。然后他吸了一口烟，悠悠吐着，继续说：

"然然被诊断出癌症的时候，大夫当时断定她还能活 3 个月。可从做第一次手术到最后去世，她活了 17 个月，为什么？那是因为她的坚强乐观，那是因为我们不断给她活下去的信心。那时候，她虽然已经拿到了升入高中的入学通知书，但因为得了这个病，学是没法上了。

可我还是去一六九中学给她办了休学手续，而且前后办过两次。第一学年是我去给她办，第二学年是然然自己去办。我去办是想给孩子一种信念。她去办是自己给自己一种信念。实际上她自己也知道不可能再上学了，但哪怕生命只剩下几天也要给自己希望。好在学校得知然然的情况，还是挺通情达理的，本来要收学费却没收，入学费1600块钱呢！学校却给予免交，说交30块钱保险费就行了。我知道交30块钱也没用，但还是交了。”

莫学云接着丈夫的话讲：“这17个月间，然然身体较好时也能出去活动，但一般得跟着人，或者她爸或者我。但那次去续办入学手续，她坚持要自己去。她病情的恶化也就是从那时开始，现在想来我特别后悔，我们不应该让她去。可那时她老觉得自己行。因为她爸先前去了一回说要交1600块钱，然然就说，爸你别去我自己去吧，就一个人去了。她去了以后见到了校长，很开朗地与校长聊。校长对她很满意，就说你报上名吧，学费也给你免了。她很高兴，那时候大约是1998年10月份。那时我的户口还没回北京，她又自告奋勇要给我跑户口，一去把户口的单子就要回来了。但她回来后就躺在床上起不来了，跟一摊泥似的，坐都坐不起来。可她情绪依然很高，说妈妈我又找到了生活的感觉，我张穆然又回来了！她说我特别喜欢自己的这种状态。她比较爱说，爱与人交流，不然那种病恹恹的感觉就特别不好。所以累得躺在床上，她也高兴。但没几天，她又得马上上肿瘤医院看病去。”

我问：“她平时在家的时候需要有人陪吗？”

张文良摇头说："不用。她明白到什么程度呀，冬天家里还没有暖气的时候，我请假在家里陪着她。她说老爸，不用陪，我还能从窗户上跳下去呀？所以我就不陪，心里比较踏实。1999 年 1 月 12 号那天，是中央电视台少儿节目来人采访，那天我正好加班，也没法陪她，她也很坦然。那时她很明白自己已经没有生的希望了，活不了几天了，但她说我活一天就要高兴一天。"

"在生命的最后日子里，她的情况如何呢？"

张文良指了指屋里的那张单人床，回过头来对我说："大约是 1999 年 1 月 10 号晚上，她就躺在她的这张床上，忽然坐起来，说我要死了。我们俩躺在另一张床上，就起来过去看她，什么也没说。她说得很平静，我要死了。我们是什么都没说，因为心里都明白。由于病情继续恶化，12 号我们就送她进肿瘤医院，15 号又转到了原来就诊的北京军区总医院，16 号下午 5 点 45 然然就走了……"他有些说不下去，我发现他的眼眶已经红了，情绪有些激动。

沉默。屋子里出现了短暂的寂静，只有时钟的秒针滴滴答答的声音。

窗外的阳光越来越灿烂，射进屋来，阳光所至，空气中的尘埃纤毫毕现。透过远逝的时空，我竭力追寻着那位早已远逝的可爱女孩的灿烂岁月，追寻着她在生命最后一刻所留下的点点滴滴。

莫学云接着讲："14 号那天，她老糊涂、高烧，老睡觉。自己还强打起精神，对大夫说，能用安乐死吗？大夫听后，说中国没立法，就没再搭理她。然然说我无所谓。当时听后我就心酸得不行……"

她没有讲下去，但已趋于冷静的张文良接着说："孩子当时肯定明白，她的病是治不好了，没希望了，只能维持。还需要大量的钱，最后化疗打一针就是一万二呀！她肯定是不想让我们再为她花钱。到了生命的最后时刻，大夫给她测心率的时候，她要看着那个表，看自己的心脏如何停止跳动。医生不让她看，将表给拧走了。她说既然不让看那就不看了。完了之后呢？我把表给拧回来了，我想看，也想让她看。因为看完这个，她能知道生命的延续是怎样的一个过程。她老说要了解自己，我想都这时候了，干吗瞒着她呢？那时她的手全都冰凉了，可她还想看着表调节她自己。"

莫学云补充道："这时候她还说老爸，给我翻翻身什么的，那时候她已经很难受了，满身都是针管。这孩子太明白了。做B超的时候，可以说她已经动不了了，很难受的。可她就蹲在那儿忍着，我就想办法让她坐，照的时候她一看便明白了。完了站起来反安慰我说，妈，多严重你都不要怕，我没事的。她说的时候我的心就跟刀割一样，而且我们在她面前谁都没哭，都只是默默地望着对方，谁也不吱声。表面上看，我们平静得就像这事情是发生在别人身上一样，实际上内心比任何人都痛苦。"

张文良："然然去世前说要回家，我说不行。看这种危重情况，肯定到家就不行。为什么说不行？首先，这孩子要走的话必须通过医院，不通过医院的话我到公安局备案都来不及，这我都明白。她老想回家，医院的环境她觉得不好，我给她讲不能回家，她也认可了。肿瘤医院已经不能留人了，不回家又怎么办呢？15号那天北京军区总医院忽然来了个车，随车来了个护士长和一个博士，把然然接到军区医院，这可能是中央电视台崔永元他们起的作用吧（自从《实话实说》栏目给然然做了一期题为《感受坚强》的节目之后，他们一直关注着然然的病情）。到然然危急的时候，小崔问军区医院接收不接收，他们说接，这一点我们挺感动。军队医院比地方医院强，比较讲人道。地方医院可能顾忌死亡率，所以不愿接收。像然然这种危急的病人，地方医院一般是不接的。军队医院就不一样，甭管怎么回事，到了军区医院之后一人一个房间，将从来没有用过的软垫铺上，医院各科最好的医生都调来。到了然然走的那一瞬间，我们俩谁都没有哭，既然哭让人感到不舒服，那我们就不哭。这一点让医院的大夫、护士对我们都挺敬重。其实我心想，要哭，也要到没人的地方去。”

我问：“她走的时候，留下什么话了吗？”

“没有。”莫学云说，“因为平时我们都聊得很开，但我们都不说病，不聊那些东西。我们还是跟以前一样，该怎么着就怎么着。我们说什么事也不背着她，比如看病花了多少钱，她自己也算。对生与死，我们都已经能够坦然面对。所以孩子病的时候，我们几乎没有哭过，孩子走的瞬间，我们也没有哭过。就像今天她爸爸接受你采访时眼睛红红的要流泪，这也是很少见的。然然 16 岁的生命，活得挺坎坷，没少遭罪。小时候，她的眼睛不小心被玻璃边划伤了，当天晚上睁不开，没来得及上医院，痛得不行，她特别能忍。那时她才三四岁，她就能忍。直到她得这病，几次手术，无数次的化疗，她都忍，从来没有哭过，你说这需要多大的毅力啊！”

说到这里，这位失去爱女的母亲有些激动，这激动不是伤心，而是为女儿的坚强而自豪。

好好活着，就是对孩子最好的怀念

1999 年 1 月 16 日，对于张文良和莫学云这对普通夫妇来说，绝对是一个令他们刻骨铭心的日子。

这一天下午 5 时 45 分，他们唯一的孩子、心爱的女儿张穆然那年轻的心脏彻底地停止了跳动。这时候，张穆然只有 16 岁。16 岁，对一个人漫长的人生旅途来说，的确是太短暂太短暂了！那斑斓的生活、多彩的人生、美好的前程，那血浓于水的父母亲情……这一切的一切她都来不及更多地享受和品味，可恶的病魔就如此残酷地剥夺了她年轻的生命，如花的女孩也就如此无奈地匆匆走完了她过于短暂的人生旅程。

面对死亡的来临，这位花样年华的女孩用微笑和坚强的姿态坦然地接受了，让许许多多的心灵都不禁为之震颤。或许正是这个令人揪心的原因，张穆然的离去不由得搅起了人世间的阵阵涟漪——她的心脏停止跳动时，黑夜也同时降临，天地间突然黯然失色。北京城冬夜里那凄厉刺骨的寒风，似乎也因为这样一个如花女孩的不幸离世而呜咽哭泣……

坚强女孩如花生命的不幸凋谢，更是让敏感的新闻界为之动容。

《北京青年报》先后以《我不信这是生命最后一关》《张穆然留给了我们什么》等长篇报道予以大规模、持续不断的关注；中央电视台的《实话实说》栏目则以《感受坚强》为题做了一期专题节目，并在张穆然生命的最后日子给予了全程关注。那段日子，张穆然成了善良的人们最为牵挂的公众人物……

张穆然确实是优秀的，她虽然只活了16年，却有着连许许多多长辈都无法做到的坚强意志和优秀品质。当她还活着的时候，无论是在家里还是逛街或者住院，不管到哪儿，只要看见水管子没拧紧而漏水，她一定会毫不犹豫地伸出手去拧紧。上公共厕所，有人便后不冲，臭气熏天，一般人都是骂几句换个坑，张穆然从来都是不声不响地冲了再用。邻居有个腿脚不便的老奶奶，张穆然每次只要看见她上厕所，都会跑过去帮助她拿凳子。张穆然患卵巢胚胎癌之后，每次都自己拿着换洗的衣服去洗。做化疗最常见的是埋针管，两寸多长的针竖着扎进去，再往里推。北京军区总医院经常给她埋针的汝大夫说，给你打点麻药吧。她说："我不用麻药，我要记住我每一分钟的痛。"做B超发现她的瘤又长了时，医生不让她看单子，张穆然说："我的事情我一定要清楚，这样我才能以一个正常的心态来看待自己的病。不管是天塌了还是地裂了，我得知道自己处在一个什么样的位置。"得病以前，她说她看两朵花在一起像是在打架一样，是竞争的关系；可得病以后她的看法不一样了，觉得两朵花在一起很协调。"以前想着世界太不公平了，让我得病。现在看不过是生活拐了个弯。"正是因为有这样的平和心态，她才能够回到她初中的母校北京一六四中学做题为《热爱生命，珍惜生命》的报告，让母校许多的师生泪流满面，并被母校聘为"校外辅导员"。住院期间她还为医院出墙报。病榻上，她折叠了1000只纸鹤和999颗星星……

张穆然说："生命的长短不是一个量词，活得有价值就长，没有价值就短。我现在躺在病床上，你说有什么价值？我觉得我战胜疾病就是价值。"

有一个传说，一只鸟，它一生只唱一次，那歌声比世界上所有生灵的歌声都更加优美、动听。从离开巢穴的那一刻起，它就在寻找着荆棘树，直到如愿以偿，才歇息下来。然后，它把自己的身体扎进最长、最尖的荆棘上，便在那荒芜的枝条之间放开歌喉。在奄奄一息的时刻，它超脱了自身的痛苦，而歌声竟然使云雀和夜莺都黯然失色……生前，张穆然把世界名著《荆棘鸟》一书中的这段话抄写了 100 多遍。《荆棘鸟》一书的译者说："它像是不折不扣地写给张穆然的。"

一位名叫陈方宝的北京读者感叹："是的，张穆然就是一只荆棘鸟。她用自己花骨朵一样的生命将死亡糅进了人类生存的链条，从而打破了现实社会芸芸众生面对死亡的恐惧；她用自己花骨朵一样的生命呼唤着人的尊严，体现着人的精神深度……"

张穆然的坚强离世感动了许许多多的媒体，更感动了许许多多的读者和观众。但感动与热闹之后，依然要回归寂静。张文良和莫学云夫妇是如何面对痛失爱女之后那可怕的孤寂的呢？

张文良说："说实话，然然走的那一刻，我也有一种走到头的感觉。但这种感觉，没多久也就过去了。为什么会有这种变化呢？我跟你这么说吧，走了的人走了，活着的人还要活着。如果活人还要跟着去，那是一种悲哀。一个人生下来，多难他都会生活下去，这个人就很伟大。如果一个人要想自杀，要下很大决心，自己将自己消灭了，那就很不值得。我们得好好活。而且按大道理来说就是大家帮助我们了，我们更应该想办法回报大家伙儿。所以我们很快就上班了。”

由于媒体的报道和渲染，更由于面对死亡张穆然令人感动的坚强，在张穆然病重和去世以后，的确有许多善良的人帮助着这个濒临破碎的家庭。

张穆然得病之后，共花了差不多 15 万元——对于张文良和莫学云这对平均工资还不到 600 元的普通夫妇来说，简直是一笔相当于天文数字的巨款——他们从哪儿去筹这笔巨款呢？

亲戚、朋友和单位的支援和借贷都是有限的。费用最紧缺的时候，张穆然在肿瘤医院打着吊针医院却不给药。后来是张穆然的舅舅拿来 5000 块钱救急，才顶了下来的。媒体报道之后，有好心人的帮助，才基本上筹够了所需的费用。为了全力救治并照顾女儿，母亲莫学云不得不提前从陕西汉中那边的单位退休回到北京，面临下岗的父亲张文良也不得已献了 3 次血。即便如此，那时候张家为此还背上了 5 万元左右的欠款。

张穆然去世之后，张家更是囊空如洗，连火化后保存骨灰的钱都没有了。又是媒体的记者们伸出了援助之手：《北京青年报》的一位记者联系了位于房山区的万佛华侨陵园，并获得了一块价值近 10 万元的墓地的捐赠；北京电台的记者给火葬场联系了免费火化事宜，在万佛华侨陵园举行的张穆然追悼会所需要的一切费用也免了……

所有的这一切，让失去爱女的张文良和莫学云夫妇在悲伤的同时，也感受到了来自人世间的诸多温暖。所以，他们要好好活着，不仅仅为了九泉之下的女儿，还要尽自己所能回报社会和善良的人们。

有人前来看望他们，有媒体也继续前来采访。但前来看望或采访的人也都有相同的担心：悲伤未散的这对父母肯接受外来的这种打搅吗？

待见到张文良和莫学云，人们的这种担心不约而散：这对夫妇表现出了意外的坚强与坦然，一一接待了来访者，一一赢得了人们的尊敬。

——为什么他们会有如此的坚强与坦然呢？

莫学云沉思片刻，说："因为然然在的时候，她躺在屋里的这张床上，病得已经不成人样。我多少次在心里问，这是然然吗？这已经不是我们原来的然然。到了这个份儿上，活着已经没有意义了。我想她这样活着也受罪，走就走吧。所以她走时我没有眼泪，只有痛苦。怎么办？来人了该怎么着还怎么着，就像你现在来一样。"

张文良也说："然然走了以后的确有人上我们这儿来，可也担心这个时候到我们这儿来不太恰当，我们说没关系。别人理解我们这种心情，怕勾起我们这种伤心来。但我想该伤的心，我们已经伤了。我们还得活着，活下去。"

为了救治得了癌症的女儿，这对夫妇所背的 5 万元债务至今仍未还清。张文良每月工资才 600 来块，莫学云在女儿去世后已提前退休，每月的退休金也就 600 多块，两个人的月收入加起来共 1200 来块钱。掐指算一算，除去日常生活的必要开支，他们还能抠出多少余款还债呢？

但是，即使经济如此拮据，他们夫妇俩仍节衣缩食、精打细算，坚定着还款的信心。

为了早日还清借款，莫学云决意到外面打工，而且同时打了两份工：在一家美国公司驻北京的代理机构搞卫生，还在一位澳籍香港人的家中当钟点工。

对于负债的莫学云来说，她太需要钱了，可莫学云却不因此而见钱眼开。在那位澳籍香港人家中干钟点工，干 1 小时主人给她 10 块钱，这标准在北京虽然高了些，但也是主人主动定的，把钱接过来装进兜里，也是理所当然的事情。可面对每小时 10 元钱的工资，莫学云就是不愿意接，嫌对方给得太高了。她说，我哪里见过这么多的钱啊？那天，她给主人干了 4 个小时，人家给了她 40 块钱，她连连摆手，连连说“太高了太高了，我不能要我不能要”。她说的时候几乎是语无伦次。她说，我在您这儿干您要是过意不去，每个月给我 200 块钱就行了。后来经再三推让，主人每月给她 250 块钱。

最初的时候，莫学云还经人介绍在位于东长安街的长安俱乐部找到了一份活，当清洁工。那里的工作环境、薪水都非常不错。可莫学云干活太仔细、太认真了，那么多的楼层上上下下、里里外外、前前后后、左左右右，她打上班那一刻起，就十分麻利地扫、擦、拖、洗、搓、抹等等，像绣花那样全神贯注、一丝不苟，如呵护自家的屋子那般分毫不漏地将其拾掇得窗明几净、一尘不染。可这么干一天下来，她腰酸腿痛浑身乏力。天天如此，工作量太大了！没几天她的身体就受不了了。她去找老板辞职，满脸歉意地向对方说明原因。老板哑然失笑，末了大度地说:“你完全没必要那么认真,我们也没要求你每天都那么认真啊!”莫学云没有笑,她笑不起来。她说:“要我干我就得认真。”老板鼓励她说:“你的活干得很好,我不希望你走。”莫学云听罢,不再言语。老板见状,以为她留下了,不想莫学云却不辞而别,连那几天累死累活应该领的工资,她都拱手让出,一分都不要了。

后来莫学云又找到了那家美国公司驻北京的代理机构,依然是当清洁工。为了全身心干好这份工作,她又将那位澳籍香港人的家政钟点工辞掉了。现在她就一心一意地认真干着这份工作。每天干 4 小时,每月五六百块钱的工资,加上自己陕西汉中的单位还有她的退休金,她对自己目前的状况,已经很满足了。

相比于妻子莫学云,丈夫张文良的工作却异常严峻。由于工厂经营状况不景气,他每天早出晚归上满 8 个小时的班,每月下来却只有 600 块钱的工资。堂堂男子汉,而且已干了大半辈子,都五十出头的人了,如今却只有这么点收入,这让他多多少少都觉得有些愧对妻子。他想到外面再打一份工,可白天的上班时间将他拴得紧紧的,他难以脱身。更严峻的是,眼下他还面临下岗的危机。下岗与退休可不一样,退休了单位再困难还得按国家规定给你发退休金,下岗可就意味着单位从此不再管你了,从此你没有一点儿保障,什么都得靠自己。所以跟厂里的其他工友一样,张文良也渴望工厂能安排他提前退休,可他自己对此并不抱指望。他说等退休恐怕排不上队,最大的可能是买断工龄,叫违约补偿金。买断工龄的话是给你一点儿补偿金,从此与单位没有任何关系了,你愿意干什么去就干什么去,再没人管你了。

到那个时候，张文良就得到外面找活干，否则连饭都吃不上了。可像他这样已经年过半百的人，到外边又能找到什么活呢？

说起这辈子的经历和遭遇，张文良连连叹气，感慨良多：

“我们兄弟姐妹仨都曾经到农村插队，后来都陆续回来了。我是按政策回来的。说句良心话，这批知青命运不好。虽然都回来了，但年龄、知识都处于劣势，偏偏又赶上改革大潮。你看现在失业下岗的都是知青，而且这批人也出去闯荡过，也没少受累，没少出力，但到头来许多人都一事无成。老三届的学生现在都五十出头了，还能干什么呢？就说我现在这个厂，挂牌是北京曙光电机厂。我刚来厂时干计量，靠自学的。我现在干检验，把质量关。可眼下我们所在的这块地方已经进入开发了，4000 多人的厂经过分流现在还有 1600 人，到明年 4 月可能剩不了五六百人了。工厂按规定要搬出四环路，笨的、重的、落伍的设备，自然要淘汰。现在进的设备基本上都是美国的，电脑控制，自动化程度相当高，我们这些人都落伍了，都干不了，所以厂里每年都要进大学生。我们现在工资只发 95%，对我来说意味着只能领到 600 来块钱。可上班却不能迟到早退，早上 8 点到 12 点，下午 1 点到 5 点，人都不能离开。如果不下岗，再干几年，等退了休，工资还能比现在多，不就什么事都安稳了？如果下岗，问题可就来了，因为我会的东西恐怕现在的社会已经淘汰不用了。我本身是工人出身，看大门都打不过人家，所以挺难的。我学的是钳工，会电工、喷漆，能修点小毛病的汽车，会计量、检验。但我现在唯一干得动的是检验，你得识图，图纸得看得懂了、量对了。如果让我动手干体力活，我干不动了，岁数不饶人呀！其实即使干检验，我的眼睛也都跟不上了，视力下降，得戴眼镜，哪一天眼睛要不行了就什么都不行了。

“有时我也想，老了怎么办？如果我们现在是三点支撑的家庭，那我用不着考虑过多。但现在我不得不考虑，我老了的时候，如果社会福利好，我凭我挣的工资，上哪级的社会福利托老所？可事实上我没有办法进去，因为我挣的钱不够。我现在还在岗，如果按下岗的这批老三届来说，他们怎么办？这是一个社会问题，不仅仅是哪个家庭的问题。”

相依为命，思念到永远

在京城的东南方向，京郊房山区一处青山环绕、绿树掩映的地方，有一座陵园，叫万佛华侨陵园。这里葱松挺立，空气清新，鸟语花香，风光旖旎。仰望苍穹，辽阔的蓝天和悠悠的白云不由得让人心旷神怡。来自京城以及附近乡镇或村落的许许多多逝者的灵魂，在这里找到了满意的栖息地。

走进这座万佛华侨陵园，梯田式的山坡由下而上，一排一排，一座一座，整整齐齐地矗立着数不清的墓地。

少女张穆然的灵魂也在这里安息。

她的墓地，背靠山体，面向原野。墓地正面，浮现出张穆然的遗像、书包和一本书籍，都是用汉白玉雕塑而成的。底座用花岗岩构筑，显得庄严、寂寞而又稳固厚重。墓地的两侧，左右两边各矗立着一棵枝叶繁茂的松柏，日日夜夜陪伴着这位少女的灵魂。

自从女儿永别人间、来到这里之后，张文良和莫学云那不绝如缕的思念，从此便永久地被系挂在这块墓地上。

女儿走后，张文良和莫学云这对经受劫难的中年夫妇，到底经受了怎样的一种情感磨难呢？除了“坚强”二字，他们内心深处对已经永别人世的爱女寄托着怎样的一种思念呢？

面对我的询问，张文良脸上出现了痛苦的抽搐。他低着头，使劲儿地吸了一口烟，狠狠吐着。当他抬起头来回答我的提问时，我发现这位中年男子刚毅的脸上，肤色和眼眶都憋得通红通红。

他竭力控制着自己的情绪，眨了眨眼，叹了口气，声音低沉、有力。

“实话跟你说吧，我现在是什么感受都有。比如说啊，我想她，想得相当厉害！基本上每天晚上都做梦，梦见她，梦中的她总是与生活琐事有关。比如说梦见手了——手有何关系呀？我想起来，那天然然说，老爸你的手血管多清楚呀，我要有这么清楚的血管，何必扎那么多次针呀？反正，我特别容易想起她来。我这种感觉是什么呢？这么说吧，然然她不在家里头，到另一个世界去了，但心灵与我是相通的。只不过我没看见她，但我能感觉到她……”

一直沉默的莫学云又将话题拉回到对女儿的思念上：“我每天几乎都得提起她，说一件事都会不由自主地说要是然然在会怎么怎么样。”

张文良说：“现在我们提到然然，就和当初她在时的感觉是一样的，没因为谁提起她而伤心，没有。就像回忆，美好的回忆，挺好。”

我注意到张文良说这话的时候，心情已渐趋平静。那样子，就像女儿还在世上，只是因为她出了远门，久久不能回家，因而勾起了这位父亲的无限思念……

刚开始的时候是每周，现在是每隔两周，张文良和莫学云夫妇都会一成不变地选择一个礼拜天，双双去看望女儿。每一次，他们都是天未亮就起了床，麻利地洗漱，简单地吃些早点，然后带上事先扎好的各色纸花早早出门。来到附近的早市，他们又花二三十元买上一束鲜花，用事先准备好的塑料布小心翼翼地包扎起来，护着捧着，然后匆匆赶路。

从位于京城东北角三元桥附近的家，到位于京城西南方向的京郊房山区的万佛华侨陵园，有数十公里的路程。走出家门，先坐一段公共汽车去赶地铁，在地铁的苹果园站再换乘913路通往房山的公共汽车，单程耗时就得两个钟头。尽管如此，夫妇俩还是坚持每隔两周去一次，风雨无阻，雷打不动。不去，心里便闹得慌；去了，内心会舒坦个十天半月。看望长眠于另一个世界的女儿，如今不仅成为他们俩生活中一个必不可少的内容，而且还成了他们俩唯一的精神寄托。

每次来到女儿的墓地，夫妻俩总是要先上上下下地到处拾掇拾掇，擦一擦，扫一扫，然后在女儿的墓前默默地坐上一会儿，默默地用心灵与近在咫尺却远在另一个世界的女儿交流、对话。这种无声的对话与交流，一般要持续一个来小时。在思念爱女之情得到充分的释放与满足之后，夫妻俩才恋恋不舍、一步一回头地慢慢往回走……

张文良说："我不玩牌，以前爱喝酒，现在基本不喝了。喝也是在家喝，不到外边。基本上是上班回家、下班回家这种轨迹。串门的时候很少，兄弟姐妹一般不来，来的时候肯定是因为有事。倒是她（指莫学云）那边的亲戚来往多些，现在每个礼拜我们都去她妹妹那儿，去的时候我骑车，她坐车。她的父母都从陕西那边过来了，现在都在北京这边她妹妹那里，都是快 80 岁的人了，我们俩得多挤点时间去陪陪老人。”

问及女儿去世之后，是否曾有过重新要孩子的念头，夫妻俩都坚决否定。

莫学云说：“然然在病重期间，就曾经对我说老妈你还行不行，行你就再要一个。我当时就说，妈就要你一个。”

我问：“你心里真的这么想吗？”

莫学云答：“是这么想。”

“是出于什么考虑呢？”

张文良抢着回答：“比较复杂，首先是觉得对不起孩子。”

莫学云接着丈夫的话茬：“另外一个是精神上、生活上。我不是说过那句话吗？一个生命来到世上是伟大的，但她所面临的不仅仅是幸福吧，她什么都得遭遇——我们能给她什么呢？我们什么也给不了。就我来讲，我只能教她怎样做人、清清白白地做人。做父母的只能给她做一半的事，她自己要努力还好，要不努力，将在世上一事无成，像我们这样碌碌无为地度过一生。甚至，如果孩子不争气，长大了成为社会的负担，那还不如不出生呢！”

我安慰她：“你说自己一事无成是过分了，孩子的培养也是你们作为父母的人生的一部分，你们人生中的一部分努力与希望也会在下一代身上得到延续和体现。”

“这个呀，”张文良急着插话进来，对此进行了阐释，“本身我有这个孩子，虽然她不在了，但我不承认我失败，相反我觉得我成功了。当然，成功了不等于我一辈子成功，如果我再有一个孩子也可能失败，我不找这个别扭，这是第一。第二，如果再生一个孩子，按我目前的生活状态，我没有能力给孩子提供有利的成长条件。为什么？因为前面的然然太优秀了！我再培养一个像然然那么优秀的，我要为此付出同样的努力，我心有余而力不足。再从心理状态来讲，我孩子走的那年我50岁，假设我能活到70岁，到时候孩子20岁，是我照顾他还是他照顾我？他照顾不了我，我给社会增加了负担；我照顾不了孩子，我能放心地走吗？”

张文良的这番话，大大出乎我的意料。相比于那些同样遭遇不幸的父母，眼前这位饱经沧桑与磨难的中年男子，其情感是如此的炽热和真挚，其意志是如此的坚定和刚毅，其人生态度是如此豁达与开朗。我不禁对眼前的他肃然起敬。我默默地注视着他，少顷，又将目光转向他的妻子，我想知道妻子是否同意丈夫的这些看法。

莫学云看出我的心思，没等我开口，她就表示赞同：“我们俩的看法是一致的。其实，1984年单位给了我一个生育指标，我都没要，还受到了表扬。当时然然的眼睛受伤，我心想如果然然的眼睛没了更不能要。给指标的理由是孩子的眼睛坏了，挺严重的。那次是她爸爸干工匠活用刀拉玻璃时，在一边玩的孩子不小心撞到玻璃板的边上，眼睛被拉伤了，一直睁不开。后来不得不送到西安治疗，才慢慢调理好的。”

“你为什么说如果然然的眼睛没了更不能再要个孩子呢？”

“因为我不能分散我的精力，我必须更全身心地爱护她。再说养两个孩子，经济上也不允许。”

“在然然没有生的希望之后，你们一点儿重新要个孩子的想法都没有吗？”

夫妻俩几乎是异口同声地回答：“没有。”两人接着你一言我一语地阐述起理由来。

张文良首先解释：“确实没有，老了怎么办我想好了。争取不下岗、有退休金吧，政府要能管养起来，也就罢了。”

莫学云则说：“自己先照顾自己吧，谁先不行了由另一个照顾，没走的就自己慢慢想办法吧。说实在的，我这一辈子挺坎坷的，也挺苦的，所以对苦日子也不害怕，我们都能承受。”

问及为女儿治病所背下的债务偿还情况，张文良的回答倒是一脸的坦然：“差 1 万多元，不多。”

莫学云补充说：“都是姊妹之间的，她们都说不要，但我们要还。这个月就还了 4000 块，今年就够呛了。他每月才 600 块，又面临下岗。我这边还得给我妈一些生活费。不过对目前的生活，我并没有怨言，我很知足的。”

我赞赏道：“你们虽然不富有，但你们有乐观坚强的生活态度，很了不起。”

除了回忆，除了思念，除了想方设法让自己好好活着，这对孤寂的夫妻此生此世还能有别的什么快乐和奢望呢？

我默默无言地注视着他们。我当然也没有能力帮助他们，我只能在自己的心灵深处为他们送上最真诚的祝福。

第七节　林为忠：补生孩子的艰辛

聪明懂事的儿子长到16岁时，却在上学的路上被一场意外的车祸无情地夺走了生命——像当今中国都市里许许多多的夫妇那样，儿子可是这对普通夫妇唯一的生命延续啊！如今，抚养了16年的儿子突然夭折了，16年总共5840个日日夜夜，所有的艰辛、所有的希望通通都付诸东流，痛定思痛，思儿心切的这对中年夫妇决意要重新生一个孩子。费尽周折，他们如愿以偿地生下了一个儿子，然而却不是一个完全健康的儿子。所有的艰辛、所有的付出又无可奈何地重新开始，又进入一个新的重复与轮回——个中滋味，此间艰辛，又有谁能够真正体味到呢？

世纪之交，16岁的儿子却突然夭折

当时间的车轮缓缓地碾过了20世纪的漫漫征程，眼看就要跨入21世纪的旅途时，地球上所有的人都满怀喜悦期待着新世纪和又一个千禧年的翩翩来临。然而，偏偏就是在世纪之交的前一天——1999年12月30日，在北京，一个风华正茂的高中一年级学生，一个16岁的年轻生命，在这个阳光灿烂的早晨却被一场意外的车祸无情地毁于一旦，中国又一个普通的三口之家宣告支离破碎，陷入生离死别的痛苦之中。

母亲刘春华女士至今仍清楚地记得，那一天，天气异常寒冷。一

大早，儿子林为华像往常一样紧随母亲起床、洗漱，吃完母亲为他准备的早餐之后便准备去上学。离家前，儿子习惯性地向母亲打了个招呼，也习惯性地走进父亲的房间，对已经醒来躺在床上看电视的父亲说了声“爸，我走了”，然后匆匆地离开家门。儿子长得白白净净，牛高马大，聪明懂事，每次离家上学前，总会礼貌地向爸妈打招呼，而爸妈也会一如既往地吩咐儿子：“路上小心。”

然而，做父母的怎么也没有想到，儿子那天那次很平常的招呼，竟然会成为此生此世的最后诀别！

大约在儿子离家二十几分钟之后，母亲刘春华也走出家门，推起自行车前去上班。刘春华上班骑车的路线与儿子上学的路线大致相同。他们的家住在北京城西南位置的广安门地区，而她上班的单位和儿子所在的学校，则位于北京市中心偏西一点的西单至官园一带。刘春华冒着飕飕寒风，骑车朝着东北的西便门方向，急急前行。过了天宁寺立交桥，刘春华发现前方的国家经济贸易委员会大楼下面的拐弯处堵车了，过往的行人沸沸扬扬，将本来就不宽敞的单行道堵了个水泄不通。刘春华这时只听到有人在惊呼：“前边出交通事故撞死人了！”刘春华下意识地停下来，推着车穿过人丛，想上前看个究竟。这一看不要紧，她那张原本还算平和的脸瞬间扭曲了——“这是我的儿子、我的儿子呀！”随着这一声撕心裂肺的惨叫，她一把将自行车推倒在路旁，连叫带哭疯狂地扑了过去，扒拉着人群，搂住了早已倒在血泊中的儿子……

这时候，闻讯赶来处理事故的交通警察已经护住了现场，急救中心前来抢救的医生也正忙前忙后，紧张地查看着孩子的伤情。然而，那毫无表情的脸庞，那冷若冰霜的肌肤，那已经停止跳动的心脏，那已经悄无声息的各项生理指标……这一切的一切，都已明白无误地告诉在场的所有人，这个16岁的年轻生命，已经毫无挽回的余地。面对如此残酷的现实，刘春华一时间心痛欲裂、天旋地转……

那时候，儿子的父亲林为忠还未去单位上班，他还在家里看新闻。当家里的电话铃声猛然响起的时候，他丝毫没有意识到灾难已经降临到他的头上，甚至当他明白电话是来自交通大队时，他也没有意识到事情远比他想象的要严重得多。当然，为了避免一下子给他太突然的刺激，打电话的警察并没有马上告诉他事情的真相，而是尽可能轻描淡写地对他说："你儿子出了交通事故，让人撞了一下。"

林为忠只是有些惊诧地问："严重吗？"

交警说："你赶快到交通大队来一下吧，来了你就知道了。"

林为忠迅速出门。他骑着车，忐忑不安、将信将疑地匆匆赶到了交通大队，发现妻子已经在这里。只是这时候的妻子与早晨出门时已经判若两人，她泪痕满面、有气无力地说："志华，你……怎么才来啊，咱……咱小宝都没了，呜……呜……"妻子有气无力，哭得都快没有声了。

林为忠一下子就蒙了，内心却刹那间翻江倒海——这怎么可能？这怎么可能呢？与此同时，他的脑子浮现起那条熟悉的路，那条儿子上学的路。儿子刚刚考上那所学校——北京西城区二龙路中学那阵，林为忠还陪儿子走过一段时间，每天早出晚归、风雨无阻，那条路不算窄呀！噢，对了，就国家经贸委办公楼前那处拐弯的立交桥下路窄，儿子偏偏就是在那里出的事！

据负责处理这次交通事故的警察讲，儿子林为华是在骑车到那个拐弯处，被国家航天部属下的某研究所从后面开来的班车拐弯时由车体的后半部撞倒的。由于拐弯处路窄，车体很长，班车拐弯时车体后部向右一甩，强大的离心力挤住并击倒了路右边并行且同样准备拐弯的林为华。他连车带人重重地摔倒在地上，要命的是他脑袋着地，造成严重的脑内伤。开车的司机是一个小伙子，冬天起床可能早了点，迷迷糊糊的，撞人后都没有什么感觉，开着车仍继续前行，直至听到后面有人追上来“咚咚”地捶打着车门，一声接一声地高喊“你的车撞人啦！你的车撞人啦”，他才懵懵懂懂地将车停了下来。警察在出事后问司机：“你看见人了吗？”他竟然说：“没有。”

林为忠在确认儿子真的去往另一个世界的那一刻，痛苦地沉默了好半天。他紧紧地咬紧牙关，脸颊上的肌肉一上一下、不断蠕动。末了，他强忍悲伤，对站在跟前的交通大队的一位科长说，“谢谢你……”又转过身使劲儿搂住自己的妻子，用低沉的、略带哽咽的声音说，“春华，咱们小宝真的没了……咱俩，就互相保重！我不希望再有其他什么事情……”

妻子也知道丈夫的身体不好，他患有先天性心脏病，他经不起更大的打击，所以她强忍着巨大的悲痛，冲丈夫点了点头。

这是一对恩恩爱爱、能够同甘共苦的夫妻。林为忠出生于1958年，刘春华出生于1956年，比林为忠还大两岁。那时候他俩在同一个单位工作，刘春华是厂里的团支部书记，活跃开朗，能说会道；林为忠一心一意搞技术，勤奋好学。可能是由于两个人在一块儿有着更多共同语言的缘故，他俩在工作中慢慢地相识、相知并相爱了。

林为忠从小患有心脏病，心房间隔缺损。母亲带他前去医院检查的时候，医生跟她说："你这孩子恐怕活不过 40 岁。"母亲见医生一点都不像是开玩笑，原本沉郁的脸上不由自主地又多了一抹愁云。她知道自己的这个儿子心律并不正常，时常感觉憋气，不像同龄的孩子那样可以活蹦乱跳进行激烈的运动。面对医生的判断，她只能从内心一遍又一遍地祈求上苍保佑，能让自己的儿子多活上一些年月。由于自觉身体不好，林为忠也知道自己寿命不长，所以倍加珍惜自己有限的生活和生命。1982 年，25 岁的他提出与相爱多年的刘春华结婚，双方周围的人都极力反对，一方是因为男方身体不好，另一方是因为女方比男方大。到单位开结婚介绍信的时候，他们也遭到了单位的阻拦，理由是林为忠还不到当时北京许多单位提倡晚婚的规定年龄：28 岁。林为忠一下火了，当即与人家吵了一架。他的理由当然也很充分："我有心脏病，医生说我短命，我必须尽快结婚享受生活；我已经到了国家法定的结婚年龄，何况女友都快 28 岁了，比我还大，为什么就不能结婚？"

或许是林为忠的据理力争，或许是考虑到林为忠与刘春华这对恋人的实际情况，单位最终还是给他俩开出了结婚证明，使得这对恋人在 1982 年 8 月结成了秦晋之好。

一年之后的 1983 年夏天，他们的爱情之花结出了硕果——儿子出生了，爷爷从孩子的父母双方的姓名中各取一字，给起名叫林为华。

林为华的降生给他们带来了无限的快乐。那几年，林为忠工作之余一直忙于上电大，刘春华便自然而然承担起了照顾孩子和家庭的重担，全身心投入到儿子的抚养与培育之中。由于长时间围着孩子和家庭转，曾经是团支部书记的刘春华原来开朗活泼的性格也慢慢地改变了，变得矜持沉稳、文静贤惠，完完全全的一个家庭主妇。林为忠一直都倍感幸福，同时又心存内疚。

好在他们俩对孩子的教育持相同态度：因势利导，顺其自然；未强迫他一定要去学什么，但一定要注重对孩子健康人格的培养。

对待孩子，林为忠主张该管的管，该松的松，要给孩子一定的空间。相比之下，妻子刘春华对儿子要求严一些，她与儿子的沟通要比丈夫多，以至于儿子许多方面显得更像母亲。他也比较听母亲的话，母亲的一举一动、一颦一笑，甚至要告诉儿子什么，哪怕只是简简单单的几句，儿子很快就会明白。有时候父亲冲儿子发火，母亲会劝儿子："小宝，你爸工作压力大，再说你确实也有不对的地方，你去跟他认个错吧。"第二天上学前，儿子会来到父亲床前，说："爸爸，昨天晚上确实是我做得不对，我错了，您别生气。"寥寥数语，立刻会使父亲内心烟消云散，风和日丽。

所以在父母眼里，儿子一向很懂事。尽管学习紧张，但儿子时不时帮助干些家务，比如洗碗、拖地什么的。不过每次父母都要给他一点劳务费，为的是从小培养他靠劳动自食其力、自力更生的品格。以前给钱，儿子总是拿过手就买零食，后来儿子就用于买书或新的电脑软件。

儿子还喜欢助人为乐。还记得儿子上初中的时候，有一次放学后在楼下踢球，捡到了一个钱包，里面有1000多元现金。回到家他问父亲："爸爸，您看这钱该怎么处理？"父亲故意测试儿子的道德水准，反问他："你看呢？"儿子不假思索地说："交出去。"父亲又问："交给谁？"儿子的回答令父亲都感到意外："您带我去找希望工程办公室，我想这钱最好用于贫困地区的孩子助学。"考虑到钱包里没有任何证件，难以找到失主，父亲立即说："行。"星期天，父亲领着儿子一路骑车，找到位于东城区的中国青少年发展基金会，将钱如数交了出去。完了之后，父亲问儿子："为什么不拿那些钱去为自己买点东西？"儿子立刻睁圆眼睛说："那钱又不是我的呀！"父亲又问："为什么不交给学校？"儿子回答："要那样，学校肯定会轰轰烈烈表扬一通，我可不想出风头。"父亲放心了，他觉得对于儿子的道德培养，自己和妻子是成功的。

在智育方面，林为忠和刘春华夫妇并未对儿子施加更大压力，对他没有明确的规划。因为父亲是搞音响工程的，长期在音乐中熏陶，所以按照家庭环境和家庭条件，父亲希望儿子学音乐。但他没有发现儿子有这方面的爱好，所以也不强迫。大概是自己身体先天不足的缘故，做父亲的林为忠觉得无论如何，身体好更为重要，身体好将来不管怎么样都能够挣口饭吃。相反，身体不好干什么都难。所以对于儿子学什么、将来干什么，夫妇俩一致认为应当顺其自然，让其自由发展。

所以，儿子从小学、初中到高中，学习成绩虽然不是特别拔尖，却有其特殊的爱好和专长。比如说他喜欢理科，而且数学成绩比较突出；他喜欢电脑，爱玩游戏机，林为忠见状便因势利导，给儿子买来中华学习机。尽管当时儿子还小，尽管当时他这位父亲的月收入才仅仅47.5元，但为了顺应儿子兴趣的发展和培养，夫妻俩真可谓在所不惜。到后来，又买了计算机。也正是这种“不惜代价”的付出，儿子的动手能力从小得到了很好的培养。虽然开始儿子仅仅是利用计算机玩游戏，但遇到问题自己就翻书看书，以至于后来他的电脑学得很好。到了高中一年级时他还成为计算机课代表，自己已经能够制作电脑主页了。更重要的是，儿子在这种因势利导的教育中培养了自主学习的能力。小学三年级之前，儿子还需要父母的督促、辅导，后来就用不着父母操心了。

相比而言，儿子跟母亲交流更多些。有话更愿意跟他妈妈说，而且跟妈妈说起话来无拘无束。究其原因，林为忠觉得可能是自己的性格急躁，有时候说话爱急，缺乏足够的耐心。所以妻子刘春华嗔怪丈夫，说儿子开朗的性格让你给压抑住了。对于这一点，林为忠也不得不承认，因为他发现儿子回到家里跟他妈妈亲。他妈妈有时用电脑打资料，儿子说，妈我给你打，不一会儿工夫便打完了。他能自己设计电脑桌面和屏幕保护，能把自己的照片和名字制作在屏幕上，甚至能设计电脑密码，以至于父亲用电脑时都进不去。

在学校，儿子更是用电脑给班里设计课表和其他的公用表格。上电脑课，老师一般都提问他。所以进入高中之后，儿子已经明确地表示考大学要考计算机专业，并且表示大学毕业后再去日本留学，将来要干计算机行业。总之，对于自己的未来，儿子自己都规划好了，而且显得雄心勃勃。

可谁能料到，这场意外的车祸不但将这位风华少年的勃勃雄心毁于一旦，更是将他父母的人生蓝图彻底撕碎，将他们赖以延续的血脉拦腰斩断！

痛失儿子的日子到底有多难

这是怎样的一种人生滋味呢？一个生龙活虎的青春少年从此便在他的亲生父母跟前永远地消逝了，这样的一个家庭，生活中还有什么能够支撑他们去完成生命的旅程呢？

林为忠出生在一个军人家庭。父亲是陕西人，母亲是山西人。家里一共有三个孩子，林为忠排行老二，上有哥哥，下有妹妹。小时候，因为哥哥妹妹都跟着姥姥，父母身边只有林为忠，所以军人出身的妈妈在身边这唯一的孩子身上倾注了无限的爱怜，母亲最疼爱他。令林为忠心痛的是，由于患严重的糖尿病，1990 年年仅 50 岁的母亲不幸早逝了。林为忠的父亲虽然儿孙绕膝，但过早失去老伴，郁郁寡欢、情绪低落，似乎一下子老了许多。

林为忠的儿子林为华出事之后，承受不了打击的首先是林为忠的父亲。孙子的意外夭折，让这位军人出身的老人病倒了，被送进了医院。但不管怎样，老人还有其他的孙子和外孙，他打击再大也还有其他的精神依托，满堂的儿孙、儿媳、女儿、女婿也都纷纷围拢过来，忙前忙后地前来看望他、照顾他。

相比之下，失去外孙的姥姥姥爷所受到的打击要严重得多。因为原本他们就没有自己的亲生骨肉，唯一的女儿刘春华还是从弟弟那里抱养来的。虽然是抱养的，他们对刘春华的爱却如亲生女儿，而且他们也同样对林为华这个唯一的外孙投入了无限的爱。虽然刘春华结婚之后没有与老人生活在一起，但每逢周末或节假日，刘春华总要带着丈夫和孩子到姥姥姥爷那里团聚。儿子出事之前，原本他们就说好元旦那天到姥姥姥爷那里团聚的。眼看差一天就能见到女儿、女婿和外孙，谁能想到厄运却降临到他们的头上，两位老人永远也见不到心爱的外孙了——这个消息如同晴天霹雳，姥姥姥爷一下子被击垮了，双双病倒在床上，晚上怎么都睡不了觉，眼前尽是外孙生前的身影，耳边全是出车祸时外孙绝望的惨叫。姥爷虽然 80 多岁了，但原本身体还很硬朗，天天与老伴一同到外面遛弯，到自由市场买菜，可外孙的突然离去使他从此一病不起，不到半年时间就去世了。

那一阵子，林为忠只感觉到后背总是发凉，心脏每天都像被压上了一块大石头，呼吸困难，几乎要透不过气来，他感觉到人生的无助和生活的沉重。现在回想起来，他都说不清那阵子妻子是怎么撑过来的，反正他自顾不暇，他也能想象妻子内心所经历的痛苦。事实上，为了减轻这种痛苦，当警察让他看儿子车祸现场的照片时，林为忠谢绝了，而且也不让妻子看。他不让自己和妻子去目睹儿子出事时那种血淋淋的场面，他要让儿子的美好形象永远留在夫妻俩的记忆之中。

失去儿子的日子，他们的生活没有一丝阳光，他们所有的亲人，心头弥漫着的是一种久久不能驱散的绝望和悲痛。

事故的处理也让林为忠身心疲惫。

根据警方对事故现场的调查，认定车祸的责任由司机负全责。尽管是后轱辘撞倒林为华的，但按规定机动车与非机动车并排行驶时，机动车应留给非机动车 1.2 米的距离，可林为华出事时车脚蹬在地上划出的痕迹在 1.2 米以内。

班车所属的航天部属下的某研究院是一个事业单位，但班车的管理方式是承包性质的。如果按单位出重大交通事故处理，单位受罚款的数额很高。开始的时候他们强调是后轱辘撞的人，千方百计想推卸事故责任，到后来交通大队认定了事故责任，他们的领导很快来找林为忠，提出“私了”。

那时候林为忠还没有从痛苦中解脱出来，不过他是个理智的人，他对来人说：“出这么大的事，主要不是赔钱的问题，人都没了，钱有何用？关键是要认真吸取教训。同时，我也不希望司机承受他难以承受的惩罚，毕竟他不是故意伤人。如果你们把所有责任都推到他一个人身上，他不但经济上承担不起，甚至还得坐牢。我的家庭已经受到这么大的伤害，主观上我不希望再去伤害另一个家庭。”

林为忠已经了解到，肇事司机是个年轻的小伙子，也是个老实人，开车时间不长，还未成家，家里只有一个老母亲，他一直与母亲相依为命。对于他的肇事，林为忠一方面恨其鲁莽无知，另一方面又同情他的家庭背景。他想如果小伙子因此而坐牢，被罚款罚得老母亲都无法生存，自己确实又于心不忍。所以警察征询林为忠对司机的处理意见时，他强忍着无限的痛苦和怨恨对警察说：“这样吧，定性时可以尽量减轻对司机的处罚，尽量不去追究刑事责任。”一句话，让眼前的交警蹙起眉，疑惑的眼睛睁圆了大半天，因为碰上如此通情达理的受害家属，他还是头一回。

感动之余，交警对肇事司机猛一阵奚落："你就是给人家跪下磕一百遍头赔罪都不够，你小子好好吸取教训吧！"并对司机所在单位的领导说，"你们上哪儿去找那么通情达理的受害家属？你们一定要实事求是，深刻反思，吸取教训，千万不要再推卸责任了。哪怕多赔人家些钱，事情也好办。"

司机要上门向林为忠赔罪，林为忠回绝了，因为那时候他住在父亲那里，怕司机来了老人受不了。他对司机的态度是：责任是你的，但单位处理你时我会跟你们领导说不要将你置于死地，毕竟你和你母亲还得生活。

后来在赔偿的事情上，林为忠依然通情达理。他跟对方领导说："赔偿只要按照法律规定，照章办事，你们负全责赔偿，我不会多要你们一分钱。定这个鉴定处理书时你们可以辩解，但鉴定书下达后就得按照规定办，赔偿的钱我也不会多要一分。"如此通情达理，让对方一下子无话可说，而交通大队对这起车祸的善后处理也比较顺利。

表面上看，林为忠在车祸的善后处理上显得比较理智，也比较通情达理。然而，没有人知道他与他的妻子内心深处却一直经受着难以言状的痛苦。以至于儿子出事之后，夫妻俩一直没能回到自己的家。因为那天清晨，儿子上学前最后一次与他们告别，儿子那最后的一次音容笑貌，令他们夫妻俩是那样的难以忘怀，那样的刻骨铭心！尤其是妻子刘春华，只要一进家门，家里的任何一样物品都可能勾起她对儿子强烈的思念和清晰的回忆，这样子弄得她终日心神不定，寝食不安，愁容满面，根本就无法过正常的生活。

出于对身体的考虑，林为忠决定离开自己的家，搬到别的地方去住。

先是在林为忠的父亲那边住。但后来发现还是不行，因为一到周末，林为忠的哥哥、妹妹都把孩子带来见爷爷了，热闹倒是热闹了，但无意间却刺激了林为忠的妻子刘春华，让刘春华见到别的孩子便触景生情。尤其是儿子出事后过的第一个春节，除夕之夜大伙儿都聚集到老人这儿来吃团圆饭，待到大伙儿都端起碗筷时，一股凄凉的、强烈的思子之情瞬间攫住了林为忠夫妇，并很快影响到全家。团圆饭没有团圆下去，本该欢乐的除夕夜成了悲戚凄凉之夜。

林为忠的叔叔后来知道他们的这种状况，说这样下去可不行，遂提议搬到他那里去住。因为他有两套房子，还紧挨在一起，家里又只有老两口和一个尚未成家的儿子，可以让出一套供林为忠夫妇俩暂时居住。林为忠的叔叔是中央某艺术团团长，性格开朗，而且是搞文艺的，考虑到这样的环境有利于身体的恢复，林为忠于是听从了叔叔的安排。

再到后来，单位为照顾他们，重新给他们调换了一套两居室，地址位于西城区，距离官园不远。为了不使妻子触景生情，搬家的时候林为忠有意把原来的家具统统都处理掉了，只留下一台电视机，其他家具全换了新的。

尽管如此，经受致命打击之后的刘春华，身体还是元气大伤。虽然她身体向来单薄，比较瘦弱，但儿子出事前也没有什么病，精神状态一直很好。儿子出事后她的精神一下子垮了，整天萎靡不振，一直上不了班。同事或朋友出于关心，纷纷前来看望她，她强打起精神跟人家说话，却总是有气无力。本来她睡眠就不是很好，儿子出事后她简直就是睡不着觉，甚至吃了安眠药都不管用。饮食也不好，吃不下东西，一小碗米粥她都吃不了几口。眼看着她一天天消瘦下去，林为忠痛在心里。尽管儿子的意外夭折给他带来了同样的痛苦，可他毕竟是男人，是一家之主，他觉得再难也要挺过这道关，否则夫妇俩身体都垮了，生活就更没有什么指望了。所以他一点点、一天天开导、护理着妻子，过完 2000 年春节，他还特意带妻子到西安的亲戚那里去散了散心。

功夫不负苦心人，林为忠的这种努力，使妻子渐渐地又恢复了气色。那样子一如经历严冬之后的枯树，在春风春雨的抚慰下渐渐地恢复了生机……

人到中年，他们决意要重新生一个孩子

2000 年，刘春华的思子之情伴随着夏天的来临而日渐强烈。半年多的思子之情没有让她追索回那一去不返的儿子，当她明白过来并逐渐回归理智时，她又心有不甘——难道这辈子就注定再也没有孩子吗？难道自己注定要像养父养母那样，只能去抱养别人的孩子吗？这种疑问反复无常地缠绕在她的心头，时常让她彻夜难眠。与此同时，一个强烈的愿望如同春天播撒的种子，落在她那经过半年多调整之后日渐滋润的心田里，逐渐地发芽、生根——她想重新生一个孩子！

有一天，刘春华带着几分激动、几分喜悦和几分羞涩，将自己的这个愿望悄悄地告诉了丈夫林为忠。林为忠听罢,久久地凝视着眼前与自己相濡以沫已经二十几年的爱妻,仿佛从来就不认识似的。只见他的眉头悄悄一扬,紧紧地搂住自己的爱妻,眼睛里不停地跳动着闪亮的光斑。很快,那跳动的光斑又平静下来,但他内心深处却翻腾开了。

林为忠何尝不希望有自己的孩子?正是因为喜欢孩子,他才那样迫切地选择早婚早育。但养育一个孩子,却要经历千辛万苦,要有那么多心血和时间的付出,要有那么多的经济投入,眼看着自己和妻子十几年的艰辛付出随着儿子的意外夭折而付诸东流,如今若重新生一个孩子,这就意味着所有的付出、所有的投入要重新来一个轮回,而自己和妻子的生命资源又要在这种轮回中再消耗一次……这一切的一切,想起来是多么的沉重、多么的漫长啊!何况,自己与妻子都已步入中年,妻子已经44岁。何况,她刚刚经历了痛失儿子的劫难,身体、精力和财力,这一切都许可吗?林为忠不能不有所考虑,也不能不有所顾虑。

然而生命对谁来说都只有一次,不赶在自己的生育年龄期间补生一个孩子,过了这个年龄,一切都无从谈起,再生一个孩子的愿望更不可能实现——有什么理由不在自己的有生之年夺回自己的损失?有什么理由不满足自己拥有亲生孩子的愿望,从而不给自己的生命留下遗憾?身为女人的刘春华一直被这种愿望纠缠着,而且越纠缠就越发强烈。她将这种强烈的愿望和决心向丈夫袒露了,为了说服丈夫,她还将这种愿望跟住在对门的林为忠的叔叔他们说过。而面对妻子的这种迫切心情,丈夫也不得不认真考虑妻子的这种要求了。

林为忠温和地对妻子说:“这样吧,你得先恢复身体,等精神状态好了,咱们再考虑这件事。实在不行,咱们可以抱养一个孩子。”

妻子执着地说:“我还是希望有自己的孩子。”

丈夫说:“我考虑考虑吧。”

丈夫这么说,并不是缓兵之计,也不是不同意妻子重新生一个孩子的要求。作为男人,他是理性的。作为丈夫,生孩子不是件小事,而是夫妻生活中的一件大事,他不能草率行事。一旦确定,他必须肩负起对妻子和孩子的责任。所以,他首先考虑到的,是必须去找大夫、找专家咨询。毕竟,妻子这么大年龄了。毕竟,她刚刚经历痛失儿子的情感劫难。她的这个年龄,她的这种身体状况,到底能不能生孩子,适不适合生孩子,影响不影响孩子将来的智力和发育,这一切他都必须慎重考虑。

实际上,对于他们这对夫妻来说,许许多多的实际问题已经摆在他们的面前。从身体的角度讲,林为忠的寿命已经超越当初某医生“至多只能活到40岁”的预言。虽然他眼下已经42岁,但并不意味他的心脏病已经好了。相反,他的心脏依然不好,而且毕竟已经人到中年,工作等方面都要承受更大的压力。他是学无线电、搞弱电电器工程的,虽然没有上过正式的大学,不是科班出身,但靠着勤奋的自学,他掌握了一技之长。1990年,他从某兵工厂调到国家广播电影电视部(现国家新闻出版广电总局)机要处工作,负责国家大型活动的音响调控和录音工作。这个工作保密性强,服务的对象都是人大常委会副委员长、副总理、政协副主席以上党和国家高层领导人的活动、讲话录音。开始，林为忠主要是从事音响设备的操作控制，后来又掌握了音响设备的设计和维修，成了单位里技术上出类拔萃的调音师。他曾参与过人民大会堂许多大型活动的转播。纪念毛泽东主席100周年诞辰的活动，军乐团点名要林为忠主持音响调控。就在他儿子尚未出事的3个月前，中华人民共和国成立50周年大庆，天安门广场上大型的阅兵仪式，多达两千多人的大型军乐队的音响效果，阅兵指挥部都指名要林为忠负责调音。所以尽管林为忠身体状况一直不好，但靠着顽强的毅力他战胜了自己，又靠着自己的勤奋和努力，使得自己在所从事的工作领域如鱼得水。人到中年的时候，他更渴望建功立业，渴望在自己的有生之年多做些事情。可谁能想到就在这个节骨眼上，他的儿子却没有了，这给他的精神造成了致命的打击，而且给他正如日中天的工作和事业造成了难以挽回的损失。仅仅就中华人民共和国成立50周年大庆而言，他所负责的大型录音活动过后，原本打算抽时间写出总结论文，但由于工作忙而一拖再拖，及至儿子出事之后，他的精神遭受严重创伤，且又忙于处理后事，写论文的事也就不了了之。眼下，随着身体和精神状况的逐渐恢复，他希望能够弥补痛失儿子之后工作上造成的损失，更渴望在有生之年抓紧时间，多干些工作，使自己的事业再上一个台阶。然而，假如妻子重新生一个孩子，自己的精力和时间允许吗？

然而，婚姻便意味着责任。为了精心抚养儿子，十几年来妻子为此牺牲了自己的事业，把她原本的一切都奉献给了家庭，她付出得太多，也牺牲得太多了。作为精神支柱，当妻子赖以寄托的儿子不幸离她而去，而她又强烈地渴望重树精神支柱时，作为丈夫，他能够断然拒绝吗？显然不能。更何况在痛失儿子之后，林为忠自己也不是不渴望能重新有一个自己的孩子。既然妻子渴望重新生一个孩子，自己也喜欢孩子，那么有什么理由不支持妻子的选择呢？

思虑再三，林为忠终于同意了妻子的要求。

他独自一个人来到协和医院，挂了个妇科的专家号，就自己担心的有关问题一一请教了专家。专家说没事，你妻子的这个年龄可以重新生一个孩子。林为忠听罢专家的回答，内心如夏日里掠过的一缕清风，心头忽然间舒坦开来。他重新燃起了生活的希望，当天便揣着那一丝外人不易察觉的喜悦匆匆回家。

他把去协和医院咨询专家的事情原原本本告诉了妻子，并郑重其事地对妻子说："既然专家都说可以再要个孩子，那就这样——我支持你，下决心要。但什么时候要，要看咱们俩的精神状态和身体状况。我的意见是顺其自然，有，咱们好好养育并承担相应的责任；没有，咱们再说。但有一点，你想要孩子，就必须从现在起恢复体质和精神状态。"

丈夫的一番话，让刘春华喜不自禁，一股久违的兴奋在她本已憔悴的脸上荡漾开来。

有了丈夫的支持，刘春华既像吃下了一颗期盼已久的定心丸，又像服下了一粒久违了的兴奋剂，她仿佛是一夜之间变了个人似的来了精神头，从原本病恹恹的萎靡状态一下子变得精神焕发、神采飞扬。尽管她的脸上仍滞留着明显的、刚刚经历情感劫难的憔悴痕迹，但心生希望的她更是明显地掩饰不住脸上对孩子、对新的生活、对未来的强烈向往，那样子就如刚刚经历严寒拷打却傲然挺立的梅花一样，以自己特有的信心和顽强的生命力呼唤春天的来临，向世界证明自己活着的价值。

心中有了目标，生活便有了热情和魅力。刘春华开始一点一滴地调养自己的身体。原本她不想吃东西，吃不下东西，现在强迫自己多吃一点，吃好一点；原本她病恹恹地打不起精神，整天蜗居在家里足不出户，现在她每天在丈夫的陪同下走出户外，呼吸清新的空气，活动活动腰肢，舒展舒展筋骨。

林为忠还时不时带她去检查身体，去各大医院看知名的妇科医生，先看西医再看中医。看西医是因为生第一个儿子后一直戴着节育环，而且一戴就是 15 年，现在决定重新要孩子，就得先把节育环摘了，让她慢慢恢复正常。一段时间之后，丈夫又陪着她到医院全面检查，看身体各方面的指标是否正常。在得到正常的结果之后，他又带着她到广安门医院挂了个著名的妇科专家号，每次仅专家的挂号费就 100 块钱，但为了未来的孩子，他必须舍得花这些钱，请专家给开中药慢慢调理。

如此这般，持之以恒，经过这所有的一系列努力，刘春华的元气慢慢恢复。她的脸色逐渐红润，她的目光、她的笑容也逐渐恢复了早年间那股动人的神韵。丈夫从她的这股神韵中，看到重新生孩子的希望，看到了开始新的生活的信心。

转眼间到了 2001 年 4 月，刘春华在丈夫的陪同下到医院做妊娠检查，尿检结果呈现阳性，也就是说刘春华怀孕了。经过进一步检查，医生说她的身体状况一切正常。这个消息对这对经历坎坷的中年夫妻来说，如久旱之后迎来的一场甘霖，让他们兴奋不已。尤其是盼子心切的刘春华，内心的喜悦更是情不自禁溢于言表。

新生儿带来的新问题

怀孕给刘春华带来的不仅仅是喜悦，同时也给她——还有她的丈夫——带来了一场严峻的、前所未有的挑战。

由于已经是45岁的高龄，也由于怀第一胎的时间与现在间隔长达十七八年，刘春华的子宫已经出现老化甚至退化。所以在她怀孕半年之后，便出现了严重的宫缩——这是早产或自然流产的先兆，而且宫缩的频率还很高。情况不妙，医生告诉她，必须全力保胎，并给她开了大量的保胎药。但光吃药还不行，医生说她还必须长时间躺着，轻易不能行走。夫妻俩一听头都大了，原本兴致盎然的刘春华更是感觉到毛骨悚然。原因显而易见：距离预产期时间还长达4个月，这4个月120多天的时间，难道就只能天天躺在家里吗？医生说，这是最安全的办法了，别无他途。刘春华听罢，不再言语。为了保住孩子，她什么都可以付出，她愿意迎接挑战。

回想起来，那可真是一场异常艰苦卓绝的抗争啊！那长达120多个的日日夜夜，原本应该增加户外活动的孕妇刘春华，却不得不足不出户，日日夜夜都龟缩在屋里，日日夜夜都躺在床上。吃饭、喝水她都只能在床前，半躺在床上请别人侍候。就连上厕所，她也只能瞅准宫缩的间隙，钻空让别人扶着，亦步亦趋、小心翼翼地前去方便。这种情形，使得他们不得不去家政服务公司请来保姆，日夜陪伴，专职侍候。即便如此，狭窄的空间，单调的生活，仍然让刘春华感觉寂寞难耐，异常难受。

好在她的内心深处，有一种强烈的信念支撑着她，有一种憧憬让她时常感觉到激情的涌动，有一种向往让她时常感觉到心潮澎湃，有一种冲动让她感觉到生命的价值和生活的意义——那就是为了即将出生的孩子。

正是内心的这种感觉、这种激情，使得刘春华眼前的生活境界豁然开朗。她的眼前再也不是狭窄的空间、单调的鲜花，而是蓝天白云、绿水青山、鸟语花香，是草原，是大海，是蓝天，是美好的生活，是阳光明媚的春天……

正是这种良好的内心感觉，刘春华的精神状态一直保持得不错。她战胜了寂寞，战胜了自我，以惊人的毅力支撑自己，安全地度过了那艰苦卓绝的120多个日日夜夜。

2001年12月27日，在差两天就是第一个儿子不幸夭折整两周年的这个日子，林为忠和刘春华这对中年夫妇历尽千辛万苦，终于生下了自己的第二个孩子，依然是个儿子。预产期本来是12月25日，结果推迟了两天。

新生儿虽然出生了，但降生的过程也历尽艰难。

为防止出意外，生孩子时他们选择在离家不远的人民医院。那时候，经历过4个月保胎期的刘春华体质已经十分虚弱，她已经无力自然生产，只能剖腹产。在医生的全力护理下，孩子总算生下来了，体重六斤半，身体各方面的情况还算正常。

第二天，儿科大夫却发现孩子吃母乳时很费劲，裹不了奶，老哭。后来儿科专家来了，发现婴儿嘴上的软腭是裂的。正常情况，软腭与鼻腔之间应该是隔着的，可这孩子不是，裹奶的时候漏风，力量不够，效率低下。正常的婴儿，吃奶可能一口是5毫升，而这孩子吃一口可能只有1毫升。孩子饿了却吃不了奶，所以老哭。

再进一步检查，又发现这孩子眼肌无力，有一只眼睛睁开时总是很费劲，而且心脏也不好，有心房间隔缺损。

那天检查时，林为忠并没有在场，大夫也没敢直接告诉孩子的母亲刘春华。大夫打电话让林为忠赶紧到医院来，将检查结果告诉了他。大夫进一步帮助他分析，说你爱人可能是怀孕八至十周时受到不良的影响，什么原因还尚待研究。但据说，哪怕是从睡梦中惊醒，或者不经意间遭受到一点点的恐吓，都有可能对孩子造成不良的影响。当然，也不排除有遗传的影响。但更主要的原因，可能是长时间不生孩子的高龄怀孕所致。与年轻孕妇相比，高龄孕妇由于体质和身体机能等各方面的差距，尤其是长时间不生孩子的高龄孕妇，往往会在一定程度上影响胎儿的正常发育。从肌体上来说，以前的母亲一直生，时间间隔不长，因为有连续性，一般都不会有问题，一直到五十几岁都可以顺利生子。但像刘春华这种情况，已经间隔十七八年，已经过了生育的旺盛期，胎盘都已经老化……

对于孩子出现的这些情况，儿科主任告诫林为忠："不要跟你爱人说，月子里的女人最忌讳受刺激。"而事实上，儿科主任的这种告诫对林为忠来说纯属多余，因为他是一个理智的、成熟的男人，除了妻子目力所及之外，他当然不会将孩子全部的健康情况告诉产后仍体弱的妻子。

对于儿科大夫说的这些情况，林为忠似乎已经有思想准备，他显得比较冷静。由于自己的身体原因，他对这一切有一些基本的了解和判断。一般来说，软腭不好的孩子多半心脏也不好。他对儿科主任说："孩子既然生下来了，怎么着我都得养，你说什么我都能够接受。我跟我爱人确定生这个孩子的时候就已认定，只要是我们俩的孩子，哪怕是残疾、失聪，我们都得承受，都得想办法全力把他养大。"

出月子之后，林为忠带着妻子和新生儿回到了家里。妻子对新生的孩子充满怜爱，她叫他小名乖乖，给他起名林冬冉，其中有两层含义：冬天里出生的，冬冉即冬天过去、希望升起；孩子属蛇，冬冉的"冉"取于蟒蚺的"蚺"，林冬冉就是冬天里降生的蛇，而且是一条充满灵性、像巨龙一般期待腾飞的蛇。

新生儿同样给林为忠带来了久违的快乐，林为忠也像妻子那样喜欢自己的这个孩子。只要一回到家里，他就迫不及待地来到孩子跟前，逗他哄他，亲他抱他，其乐融融。

面对嗷嗷待哺的儿子，他也再一次感受到作为父亲肩上的重任。他在考虑如何将孩子的健康情况告诉妻子。也许是为了给妻子打"预防针"，让她对眼前的这个新生儿的健康状况有些思想准备，所以他不断地鼓励妻子："既然已经生下来了，他就是我们的孩子，我们要全力抚养、精心护理，不能给乖乖带来任何不利的影响。"

林为忠对孩子的爱不仅停留在口头，还很快付诸行动。价格高昂、月薪高达2000元的月嫂，一般人都请不起或不敢请，请了一般也只请一个月，林为忠却一请两个月。绝不是因为林为忠比别人有钱——他在单位的月薪只有2000多块钱，妻子的月薪则仅有1000多元——而是因为他们的这个新生儿健康情况并不正常，而妻子体质又过于虚弱，恢复得慢，护理孩子力不从心的缘故。仅就喂养孩子而言，由于孩子软腭裂的原因，吃不了母乳，必须冲进口奶粉。即使如此，正常的孩子可能15分钟能够喂完，可这孩子却需要喂上一个小时。这样一来累还不说，冲好了的奶粉喂着喂着一会儿就凉了，又得重新热一下再接着喂，反复几次。而妻子刘春华由于体质虚弱、手臂无力，孩子抱一会儿手就酸得不行，抱不住……如此的种种情况，不请月嫂显然是不行的。

不但请了月嫂，第二个月的时候林为忠还请来了保姆。因为月嫂只管孩子的护理，不管做家务。而买菜、做饭、搞卫生，尤其是给婴儿洗尿布屎布等脏活累活，仅靠林为忠一个人显然也是不行的。即便如此，忙于上班的林为忠每天人虽然在单位，心却时常牵挂着家里的妻儿，一旦下班就急匆匆赶到市场采购，回到家里又忙里忙外地干家务。以至于他对同事自嘲说："我家里请了一个半保姆。"那半个保姆，指的就是他自己。

补生的代价到底有多大

我大概是在2002年4月份夏天到来之前采访到林为忠的。在此，我要特别感谢向我引荐、帮助我联系到林为忠的全国政协提案处的处长李蓉女士。由于工作关系，李蓉与林为忠认识并且比较熟悉，而我多年前住在北京三里屯的时候与李蓉又是邻居。

那一天，吃过午饭，我骑着车从自己单位所在的和平门来到位于西城区太平桥街的全国政协大楼，在李蓉宽敞明亮的办公室见到为了孩子而历尽坎坷和艰辛的林为忠。

时值中午的休息时间，灿烂的阳光透过窗户，将明媚的春光带到了屋里，使那间本已明亮的办公室温暖舒适，春光融融。

这是一个皮肤白净的中年男子，宽厚的脸已不乏皱纹，却依然饱满且充满光泽，一看便知道是从事非体力劳动、善于自我保养的知识阶层。只是他茂密的头发上黑白相间的发丝，看上去很不协调，那已经不容易数清的白发会让人不由自主地联想到他人生路上那刚刚经历过的沧桑。

因为事先我已经将见面的意图传真，由李蓉女士转交给了他，所以没寒暄几句，我们就进入正题。他坐在沙发上，面对透窗而进的和暖阳光，眯眼蹙眉，用一种缓慢、低沉的音调，将我和在场的李蓉带回他刚刚走过的那些沧桑岁月。

他讲他的少年时代、青年时代，讲他如何在工作中与刘春华相识、相爱并顶着各方面的压力结为夫妻。讲他大儿子生前的学习、兴趣和爱好，描述大儿子生前的言谈举止和音容笑貌。接着，他按照我的询问，讲了他大儿子出车祸时的详情以及善后处理的详细过程。再接着，他又讲了他与妻子如何商定要生第二个孩子，怀第二个孩子的孕育过程和生育过程以及生育之后所经历的种种艰辛……他讲这些的时候，情绪低落，表情凝重，而声音一直很低沉。他那白净宽厚的脸庞上，没有和风丽日，只有黑云压城般的那种沉郁，让人感觉人生的艰难与沉重。讲到伤心处，他停下来，竭力控制自己那已经哽咽的声音，待自己的情绪缓缓平静下来，再接着讲。

对于他重新得到的第二个儿子，我向他表示祝贺，并用我已经采访过的那些不幸家庭与其相比，告诉他："相比之下，你和你妻子很幸运，因为虽然也历尽艰辛，但毕竟又有了自己的孩子。"

面对我的安慰，他说了声"谢谢"，却没有半点的喜形于色，相反是一声长长的叹息，那样子如同刚刚完成了马拉松式的一次长跑。

林为忠向我细数起他第二个孩子的成本：

"从一开始怀他时一次次咨询、检查、调理，光到右安门医院看专家，每次光挂号费就得 100 元；吃中药，一个礼拜开一次，再有别人介绍的名医、专家，也都去看过，去的这些医院都不是单位的合同医院，所有医药费都得自理，到底花了多少我都数不清了。而且与生第一个孩子比，现在的各种费用都比以前高得多。就说配方奶粉吧，我现在的这个孩子吃不了母乳，只能给买配方奶粉。可配方奶粉价格又高，我还没敢买桶装进口的，只买国产袋装的，一袋也得 28 元，吃 3 天，每个月就得花近 300 块，还不算别的。

"我们俩的收入都不高。她现在所在单位是我们部机关直属的幼儿园，经济上属于独立核算单位，她又不上班，一个月也就能拿 1000 来块钱。我呢，在机关里搞技术，不当官，满打满算每月也就是 2000 多块钱。那天我算了一下：一袋奶粉吃 3 天，每月就得近 300 块；请一个保姆，管吃管住还得给她500块。水电费也高，因为有孩子，我们用得比别人都多，物业对我们都有意见了，尤其是电用得多。我说是啊，电热水器老得开着，因为孩子随时都得洗呀涮呀的；空调也老得开着，尤其是冬天没来暖气或暖气不足的时候。

“经济上的就不说了，重要的是我们俩都这么大年龄，养这么一个孩子，身体和精力远不如从前。现在的这种付出、这种代价，都是年轻时所不能比的。”

要不是第一个儿子出事，他们当然不会再有这种艰辛的付出——这一点，林为忠自己没说出来，我却立即意识到了。我知道他们现在的这种付出完全是出于一种无奈，而无奈的付出，其代价自然更高。

林为忠说：“好在我爱人现在的心情不错。但为了孩子，她确实又付出、牺牲得太多。她半年的产假眼看就要到了，我已经跟他们幼儿园的领导提出申请，要求让她提前退休。因为有了这个孩子，上班比在家里累，她是个工作很认真的人，可人在单位心在家里也干不了什么活。对于提前退休，她也能够接受，因为一切都为了孩子。我跟她说咱们的乖乖交给保姆不放心，因为孩子软腭裂，喂东西怕呛，要是呛到肺里容易得肺炎、发烧，所以得当心、精心点儿，我又比较忙，所以为了孩子得有一个人牺牲自己的事业。这些我爱人都明白，也能够接受。”

林为忠说他有一个同事因为孩子的腿要做手术，情绪低落，他就劝那位同事：“我的打击比你大得多，且不说我那个已经失去的大儿子，就是我们现在的这个小儿子乖乖身体也不好，5月份还得去阜外医院检查他的心脏到底什么时候能做手术；另一个手术是软腭裂的修补，一两岁会说话前得把修补手术做了，否则将来影响发音；再一个手术就是眼睛的肌无力。所以，我起码得面临孩子的3次手术，3次签字。谁都知道手术都不是万无一失的，尤其是婴儿，麻醉有可能醒不过来，输血有可能感染。这些你都没办法，可你也只能相信医学，你将孩子交给医生，要是赶上有什么不测，手术失败了，也只能算你倒霉。可你不做手术，也不行。毕竟现在绝大多数夫妇只有一个孩子，你必须全力抚养他，因为你输不起，你别无选择。”

林为忠说，他大儿子6岁的时候，他爱人曾跟他开玩笑：“咱们再要一个孩子吧？”他也笑着响应：“那是不是要个女孩呀？”爱人只是会心一笑，不再言语。虽然这只是夫妻间一次不经意的玩笑，却反映了夫妻俩当时的真实心态：儿子已经6岁，相隔6年，时间很合适，要能让生第二个孩子，那该有多好！现在想来，如果那时候生第二胎，他们现在也不至于碰上这么多问题，受这么多的累啊！但这只能是一种假设。虽然他们心里都想要，但毕竟政策不容许呀！

围绕只有一个孩子的问题，林为忠的话题很快落到当今都市人的生活压力上。

林为忠扳着手指，又列举起独生子女带来的诸多问题：

“因为只有一个孩子，你只能把所有希望，尤其是考上大学的希望全都寄托在自己这唯一的孩子身上。为什么大家挤破头都想奔大学去呢？社会竞争逼的呀！平常我们都说农民最苦，没什么保障。其实城市里也一样，你说有什么保障？过去供应口粮，有各种定额的供应票，现在有啥？过去没考上大学也有出路，国家给安排工作，现在有吗？现在考不上大学几乎没有出路，因为招聘的工作多数都要求大学本科以上的文凭，家长只能逼自己唯一的孩子上大学。所以从小学到中学再到大学都抢着上好学校，赞助费少则一两万元，多则八万十万。我儿子中考差两分可以上市重点，但儿子对我说：‘爸，咱不花钱，咱上二类学校也行。我不会花这个钱的，考上什么上什么。’我儿子在小学一直是课代表，到初中时入团、当班干部。到高中也是班干部，是团支部书记，老师都很喜欢他。高一时他还交了入党申请书，参加过市里的团支部书记培训班。他属于比较懂事、心态比较乐观的孩子。但有些孩子可不是这样，因为父母给他们的压力太大，可孩子压力越大，逆反心理就越强；孩子的成长没有宽松环境，就可能出现畸形心理，出现承受不了的心理变态、自杀或杀父母等等。过去有这种情况吗？没有。每对父母都有两三个孩子，将来孩子干什么、有没有出息，父母一般不急，可以把尺子放宽，不会把所有精力、要求全放到一个孩子身上。东方不亮西方亮，反正几个孩子总会有一两个能成气候。这种宽松的家庭教育环境，孩子反而学习更自觉。这让我受到启发，虽然只有一个孩子，我也不逼他，顺其自然。所以孩子的老师有时说我，你这个家长真怪，你没有鼓励孩子做什么事都要拔尖，我说我比较放任，他反而也比较自觉。以前我们俩天天督促他，后来老师叫家长签字，可他做没做完作业我都签。我对老师说我的孩子很诚实，做完没做完作业都给我说了。但做完没做完是他自己的事，我签字是因为他的诚实。老师说，那你不检查他做得对不对？我说，他抄我都不管，我就是这样惯着他。你没看现在的孩子报这个班那个班，大都是家长逼的。开始时我也一样，我给他报了个英语班，可孩子喜欢的是数学，我就顺着他的兴趣，给他报了个奥林匹克数学班。孩子后来的学习很自觉，我们都用不着怎么操心。

“现在的孩子为什么早恋？许多人都说是因为现在的孩子早熟，从电视剧和电影里学的，可我不完全这么看。依我看，有一个原因一直被忽视，那就是现在的独生子女在家里压力大，与家长没有沟通甚至内心有对立，家里又没有其他兄弟姐妹，怎么办？他们只有到外面找同学，找朋友。因为年龄、心理相近，又有共同语言，孩子与孩子之间能得到最好的沟通，甚至能从异性朋友那里找到一点儿母爱或父爱，找到爱抚。你说，他们懂什么恋爱？教育其实是个大工厂，它跟家庭、学校乃至整个社会都有关系。学历至上，是社会大环境造成的，所以家长一味逼着孩子考大学，省吃俭用也要挤出钱来上高价学校。孩子在学校一切都是为了考试，为了升学，而家长也围着孩子的这一切转，千方百计地侍候他，长此以往，孩子将来到社会上的实际工作能力又如何呢？依我说，这也是只有一个孩子才会这样。

“独生子女还促进了高消费。举个例子，两个孩子时的消费、浪费程度反而不会那么大，比如衣服，老大穿完可以让老二穿；吃饭至多是添双筷添个碗，饭菜增加不了多少，孩子还不至于挑食。只有一个孩子，穿衣吃饭你可能都得惯着他，他的健康上你不敢有任何闪失，视若宝贝。我那孩子出事之后，影响可大了。我们住的那栋楼，所有孩子以及有孩子上学的家庭，家长都如临大敌，原本单独骑车上学的，家长再也不让了，再忙也要亲自接送孩子上学放学。这是没办法的事，谁敢拿孩子的生命当儿戏啊？”

对于国家现行的计划生育政策，林为忠表示支持和理解，但他又说：“应该适当放宽高素质的人的生育权。即使放宽，撑死了他也只生两个，多了养育不起，因为投资太多。可现在是倒着来，城市的控制死了，农村的许多地方却还是控制不住。我老家那边的农村，生得多的三四胎都有，超生怎么办呢？变通，民政部门办个手续，算你们抱养了一个孩子，给他们交点钱，其他环节都交点钱，最终都能办到户口。当地计划生育部门也愿意这么处理，因为这样做计划生育率并未超高，还能收到钱。所以我说，这样下去不行，应该严格限制农村非法生育，同时建议国家为了提高人口的总体素质，生一胎还是生二胎也来个优胜劣汰。”

谁能感知生命中真正的疼痛与危机

林为忠与妻子痛失儿子，历尽艰辛又抢在妻子的生育年龄结束之前重新生下了自己的儿子，相比于我以前采访的不幸家庭，他们确实是幸运的。

但经历了太多艰难与磨难的林为忠，并未在我的面前显露出丝毫的轻松，相反，此刻他的沉静与冷峻、伤感与无奈，让我强烈地感受到人生的沧桑与无助、生命的苍凉与悲壮。

林为忠向我讲述了痛失儿子之后，生活中和心灵深处那难以抚平的创伤。

他和妻子在这个社会中都有同事、朋友、同学，更有血缘关系的兄弟姐妹和各种近亲远亲，每每与人家见面，对方出于关心和同情，都要询问几句、安慰几句，每每却都会勾起他们的伤感和对那已经一去不返的好儿子的无限思念。

即使是夫妻俩单独相处的时候，那已经永远失去的儿子其实也仍然永久地装在他们的心上。逢年过节，他们忘不了他。他的生日，他们也无法忘记。随着时间的渐渐推移，同事也开始注意到这个问题，一般都不会提了。

林为忠接着向我讲起儿子后事的处理情况，声音仍然低沉、缓慢。

“孩子去世后，骨灰搁八宝山了。但有年限问题，只放 3 年，3 年以后按要求必须找地方安放。我跟爱人商量以后怎么处理。我说现在咱们有乖乖，你要集中精力全心抚养他，不要老去想大儿子。不是说咱们不在乎大儿子，绝不是，小宝是咱们永远美好的记忆，但现在先不要去分心想得太多，抚养乖乖要紧。每年清明节或节假日，咱们有时间去扫扫墓、看看他。我说我想他了，自己会抽时间去，跟他说……说点儿心里话……”说到这儿，林为忠再也无法抑制自己的情感，禁不住哽咽起来，泪水也夺眶而出。

沉默。我将脸转向一直旁听的李蓉，发现这位全国政协提案处处长也正哽咽着，不时用手抹着眼泪。

林为忠此时掏出手绢，擦着泪。自打我对他的采访开始，他一直竭力地控制着自己的情绪，而现在，他内心深处情感的波涛显然已经难以抑制。

“……男同志啊，有时话压在心底里太久了也不行。有时礼拜六，我一个人外出，对我爱人撒个谎，说是单位加班，出了家门却独自坐车去八宝山看小宝……”他又哽咽起来，讲不下去，待强制自己平静下来，才继续说，“所以呢，我说我们现在身体还行，每年都还能抽出时间去看他，想看就去看，一般是他的生日、清明或是天气好的时候。刚开始的时候，去得比较多，第二年少些。她去的时候我也去，我一个人去的时候她不知道。我不让她知道，是希望她身体好，不分心，全力抚养乖乖。我的目的是倾心照顾她，让她精神愉快，其他的事，我自己承受。开始处理车祸时，我也是这样。包括法医鉴定完了，给孩子整整容，我都没沾边，全权委托我哥和我妹妹。我陪着我爱人，没让她去，坚决不让她去——为什么？我说咱们把宝宝美好的印象留在脑海……所以，儿子至今在我的脑子里就是他那天早上离家前同我打招呼的那个形象，留在我爱人脑海中的也是那天早上离家上学的形象……”

对于儿子骨灰的安放，林为忠也经历了艰难的选择和情感的折磨。

夫妻俩每次去八宝山看望儿子，都得尽可能不让双方的老人知道，否则老人会触景生情。毕竟是白发人记挂早逝的黑发人，想起来都会令人伤心，唏嘘感慨啊！每次看望儿子之前，夫妻俩都要到专门卖祭品的商店去买些祭品，每一次，卖主都要无一例外地热情推荐：“去看老人，买些寿桃吧！”这种招徕，虽是无意，却字字如针，针针扎在夫妻俩的心上，令他们阵阵颤痛，令他们伤心难抑。

夫妻俩考虑再三，觉得处理骨灰的最佳方式还是撒海。怎么办理，林为忠都打听好了：目前北京市每年春秋各有1次，费用是每去1人380元。

为什么要选择撒海的方式呢？

林为忠说："这样以后我们在家里悼念他就可以了，这跟到具体的某一个地方去悼念不一样。比如我母亲，每年清明节我都要去一次，但那是老人，心情不一样；悼念儿子，那种悲痛让人受不了。而且，随着我岁数的逐年增加，加上我本身的心脏病，我也越来越有些受不了。每去一次回来，我的心脏、我的心情、我的体力，都得缓和好几天才能恢复。每次去，我想得都很多，包括我自身的生命……"他的伤心又一次阻止他说下去。但看得出，他在考虑自己一旦不在人世，包括他的妻子百年之后，到那时候，如果儿子还是安放在固定的某一个地方，还会有谁再去看望他呢？儿子毕竟没有后续的生命啊……想到这里，我的眼前不由自主地浮现出凄风苦雨、孤冢枯树的惨景，一种生命的无助和悲怆感瞬间攫住我的心头。

是的，生活是那么的美好。而在追求美好的过程中，每一个生命又是那样无一例外地充满了艰辛与磨难。尤其是面对疾病、面对突如其来的天灾人祸之时，生命是那样的渺小，那样的孤立无助。

但经历了诸多磨难的林为忠，此刻在我的面前似乎已经少了一些悲伤，多了几分沧桑与从容。面对生活和磨难，他感慨道："我之所以同意接受你的采访，是希望这事对你写作有用，能为你提供一点素材。我想，每个人有每个人的心理历程，我经历过磨难，我希望我的处理方式能给别人带来一些启发、警示或者帮助。说实在的，人都是高级动物，许多东西都是后天学的，包括遇到打击之后你的应对方法。不同的人采取的方法不同，各有利弊。还有，每一个人所处的环境也不一样，如何对待打击，采取的方式当然也不一样。旧的困难克服了，新的问题可能又来了。只有生命终结了，你闭上眼睛了，你才会有安稳的时候。只要你活一天，几乎任何一天都会有新的事来打扰你……"

我发现林为忠说这番话的时候，心情已经趋于平静，脸上真的是饱经沧桑之后的那种从容。他甚至还告诉我："我不希望将我的经历写得那么悲伤，相反，我希望人们通过我的经历，能从容地面对生活和生命随时都可能出现的磨难，要多几分信心，多几分坚强。"

这当然是林为忠对世人的美好愿望和善良之言。

但世间的许多事情，毕竟不是以人的主观意志为转移的。尤其是面对灾难，生命中的危机、脆弱和疼痛，到底有多少人能够坚强、从容地应对与承受呢？

我再一次审视眼前这位从磨难中走过来的、如今已满头白发的中年男子。

林为忠说，自己现在的满头白发，大都是孩子出事之后出现的。这些白发，似乎是在刻意记载刚刚经历过的那些磨难。他自我总结、同时又感慨道："唉，人这一生啊，坎坷真是太多了！有时你真的是感觉自己快过不去了。生活往往是那样的无助，别人只能从侧面帮一点儿，但主要的你只能靠自己解决。"

我又一次安慰他："你是不幸中的幸运者。我采访过的家庭中有的与你们夫妻俩的年龄相当，痛失孩子之后，他们也渴望能重新生一个孩子，遗憾的是已经生不了了。”

林为忠说：“这事只能顺其自然。我跟爱人说过，实在咱们要生不了，就想办法搞个试管婴儿，费用当然很高，得两万八千元。不管是试管婴儿还是用药物调理之后正常的生育，都应该有各种思想准备，就像我现在的这个孩子，出现这些问题以前完全没有想到。所以，孩子刚怀上时，我就考虑出生时要留脐带血，以备将来孩子万一身体不好时所需，孩子将来要没有什么事，脐带血也可以贡献。比如患白血病，治疗的最好办法是干细胞移植，而非血缘关系干细胞的合适配型概率只有十万分之一。脐带血中含有大量的干细胞，我的理解是留脐带血等于留了另一把生命的钥匙。这样生命就有了两把钥匙，万一其中的一把丢了，另一把还可以用上，生命还可以继续。留脐带血时，我找的是人民医院，他们在亦庄有一个内部血库。因为我爱人身体弱，只留了70毫升，正常应该是留100至120毫升，检查合格才能留，每年需要给医院缴纳500元的脐带血保存费。在我留脐带血之前，有人劝我说给孩子买保险，我说保险除了经济上的补偿外，其他无济于事。”

林为忠想到留住孩子的脐带血，这让我感到很惊讶，觉得他很敏锐，思想很超前。因为那一阵子，我刚刚组织了一篇关于这方面的报告文学，题为《中国呼唤建立大规模的生命银行—— 一个为挽救千百万鲜活生命的艰难传奇》，讲的是中国目前千百万白血病患者由于国内干细胞严重匮缺所面临的治疗危机，呼唤中国建立大规模的干细胞血库。这篇报告文学，我正打算在我主编的《北京文学》杂志2002年第6期上发表。由于组织这篇报告文学，我对干细胞和脐带血的重要性刚刚有了了解,而孩子出生时在医院的帮助下贮存脐带血,这种意识当时在全国来说还是很超前的,付诸实施的人在全国还很少很少。显然,他的这种意识是在痛失孩子之后才有的,他已经深刻体会到生命的脆弱和随时深藏着的巨大危机。他先于常人捕捉到了应对危机的方法,在了解了这方面的知识之后,果断留下了新生儿的脐带血——尽管保存脐带血每年要付出500元的费用,但我认为非常值得,我为他的这个明智决策感到欣慰。

然而,对于中国目前的绝大多数人来说,在他们的生命和生活没有遭受病魔和天灾人祸侵袭的时候,在他们仍然尽情地、毫无危机感地享受着健康和平安带来的快乐时,他们当中有多少人会真正居安思危?又有多少人会懂得在自己的孩子出生之时千方百计地留下生命的另一把钥匙?

世间的许多事情,偏偏是不以人的意志为转移的,“亡羊”之后也并非都可以“补牢”,比如生命的毁灭。

而像我等已身为人父之辈,在按政策规定只能生一个孩子的我们这个时代,即使没有经历生命的磨难但已经从别人那里知道保存孩子的脐带血、留下生命的另一把钥匙的重要性时,却已经失去机会了——这对于我们来说真是异常残酷!然而,我们除了徒叹无奈,除了感叹生不逢时,我们还能做何选择呢?唯一的选择,恐怕只能祈求上苍的保佑,让我们这些无辜的生命多一些平安吧!除此之外,我们几乎孤立无助,我们真的别无选择!

对于我面前不幸之中又比较幸运的林为忠,我依然要发自内心地为他、他的妻子、他的新生儿林冬冉致以深深的祝福。我对他说："你能够走到今天，真的很不容易，我发自内心地祝福你和你的家人，从此平平安安、快快乐乐……"

林为忠打断我的话说："谢谢你，这都只是吉利话。其实，生命中的状态与祸福，绝不是以人的主观意志为转移的。对于命运，我迷信，但也不迷信。我十几年前出差去无锡，对方单位是搞半导体的，他们的一个总工程师负责接待我。这位总工认得一个算命先生，闲谈中，他让那个算命先生给我算了一卦。那个算命先生说我这一生有几个坎，现在回过头来看，他说得有些对。他说我生命中有 3 个孩子，没有女孩，寿命活不过 78 岁，这当然还难以完全证实。但另一些地方他说对了，比如他说我 32 岁时要失去一个亲人，而我的确失去了母亲；再后面是我孩子，但我绝没有想到失去的是他——我那都已经 16 岁的儿子；再后来我又失去了岳父……"

人在遭受失意和挫折的时候，往往会或多或少地追溯到命、相信命甚至认命，看得出，经历过磨难的林为忠此时也有些相信命了。只不过，他是用经历和已经发生的事实来印证那位算命先生的推断。

痛失外孙的打击，夺走了姥爷的生命，剩下姥姥孤身一人，今年她已经 83 岁高龄了，不得已与一位远房外甥一块儿生活，让他帮助照应，以保证老人正常的饮食起居。林为忠说："我们也常常去看她，有时老人也过来。自从有了乖乖，双方老人心情也都好多了，毕竟生命中又有了新的希望。但现在我们活得累啊！自从新的孩子降生，我们在孩子身上的劳累又得开始一个新的轮回。所以，现在我们把自己的身体看得非常重要，不为别的，主要是为抚养孩子。要是小宝在，我即使倒下了也有人接班。所以我有时候跟我爱人说，咱们要都走了，那天可就塌下了！为什么？我说，如果我走了，你孤儿寡母；如果是你走了，我一个人带孩子也承受不了。所以，为了乖乖，我们俩要相依为命……”看得出来，林为忠现在的生命危机感很强，而且已经深深地扎根于心灵深处。尽管重新获得了孩子，却时刻关心着孩子和家庭的安危和未来。

我关切地问：“你的心脏现在怎么样？”

林为忠抿了抿嘴，摇了摇头：“嗨，维持。心脏手术，我小的时候，成功率是3/10，中国外国都一样。现在的成功率比以前高，但我也没有做，主要是考虑做完手术，自己的日常生活能不能适应？这一关你也得过。但没做手术，将来可能心衰，现在只能是自己多注意一些。”

“好在你现在的心态调整得不错。”

“我必须这样。我跟我爱人说，事情发生了，你自己难受，亲人更替你难受，而周围的人是麻木的——开始发生的时候，人家可能有同情心，可你自己老是悲悲戚戚地提不起精神来，人家也就麻木了。”

说到那些痛失独生子女的父母目前所面临的困境，林为忠提出了令人值得注意的设想。他说：“对于此类家庭，我个人觉得应该由政府出面，成立一个基金会，以救济、扶助、抚慰其父母所面临的物质和精神上的困境。因为这些父母响应国家‘只生一个孩子’的号召，做出了牺牲，国家应该对其造成的损失负责任，毕竟只生一个孩子不是他们自己的意愿。”

我问："你的大儿子出事之后，责任方赔偿了多少？处理后事又花了多少？"

林为忠说："交通大队最后判赔8万块钱，这笔钱是按高险种判赔的受害者的赔偿金。后事处理费用，受害方按规定国家也给800块钱。但这点钱怎么够啊？我买个骨灰盒就得1200块钱，还牵涉了那么多精力，光处理后事前后就花了20多天。法医鉴定时，停尸每天费用就得八九十块钱，孩子整容是5000多块……花费不少。当然，这些费用都是对方单位支付的，共花多少钱我也不知道，他们用支票结的账。但我也原谅了对方，没让交通大队给对方单位挂交通严重违规的牌。"

林为忠说的这些，当然只是经济方面的。实际上，类似他这样痛失爱子的父母，精神上造成的损失与创伤到底有多大？当然是难以估量的。何况对于痛失唯一的孩子之后，从此断子绝孙，风烛残年之时却无子女赡养，甚至没有子女看望的人来说，他们所面临的经济上和精神上的所有困境，与独生子女政策不无关系。所以，林为忠关于国家和政府需要救济、扶助、抚慰这一类家庭的父母的建议，显然也不是过分的要求。

第四章　执着的“再生族”，大胆的“二胎族”

人到中年，孩子夭折，苦不堪言。

风烛残年，孤苦无助，想起来谁都不寒而栗。

正因如此，对未来的担忧，对孩子的渴望，自然就愈加强烈，也愈加迫切。也正因如此，一些人做出了选择，做出了抗争。

第八节　执着的“再生族”，可叹的老孕妇

再生，在经历了毁灭性打击和长久而殷切的渴望之下，已不光是重新拥有孩子，拥有新生命，更是重新拥有希望和寄托，拥有未来。再生，在这样的背景之下，已不光是心灵和情感的复苏和回暖，更是灵魂的重生。

“5·12”汶川大地震，6000余个失去孩子的家庭，地震带走的不光是他们的孩子，也是他们后半生的希望和寄托。地震后不久，他们产生强烈的渴望：再生一个孩子，让失去的生命“轮回”到新生命中来。

然而，再生的道路并不平坦。6000余个丧子家庭中，除去少数夫妻尚年轻外，大多已人到中年。他们或因过度悲伤、情绪低落，或因长期节育、身体不适，或因地震受伤、难承重负，或因颠沛奔波、经济压力重等多种因素，再生育过程之路困难重重。尤其是一些高龄孕妇，难孕、流产、死胎等概率远高于其他孕妇，再生之路在她们足下，艰涩、曲折而遥远……

四川女作家贺小晴发表在《北京文学》2013年第6期的报告文学《艰难重生路——汶川地震丧子家庭再生育纪实》为我们做了令人揪心的描述：

蒋洪友的妻子傅广俊说，再生这个孩子，好比另一场磨难。

有一阵子，她已经做好准备，如果再怀不上，或者再度流产，她就和丈夫离婚。

最初的那段时间，她已经看清楚了，没有孩子，他们都活不下去。但“死”一个总比两个人都“死”好。“与其同归于尽，不如牺牲自己，成全丈夫。”这是她震后第一次怀孕流产之后万般无奈时说的。

他们16岁的儿子蒋孟岑在地震中遇难。那时候，傅广俊已经40岁，蒋洪友42岁。再生育对于他们，已是最后一搏。

第一次怀孕似乎不难。那是2009年3月。恶心，犯懒，嗜睡，她有一种角色错乱感。情绪起落大，妊娠反应就加剧，人像在油锅里煎煮。3个月终于熬过，医生的结论却如晴天霹雳：胎儿心跳微弱，发育受损，明确建议做掉。

流产之后，她才真切地意识到，流掉的这个孩子，对于她和丈夫，对于整个家庭，是何等重要。

她的情况也引起了北川计生部门的重视，计生干部们对她进行了仔细而周到的服务，并鼓励她，重新开始养护身心，半年之后，方可再次怀孕。

离婚的念头就是在那时候冒出来的，煎熬着她的心，也让她不惜一切代价，准备第二次怀孕。

她按照医生的嘱咐，吃药调理身体；每天早睡早起，生活有规律；没事就翻志愿者送来的《孕期保健知识》。

苍天有眼。2009年9月，傅广俊再度怀孕了。

那是怎样的一段如履薄冰的日子！

刚怀上，就有流产迹象。于是遵医生嘱咐，头3个月卧床休息，打保胎针，补充各种营养素。整整3个月，傅广俊卧在床上，把自己当成了危险品。丈夫蒋洪友更把她当成了危险品，不敢挪动，不敢触碰。打喷嚏得忍着，吃饭碗也不敢端。板房条件差，是公厕，蒋洪友就把便盆拿到她床前，吃喝拉撒，要她都在床上完成。

最难忘的是4个月时，按医生建议，傅广俊去成都的医院做羊水穿刺检查，以确认胎儿是否正常。

那真是一次生死攸关的判决过程。检查完毕，医生说，半个月内结果出来，如果半个月内你们接到电话，就说明胎儿有问题，必须做掉。反之，没接到电话，则表明一切正常。

半个月里，蒋洪友说，他几乎崩溃。一听到电话响，他立刻跳起来，却不敢接，只盯着电话。半个月终于熬过去，他才回过神来：啊，终于活过来了。

但仍然不敢掉以轻心，必须把风险降到最低。医生说，孕妇前3个月必须卧床。蒋洪友说，傅广俊你必须卧床整个10月怀胎期。

10个月后，他们的女儿顺利诞生，健康而聪明。夫妻俩为她起名蒋雨梧，是从十几个备用名中挑选出来的。傅广俊说好听。蒋洪友不说什么，只看着窗外，眼里是无尽的忧伤和欣慰。梧桐细雨，这名字，很符合他们的心境……

2008年5月至2013年5月，汶川大地震已过去5周年。这5年里，四川地震灾区有再生愿望的6000多个家庭中，已有3500余个家庭实现再生育，有了自己新生的孩子。虽然再生育让他们历尽千辛万苦，有的还是试管婴儿，但他们仍是不幸中的万幸者。而那近一半无法再生育的家庭，他们却永远陷入丧子的悲苦之中，劫难让他们痛切地体味到孩子对人的一生、对一个健康家庭来说，是多么的重要。

正因为孩子的重要，一些曾经丧失独生子女并已经过了生育年龄的母亲，不顾自己的安危，铤而走险拼死也要再生一个孩子。

这使我想起1999年8月31日《北京青年报》转自上海《新民周刊》的一则报道,说的是一位花甲女士"借卵"怀胎的事:

1998年春天的一个早晨,上海市第一妇婴保健医院不孕专科门诊副主任医师杨帆正在上班,一位姓阎的女士突然走了进来,对杨帆说:"我想怀个孩子,不惜任何代价。"说话的声音颤抖而坚决。

面对惊讶不已的医生,阎女士声泪俱下地诉说她的人生遭遇:"我今年57岁,我的事业很成功,不是一般的成功,我和丈夫共创的事业不仅国内有知名度,就是在国外也有很大影响。但我这一生最疼最爱的还是我那唯一的儿子……没想到儿子却突然撒手人寰。我可不管我的想法有多疯狂,我一定要再怀上一个孩子! 求求您了!"

让绝经已经3年的妇女重新怀孕,听起来的确是天方夜谭。体检的结果显示,阎女士全身器官绝大部分功能完好,就是子宫已经萎缩。然后是检查其老伴的精液,没问题。到这个份儿上,临床作风一向严谨的杨帆才将阎女士初定为"受卵者"。杨帆的大胆设想是,在法律手续完备的前提下,向别人"借卵",在试管中和阎女士丈夫的精子结成胚胎,再移植到阎女士的子宫里去,整个手术可称为"赠卵型体外受精"胚胎移植术。但这样的手术,过程十分复杂,因而难度也极大。

首先要治疗阎女士的子宫萎缩,实施"人工模拟正常月经周期",即给予一定的药物,调整其内分泌的变化,让子宫慢慢地重新滋润起来,发育起来,逐渐适应卵子发育的需要。与此同时,杨帆历尽曲折,总算找到了能令受卵者满意的供卵者。

功夫不负苦心人。供卵者肚皮争气，月经后第13天一下子排卵6个。在技术员施祖美、金炜的合作下，杨帆立即将卵子置于准备好的培养液中，然后将阎女士老伴的精液特殊处理后加入含卵子的培养液，再送入阎女士那已经变得软绵而温润的子宫中。

3周后，化验室传来佳音，阎女士妊娠试验阳性！

医院沸腾了。但主治医生杨帆压力更大了，因为9个月的妊娠期对一个快60岁的女人来说的确太长了。为了确保阎女士体内良好的妊娠环境，经验老到的上海市第一妇婴保健院邵老院长使出"绝招"，亲自到上海某药厂制订特殊规格的黄体酮。事后国内有关权威获悉这一招数后连连赞叹：绝了，只有高手才能想到这一招！

在第一妇婴保健院强大的技术力量保障下，阎女士涉过了一道道艰难困苦的湍流，终于保胎成功，经住院数月观察无虞后，返回北方。不久，阎女士顺利产下一名男婴……

——这真是一次艰苦卓绝的妊娠、生产过程，其难度丝毫不亚于二万五千里长征，也是一次堪称世界之最的生子壮举！

这样的事也许只能发生在独生子女政策的年代，理由显而易见：当唯一的孩子惨遭横祸、突然离世的时候，当痛失爱子或爱女的父母强烈地甚至是歇斯底里地渴望失而复得、重新生一个孩子的时候，有什么力量能阻止他们？又会有谁能怀疑他们这种不惜代价的壮举？当然不能，也不会。作为外人，你当然可以怀疑他们如此壮举的必要性，但你无权责怪并阻止他们坚决要延续自己生命的选择。问题是，这样的生子壮举真是令人感慨万千！如果不是仅仅只有一个孩子，如果在痛失一个孩子之后还有另一个孩子存在，那么做父母的所遭受的打击、所经历的情感劫难、所重新付出的代价，是不至于如此沉重，甚至是完全可能避免的。可叹的是，阎女士尽管不惜代价历尽千辛万苦，生下来的仍然不是自己真正的孩子，因为那是别人的卵子！

阎女士为此在经济和精神上究竟付出了多大的代价，报道中并未涉及，但那是可想而知的事情，绝非平常人家能够承担。而且我关心的是：几年过去，阎女士生下的那个孩子后来是否得以健康成长？现在的情况到底是否正常？阎女士为此又付出了多大的代价？所有的这一切，我都渴望知道。可由于客观原因的制约，我现在仍无从知晓。

我只知道，像阎女士这样艰苦卓绝却仍执着地要补生孩子的老龄孕妇，在当今中国并不少见。

在广州，一位年已半百的姓文的女士，同样执着地要在有生之年夺回做母亲的权利。

1999 年夏天，对于文女士全家来讲就像做了一场噩梦。7 月的一个晚上，文女士年仅 20 岁的儿子在一场意外事故中不幸身亡。在儿子去世后的 3 个多月里，文女士天天以泪洗面，“那段日子，我无时不在哭，走进厨房，想起以前为他做早餐我会哭，傍晚有人开门，我一看进来的不是儿子，又哭”。

失去亲人的悲痛，让文女士夜夜失眠。当时只有 47 岁的文女士一下苍老了很多，原本黑亮的短发，第二天白了一片。文女士终日把自己关在家里，除了哭，别的什么事也干不了。她的眼睛因为不断流泪而布满红丝，视力严重下降。在文女士眼中，失去儿子的人生已经残缺不全。

痛苦中的文女士强烈地渴望自己能再生一个孩子，可要命的是文女士已经绝经，无法再次怀孕，生命的不可重复让文女士悲痛苦涩的内心雪上加霜，苦中添苦。

一次偶然的机会，文女士得知有种名叫"试管婴儿"的技术可以帮助绝经妇女重新怀孕。绝望中的文女士看到了希望，她开始一个一个医院地跑，逐个向专家打听试管婴儿的方法和费用。然而，面对已近50岁的文女士，专家们纷纷摇头。有专家警告，像你这样的年纪怀孕异常危险，高龄产妇死在手术台的病例时有发生；也有人劝她，试管婴儿的成功率并非百分之百，加上费用不菲，极有可能花了钱却仍然无法怀孕；更有人讥讽，都什么年纪了，挺着个大肚子难道不怕别人笑话吗？然而，种种的可能、种种的危险都无法动摇文女士要重新再做妈妈的强烈愿望。文女士执着地说："没有了孩子的家只能是一个残缺的家，生命、金钱对于我来讲都已毫无意义。为了那一声'妈妈'，哪怕只有一丝希望，我都愿意尝试，今生还要再做一次妈妈。"

思子心切的她第二年毅然与丈夫做出大胆决定，尝试试管婴儿，重育爱子。

2000年12月，他们夫妻来到广东集爱遗传与不育诊疗中心求治。医生做出的诊断是，由于文女士已经绝经，无法排卵，所以医院首先要帮她重新制造月经周期，接着借用别人捐献的卵子，与文女士丈夫的精子结合后，在试管内培育成胚胎，最后再植入文女士体内。

2002 年 2 月 20 日，经过了一年多的准备和治疗，检验结果显示，文女士终于成功怀孕了，而且还是双胞胎！原本医生准备了 10 多个卵子，以为她这么大年纪，起码要做三四次才行，谁知道一次就行了，还是双胞胎。那天，文女士终于开心地笑了。这是她儿子去世两年来的第一次笑容。医生说，按照常规，手术会在病人体内植入 3 个胚胎，一般人只能存活 1 个，然而连他们都没想到的是，文女士竟然会“连中两个”。

8 月，也就是文女士怀孕 6 个多月后，医生奇怪地发现，文女士怀的是双胞胎，但肚子却比只怀一胎的孕妇还要小，而且孕妇和胎儿都出现了营养不良的症状。

得知实情，在场的医生都感慨不已。原来，文女士一家并不富裕，丈夫已经退休，每月收入只有几百块钱，而文女士自己则一直没有固定工作，靠骑三轮车运货谋生。儿子去世前，她家存了几万块钱，本打算留给儿子结婚用。可是这笔钱后来花在了做试管婴儿上，即使如此，钱还不够，不得已还卖掉了家中一些值钱的物品。正因如此，怀孕后的文女士再也拿不出多余的钱给自己和腹中的宝宝增加营养了。听人说吃番薯能长胎，她如获至宝，因为这东西不值钱，她买得起，于是就天天吃番薯。没钱买孕妇装，她就把丈夫的大号工作服改了穿上。

为了挣钱养宝宝，已经怀着 3 个月身孕的文女士，竟然还瞒着医生偷偷跑去洪德路蹬三轮车运货。文女士的手脚因为怀孕而水肿，蹬起车来特别吃力，广州的夏天又特别炎热，一趟车蹬下来，早已全身湿透。有一回文女士骑着车被路上的石头绊了一下，整个人从车上摔了下来，幸亏只是擦破了点儿皮，没有伤及胎儿。她不敢告诉丈夫和医生，自己偷偷抹了点药就算了。文女士说，蹬一趟车大概赚5块钱，一天下来，可以赚20来块钱。“虽然不多，但能赚多少就多少吧。”为了重新再做妈妈，2002年已经50岁的文女士倾尽所有，为了赚钱养孩子，怀着身孕的她还一直坚持工作。

预产期日益临近，文女士天天倒数着宝宝即将降生的日子。怀上双胞胎，在别的家庭当然是件喜事，但对于文女士呢？两个小生命的降临会给他们本已拮据的生活再增加成倍的负担吗？

对于别人的担心，文女士笑着说：“只要能听到孩子喊‘妈妈’，我什么也不怕……”

是的，生命易逝，人生苦短，谁都不希望留下遗憾。一旦发生不幸，谁都希望抓住机会，将不幸所造成的损失千方百计地夺回来，哪怕只有万分之一的机会。

与文女士一样年已半百却仍执着地走上重新生子之路的高龄孕妇，在全国其他地方其实还有很多。

2001年2月14日《辽宁日报》报道：

2001年2月6日，一对已过不惑之年的夫妇在遭遇中年丧子的沉重打击后，经四川大学华西附二院精心诊治，终于剖腹产下一个可爱的女儿。

1998年，这对夫妇在西藏参军的20岁的独生子不幸因公牺牲，二人痛不欲生。第二年，他们在友人的劝导下慕名来到川大华西附二院求治，希望通过试管婴儿技术生育一个孩子。为其诊治的该院生殖免疫研究室主任李教授对48岁的妻子做了检查后发现，她已绝经两年，卵巢功能衰退，好在尚有排卵，但是伴有盆腔炎症，抗精子抗体功能明显升高，加上她情绪低沉，不利于妊娠。首次努力失败后，李教授不言放弃，继续从心理上给予病人治疗。慢慢地，病人情绪被调整正常并积极配合治疗，终于在接受第二次助孕技术后，于2000年6月妊娠成功。次年2月6日，这位妻子在当地剖腹产下一个重3400克、长50厘米的健康女婴。

2002年7月1日《深圳商报》报道：

昨日，记者从武警深圳医院生殖中心获悉，有“神州试管婴儿之母”之称的北医大教授张丽珠，在该中心坐诊期间，运用试管婴儿技术，使51岁的河北籍秦女士成功妊娠。据悉，这是广东省首例年龄最大妇女怀上试管婴儿。

秦女士今年51岁，河北人，夫妻俩均为高级知识分子，在当地开办了一家外贸公司，生意做得很大。两年前，唯一的儿子在大学四年级因在爱情上受到挫折，在家中服安眠药自杀。中年丧子给这个家庭带来沉重的打击，夫妻俩终日以泪洗面，几乎失去了生活的勇气。后来秦女士了解到试管婴儿技术，再次做母亲的欲望油然而生。尽管两年来她先后去过几家医院，均因年龄大而无结果，但是她一直在等待“幸运之神”的到来。

今年2月份，秦女士同丈夫一起来深圳玩儿。通过报纸了解到，有“神州试管婴儿之母”之称的北医大教授张丽珠在武警深圳医院生殖中心坐诊，她异常惊喜，同丈夫一起慕名找到了张丽珠教授，并诉说了自己中年丧子的遭遇。张教授告诉她像她这个年龄做试管婴儿成功率很低，建议她不要做，但是秦氏夫妇决心很大，最终说服了张教授。通过B超、内分泌等检查，证实秦女士卵巢功能低下，子宫大小形态正常，已停经3个月了，男方检查一切正常，张教授决定为他们试一试。

武警深圳医院生殖中心主任周玉言教授是张丽珠教授的得意弟子，是我国试管婴儿成功率超过40%以上的主要研究人之一。在张丽珠教授的指导下，师徒俩先利用药物对秦女士进行内分泌的调整。经过一段时间治疗，秦女士意想不到地很快恢复了月经。然后拟订了详细的治疗方案，一切都很顺利，终于在3月27日秦女士走进了手术室，进行第一次IVF手术(体外受精胚胎移植)。15天后尿检HCG呈阴性，妊娠失败。夫妻俩心情很沉重，但是他们坚持再次手术，并说：“不管做多少次手术，只要有一线希望，我们都要坚持到底。”周教授被他们的精神感动，于是在5月15日给秦女士做了第二次IVF手术。术后14天尿检HCG呈阳性，6月25日B超检查见一妊娠囊，有胚芽及原始心管搏动，证实成功妊娠一胎，夫妻俩激动得流下了眼泪……

2011年6月9日浙江在线新闻网站报道：

3年前痛失17岁独生子的沈女士，52岁时又鼓足勇气再次做妈妈，在医生的帮助下，她顺利生下一对龙凤胎。3年前的一场车祸，让她的幸福生活瞬间破碎：儿子放学路上发生交通意外，因为伤势严重，送到医院没能抢救过来。中年丧子的痛，一度让她万念俱灰。

“家人鼓励我，再生一个”。这个念头一动，沈女士开始筹划，但自己的“老朋友”早就不正常了，还能再生吗？“我去医院做了检查，医生说我已经进入更年期了，产生正常的卵子非常困难，自己怀孕的机会几乎没有了。”沈女士说。

“但高科技总会创造意外惊喜的”。浙江大学医学院附属妇产科医院生殖内分泌科主任朱依敏给沈女士设计了一条希望之路：培育好内分泌的“土壤”，让接近萎缩的子宫再次萌发生机，生根发芽。

挑战生育难题，沈女士开始接受内分泌调理，果然又正常排卵了。于是，医生选择了两个形态质量最好的，为沈女士做试管婴儿。半个月后，沈女士成功怀孕。之后整个怀孕期，医生小心呵护，沈女士做了多次产前诊断，并没有发现异常，双胞胎出生后评估各项生理指标达到满分！

当然在全国，像上述此类高龄孕妇，还有很多。

面对这一个个执着的“再生族”，面对这一个个义无反顾的老孕妇，我们不得不深深感叹。

实际上，从科学的角度讲，妇科专家并不提倡高龄妇女怀孕。因为高龄妇女妊娠有很多困难，主要有三个方面的原因：一是高龄妇女卵巢功能低下，卵子数量减少，而且质量低下；二是子宫供血不好，受孕能力下降；三是内分泌失常。这些都容易造成流产。还有专家称，高龄孕妇在怀孕和分娩过程中，引发并发症的概率相对增高，对母婴均有不利影响，所以原则上不提倡高龄妇女妊娠。女性卵巢功能随年龄增长而递减，如果得了不孕不育症应及早就医，妇女的最佳生育年龄在35岁前。

妇科专家的提醒是善意的，也是科学的。只是无论从感情上还是道义上讲，我们都没有理由去阻止众多高龄孕妇补生孩子的执着，哪怕我们明知她妊娠的道路会无比艰难，哪怕她未来的孩子即使降生也存在着各种各样的风险。因为只有重新获得孩子，才能修补她们心灵深处的创痛；也只有重新获得孩子，才能使她们当中的绝大多数人将生活的信心重新拾起，将未来的希望之火重新点燃……

就在我写作至此的时候，10年前一则令我难以释怀的电视新闻又冷不丁刺痛着我本已疼痛的心灵。

2002年12月21日中午12时整，北京电视台第三频道《法制进行时》节目中报道了11月某一天的晚上10点20分左右，来自西安的女孩陈静跟另一位女友从某餐馆吃完饭出来，一起打车返回住处，途中女友先下车，陈静打车继续前行，从此失踪。与陈静同一宿舍的一位女友没等到陈静，打陈静手机，响了7声，没人接；再打，关机。第二天，找不到陈静的女友给远在西安的陈静父母打电话。陈静的父亲当即来京，找遍北京的大街小巷都不见陈静的音讯。电视中陈静的父亲面对记者的摄像机泪流满面，痛不欲生，万念俱灰，因为他们夫妻俩只有这么一个孩子。这个他们费尽千辛万苦抚养成人刚刚走出家门、清秀活泼的女孩，却如一滴随处可见的露珠一般，眨眼间便从这个世界上蒸发了，消逝了——有谁能承受如此残酷的打击？

10 年过去了，不知道这位父亲最终找到他那可爱的女儿没有，我一直惦记着，以致后来成了北京电视台《法制进行时》栏目的忠实观众，只要有机会便在每天的中午 12 点准时打开电视寻找这个节目。遗憾的是，至今我并未在这个节目上获悉警方已经破获西安女孩陈静失踪案的消息，这使我那颗悬起来的心久久没能放下来。我既渴望能尽快获得这个消息，同时又异常害怕，因为时间毕竟过去那么久了（这对于陈静的父母来说是多么痛苦的煎熬啊），我内心有一种不祥之兆。从这一点上讲，我又宁愿让这样的一个悬念继续留下去，永远不要揭开那很可能只是让人更绝望的谜底，以便让她那可怜的父母依然心存奢望，心存牵挂……与此同时，我又在想：这个永难揭开的无头案到底要持续多久呢？如果时间永无止境地拖下去，这对不幸的中年父母是否会想到要重新生一个孩子？他们还能生孩子吗？

第九节　都市里的二胎族

“我知道生第二胎是违反政策的，可政策是人为制定的，不可能一成不变，而人的生命只有一次，生命的历程也只有一次，错失了就永远不可能重来。所以，我必须抓住机会生第二胎，我不能让我的孩子没有兄弟姐妹之间的那种手足之情，我也不能将家庭的未来全押在一个孩子身上，那不跟下赌注一样吗？要赌输了谁为我负责？话说回来，二胎足矣，多了我养不起，也不需要。说心里话，我主张国家实行计划生育，但只生一个是计划生育，只生两个就不是计划生育了？当然，现在的政策是这样的，那我就认罚好了。”

——对一个都市二胎母亲的采访实录

王惠：花儿为什么这样红

2002年12月1日，星期天上午。在姹紫嫣红的北京某花卉市场，一个叫“缤纷世界”的花店让我流连忘返：玫瑰、百合、菊花、兰花、郁金香、康乃馨……各色花卉争奇斗艳，令人赏心悦目，心旷神怡。

我来到这里，其意却不在买花或赏花，而是想见到这家花店的主人，一位三十来岁的女老板。我的一位朋友常到这里买花，慢慢地跟她混熟了，知道年轻的女老板是京城里的“二胎族”，生有两个孩子，一男一女。今天我不约而来，想采访她。

这时女老板还不在，两位外地的年轻姑娘正插花浇水，忙得不亦乐乎。我主动跟她们攀谈起来，并直截了当地表示要找她们老板。那位来自河南的小姑娘以为生意来了，二话没说便用花店里的电话机给她们的老板拨电话，朗声说：“大姐，这里有人找您！”按照她“大姐”的意思，河南姑娘让我接过话筒，直接与“大姐”说话。我自报家门，简单地说明了来意，她一下就明白了。因为我那位朋友事先已经跟她打了招呼，说我要采访她有关孩子的事情。她一听满口答应，说“我马上就到”。

10点整，女老板王惠如约而至。她后脑勺留着一根粗大的辫子，圆脸，略胖，肤色白里透红，显然是因为有足够的营养和富足的生活，看上去显得雍容富态。

王惠很开朗，一见面便乐呵呵的，一脸的喜气。不难看出，她是个乐天派。王惠并没有把我领进花店，而是带我到这个大型花卉市场接近门口处的休息室落座，并很快毫无拘束地跟我聊了起来。

1968年出生的王惠是北京人，在北京某大学会计专业毕业后，先是在北京大学下属的一家公司做会计。没多久她就跟着丈夫一同辞职，下海经商。她丈夫毕业于某师范大学物理系，辞职前是海淀区某中学的物理教师。1991年，夫妻俩辞职后成立了自己的公司，开始只做计算机销售，后来又拥有了自己的计算机流水线，组装、生产计算机。他们做得很顺利。当时北京大学的教授月工资顶多也就是500来块钱，万元户在那时已被视为时代的骄子，可那时候他们夫妻俩的存款却已达到几十万元。而且那时候，他们还没有孩子。1994年，他们有了自己的女儿，相隔不到两年之后的1996年4月，他们又生下了第二胎——自己的儿子。

说起自己生下的这第二个孩子，王惠像打开了话匣子，滔滔不绝。

“当时怎么说呢？我们总觉得一个孩子有点少。不过说起来，怀这第二个孩子也真是有点巧。为什么决定要呢？其实我这人命挺好，以前并不是特迷信。还没怀上时，出于好奇，有一次朋友带我一块儿去算命。那算命先生是个瞎子，他问我，你有孩子吗？当时我没有回答他。可他说你可是有喜呀！我说，怎么啦？他说，你今年有喜，有尊龙。我说，什么意思？他说你如果怀孕一定会生儿子。我就笑。他又批我八字。我说，那我要是已经有孩子了呢？他说那你再怀孩子也一定是儿子。我当时就觉得不可能，因为我那时候还没有怀孕，也觉得不可能怀上。那个月我刚来完例假，就去深圳我爱人那里，也仅仅是见了那么一面，又是安全期，所以我不相信会怀上。从庙里出来后，我还跟我朋友说这算命先生是骗钱的，净胡说。可一个月过去了，我该来例假时竟然没有来。我心想不可能呀！又过了好些天，我就跟家住清华的一位朋友一块儿去查，还真是！这一下我有些信那算命先生了。心想就信他一次吧，正好我已有一个女儿，我想再要一个儿子更好。"

话虽然这么说，可一旦确定想留下这个孩子却并不容易，因为这毕竟是第二胎，政策上不允许。家住清华、陪王惠一同去检查的那位朋友同样是怀孕了，她不敢要，很快便做了人工流产手术。可王惠却犯倔了，不知是出于对身上这个刚刚孕育的孩子的特别爱护，抑或是因为执意要印证那位算命先生的预言，反正平时性格温和的王惠这一回固执地想留下这个孩子。她跟丈夫说了这个想法，得到了他的支持。既然怀上了，怕做手术会有问题，丈夫又特别想要一个儿子。夫妻俩一合计，心想养一个也是养，养两个也是养，而且双方老人都可以帮着带。夫妻俩在这个问题上的完全一致，当然是因为已经相对殷实的经济基础，更重要的是他们都已经从原单位辞职，属于自由职业者。于是王惠任凭身上孕育的孩子一天天长大，再一次想当母亲的强烈愿望，一如回春的大地滋润孕育的绿色，使得这位年轻的母亲面色红润、喜悦飞长。

可没多久,王惠脸上的红润和喜色便被来自外界日渐沉重的压力不断驱赶,因为她怀第二胎的事被举报了。

“可能是我去清华医院定期做妊娠检查时说漏了嘴,让医生知道了我怀的是第二胎吧?反正我被举报之后,计划生育办和街道办的人带着派出所的人到处找我,甚至找到我妈那儿去,不定期地突查我家,还通知我们家属楼的楼长注意盯我,只要发现我的身影就跟踪。我爸那时住香格里拉那边,他们找我爸的单位,找党办,找居委会,也找了我们公司的上级挂靠单位和我公司租借办公室的房主,天天找,可他们都找不着我。后来他们就扣了我公公和我婆婆的退休金,还要扣我父母的工资……反正压力挺大的。我又去找那瞎子算了一卦,问他,我的孩子能平安生下来吗?他说没问题,能平安生下来。

“那时候我在离公司不远处的海淀太平沟那边的胡同里租了一套三居室房子,每天都猫在那儿。因为女儿不在身边,周边的人觉得我是北京人,虽然知道我肚子里怀着孩子,但谁都不会认为是第二胎。出于各种压力,公司挂靠单位跟我们脱钩了,做不了生意。我先生一直在外地,北京公司的房子还租着,但做生意签合同是以别人公司的名义在做,原公司的执照也还给了挂靠单位。受计划生育办和街道办的指派,公司办公室的房主也盯了我一个多月。虽然没盯着,但他们一直在找我,比如晚上到我婆婆家敲门,而且一直盯我的第一个孩子。那时我女儿已经上了石油研究院的幼儿园,他们心想我不可能不见女儿吧?”

适逢周日，花卉市场的顾客越来越多，熙来攘往，嘈杂声不绝。我与王惠的谈话时不时被周围的噪声打断。

“当时压力那么大，你和丈夫双方的家庭没做你们的工作吗？”我问。

王惠笑着，继续讲：“我们家没做，他们家也没怎么做。但人家老来做工作，老找我婆婆，据说楼下还用大喇叭广播找她。老人跟我们的想法不一样，他们经历过‘文革’，都比较循规蹈矩。但后来他们也应付下来了，都说这事跟我没关系，是我儿子的事你们去找我儿子吧！他们没办法，就只好扣老人的工资或退休金，每月都扣一点儿。

“开始怀孕时，我也觉得两个孩子挺累的。两个孩子都喂母乳，都喂到一岁。稍大一点儿，家里都有保姆。再到后来，奶奶觉得不放心，只让保姆干家务活，孩子自己带，怕磕了碰了的，将来落下残疾。真的是好在后来有老人帮着带。女儿生下来后是我妈带，儿子生下来时是婆婆帮着带。虽然女儿和儿子是分开住，但关系还挺好，周末见了面都很亲热。儿子还很小、还兜着尿不湿时，我带两个孩子去肯德基吃饭、玩儿，别的孩子欺负我儿子，我女儿冲过去就打人家。但平时他们俩一块儿在家里玩儿，肯定也得打架。那时他们老不在一起，一个在姥姥家，另一个在奶奶家，但上学以后他们俩就住在一起了，都在石油附小上学，现在都挺好的。我天生喜欢孩子。没有孩子时我就喜欢别人的孩子，但跟自己有了孩子以后的那种感觉是完全不一样的，现在是发自内心地爱。”

王惠的女儿叫润君，儿子叫冠林。女儿眼下上小学三年级，儿子上小学一年级。说起现在她的这两个孩子，王惠的眼神和脸上的笑，既显示出难掩的满足，更流露着母亲那无限的爱。

问及有两个孩子的感受，王惠如数家珍：“我的朋友绝大部分只有一个孩子，家庭都以唯一的孩子为中心。我两个孩子，都是中心，也就没了中心。首先是衣服不用多买，女儿不管买多好的衣服，穿不了都可以给她弟弟穿。所以我买衣服一般都买名牌，因为利用率高，不像别人只有一个孩子，老担心买那么好的孩子长得快会浪费。小孩子嘛，男孩穿艳点也无所谓，红的黄的都能穿。再有，两个孩子在一起有伴，不孤独，容易团结协作，相处会比较融洽。”

“不管怎么说，你生二胎毕竟是违反了计划生育政策，后来有关部门对你怎么处理？”

“罚了两万，今年儿子上学之前才上的户口。开始时他们狮子大开口，说罚15万。其实国家规定最高就罚5万，最低是2000块。他们说，你们情节恶劣，该重罚。我说太高了，没理他们，而且孩子上幼儿园又不需要户口。后来我一拖再拖，他们说罚两万吧，这才给上了户口。后来他们也说了，其实我们也想要两个，但政策严，我们不敢要。”

王惠给我看了她保存的她在北京的户口所在地计划生育委员会发给她的《收取超计划生育社会抚育费通知书》及罚款收据。通知书上除了写着王惠和丈夫的姓名、年龄、民族、职业和住址等条目，还清楚地写着这样的文字：

经调查核实，上列当事人原有一个女孩，未经审批，又于1996年4月12日生育一个男孩，属于超计划生育第二个子女，违反了《北京市计划生育条例》第十五条第一款规定。根据《北京市计划生育条例》第三十三条第一款、《北京市违反〈计划生育条例〉限制与处罚办法》第四条第一款第二项之规定，对上列当事人给予收取超计划生育社会抚育费两万元的决定，限2002年9月14日前缴纳。

被收费人应当履行本决定。若对本决定不服，可在收到本通知书之日起60日内向北京市计划生育委员会申请复议。逾期不申请复议，又不履行本决定的，我机关将申请人民法院强制执行。

区计划生育委员会

二〇〇二年八月三十日

我问王惠："明知是违反规定，怀孕时又面对那么多的压力，除了你天生喜欢孩子，还有什么更深层次的原因促使你那么固执地非要生下第二个孩子呢？"

王惠脸上的笑容忽然间消失了，像被花卉市场大门外吹来的一阵寒风刮走了。她沉思片刻，没有直接回答我的问题，而是讲起她的一段经历："1994年年底，克拉玛依大火时我在新疆分公司，亲眼目睹了那场大火带来的灾难。我至今仍清楚地记得，那场大火死了288个孩子，全部是生龙活虎的中小学生。那些死去的孩子大都是油田的职工子弟。石油城的油田管理局在计划生育方面管得特别严，那些孩子基本上都是独生子女。那么多孩子死去之后，石油城后来都给他们家长一定的补贴，还给他们放假，让他们回家重新生孩子。可那些女职工大都四十出头了，间隔时间那么长，子宫都退化了，生孩子谈何容易？都特别困难！有些后来虽然又生了孩子，但都历尽了千辛万苦；还有的根本就不可能再生了，从此不再可能有孩子，所以我特别同情他们，这样的事想起来都让人后怕！设身处地地想，谁承受得了这样悲惨的遭遇啊？”

王惠忽然沉默下来。尽管她歉意地朝我露着笑脸，但显然是礼节性的。因为我注意到她的眼睛已明显地泛着泪光。此刻我又不由自主地想到了遥远的克拉玛依，遥远的 1994 年 12 月 8 日那场深深灼痛国人的惊天大火。大火中那些惨遭不幸的孩子，他们那失去唯一亲生骨肉的父母，这么多年该如何咀嚼那场永远刻骨铭心的苦难呢？

大约是 1995 年，我还在《中国青年》杂志任职的时候，来自新华社新疆分社的记者刘光牛送给我了一篇题为《克拉玛依，我害怕走近你》的长篇通讯。这篇对克拉玛依大火的后续报道，血淋淋地揭示了大火给受害者家属乃至当地社会带来的巨大创痛，读来令人心悸。也正是因为公开报道这样的事实实在过于严酷，太让人承受不了，更考虑到当时的舆论环境，作者刘光牛后来主动打来电话，提出撤稿要求，而实际上编辑部当时也有类似顾虑，也就成全了作者的要求。尽管稿子没有编发出来，但那篇《克拉玛依，我害怕走近你》，从题目到内容，至今仍一直搅扰着我的心灵。只要一提起灾难，我就不由得想起克拉玛依以及那篇沉重的文章。克拉玛依大火，似乎成了我心灵深处无法抚平的创痛。这种创痛并非只属于我个人，更属于所有经历过那场大火，或者关注过那场大火的人，否则眼前的王惠怎么会跟我提起呢？

不言而喻，谁都害怕灾难，尤其害怕灾难某一天会不幸降临到自己头上。因为害怕，未雨绸缪，防患于未然，就成了理所当然的事情。对于独生子女家庭来说，防范独生子女意外伤害的办法，最好当然是每个家庭能有两个子女。这样，绝后的概率至少会减至一半。因为生命的延续，是绝大多数人的愿望。在这一点上，王惠说得并不明确，可我却已经明白她的意思。

王惠告诉我："我周围也有些朋友生二胎，比如老在电视上做广告的某电脑公司的一位老总，有一天他高兴地跟我说，我老婆怀孕了，我向你学习再生一个。他第一个孩子跟我的大孩子一般大，可前年才生第二个，年龄差距大些。他们夫妻俩是大学时的同学，其中一个还是研究生，两个都是东北人。"

王惠说的这些人，当然都属于自由职业者，和那些传统体制中的公职人员比，他们相对自由，没有太多的约束和管制，而且经济上大都比较宽裕，多养一个孩子根本不成问题，也愿意承担超生之后计划生育部门的罚款。所以，这类人是当今都市里二胎族中的主体。

采访结束，王惠让我回到她的花店，看看她那些正争奇斗艳、芳香扑鼻的鲜花，并兴致勃勃地大谈生意经。她说她曾经花上万元去学习插花艺术，也以高于别人更多的成本价去引进以色列的花卉品种。所以相比于这个花市中的其他花店，她的花更具艺术韵味，而且花期也长，虽然价高，可也质好。现在她还做花网，利用互联网的优势，开展异地花卉销售业务。她说她之所以不做电脑生意转而开花店，是因为她天生喜欢花，而电脑生意眼下竞争过于激烈，不像早先那么好做了。她说花既是美的天使，又是生命的序曲，置身花的世界中，你会感受到生活的芳香和生命的热烈，进而让你更投入地去热爱生活、创造生活。她说独花不成春，独木不成林，人又何尝不是如此？独生子女的孤独、孤僻、孤傲或自卑，乃至许多的心理疾病，何尝不是家庭生活中缺少童年伙伴、缺少童趣的结果？

王惠最后坚定地说：“当然，我知道生第二胎是违反政策的，可政策是人为制定的，不可能一成不变，而人的生命只有一次，生命的历程也只有一次，错失了就永远不可能重来。所以，我必须抓住机会生第二胎，我不能让我的孩子没有兄弟姐妹之间的那种手足之情，我也不能将家庭的未来全押在一个孩子身上，那不跟下赌注一样吗？要赌输了谁为我负责？话说回来，二胎足矣，多了我养不起，也不需要。说心里话，我主张国家实行计划生育，但只生一个是计划生育，只生两个就不是计划生育了？当然，现在的政策是这样的，那我就认罚好了。”

巴兰兰：我不忍心扼杀已经存在的生命

方军是我认识多年的朋友，刚认识他时，他与他年轻的娇妻依然是轻松快乐的两人世界，现在的他却已经是两个孩子的父亲了。

正是因为他有两个孩子，我决定无论手头的工作有多忙，都应该去他家串串门，我与他也已经多年不见了。

方军曾是某部队出版社的编辑，当然他也是一位舞文弄墨者，小说、诗歌、散文、报告文学等等，他几乎无不涉猎。

或许是为了追求自由，也或许是要换一种生活方式，20 世纪 90 年代初，他跟着朋友一块儿下海了。他炒股、经商，折腾了好一阵，最终还是回到了写作上。他进入了影视圈，主要是写电视剧，有时也写写小说。因为写电视剧让他找到了一种新的生存方式，一部电视剧完成之后，据说他往往能获得每集15000元的稿酬。而每部电视剧，高的时候得三四十集，少的时候也得二十来集。靠着影视圈的朋友，他每年都能承揽到写一两部电视剧的任务。在21世纪初，写电视剧如此高的酬劳，使他生活得如鱼得水，游刃有余。他不但搬离了原来在市区内那处狭小的老式两居室房子，住到了北京西郊某花园别墅区新买的宽敞洋气的房子，配备了家用的一辆捷达牌轿车，而且还供养了两个孩子。可想而知，这要花多少钱啊！

2002年12月1日，星期天。太阳很好。那天下午，我与妻子和女儿驱车前往京城海淀区的西北郊，因为路况不熟悉，加上沿途到处在修路、搞基建，我们费尽周折才终于找到了方军所在的那个花园别墅区。时令虽已是冬天，但别墅区里开阔绿茵的草坪和崭新漂亮的楼房，还是让人感受到了这里环境的悦目和生活的优越。

方军的家四室两厅，面积140多平方米。阳光透过明亮宽敞的窗户照射进来，宽敞的客厅里家具一应俱全：华贵的真皮沙发，典雅的茶几、书柜，宽屏新式大彩电……一个普通富足的小康之家瞬间显露无遗。

“咦——你们的孩子呢?”我正在纳闷，一阵快乐的尖叫瞬间让原本寂静的客厅活跃起来，只见两个活蹦乱跳的孩子从皮沙发的背后滚将过来，双双落在宽厚的沙发上，咯咯笑闹，屋里一下子快乐起来。大人们前呼后拥地争着上前逗孩子。

方军的这两个孩子一女一男,女儿9岁,在北大附小上小学四年级;儿子5岁,当时还在上幼儿园。两个孩子都长得壮壮实实,虎虎有生,无拘无束的开朗性格此刻全映在那灿然绽放的笑脸上。再一细看,不难看出女儿长得像妈妈,稚气的脸上透着难掩的秀气;儿子则像爸爸,大大的脑袋,宽宽的脸,眉宇间隐约能让人联想到未来的男子汉形象。

两家人聚在一起,先是一番寒暄、一阵热闹,接着我们在客厅落座。我女儿在两位小主人的招呼下,到另一间屋玩儿去了,四个大人则很快进入了谈话的正题。

方军夫妻俩生的第二个孩子,两三年前我就从我们的另一位朋友处得知了。那位在某大学任教的朋友在电话中对我说,方军这小子发了财,自己便给自己封侯加爵、晋升为队长了——超生游击队队长!他将老婆弄到山东老家农村去,偷生了第二胎……我把那位朋友的这番话向方军复述了一遍,问他生第二胎是否是“蓄谋已久”,方军听罢,哈哈大笑,大叫冤枉!

他说:“对生命的延续,我并没有看那么重,并不是非要生个儿子来传宗接代不可。你想想,唐代大诗人李白名气够不够大?连3岁的小孩子都会背他的诗,可谁知道李白的后代是谁呀?”方军摊开双掌,声如洪钟,脸上的笑包含着委屈。

他的爱妻小巴此时也笑着频频点头,两人一唱一和,说起了这第二个孩子诞生的经过。

第二个孩子，最初完全是因为妻子的意外怀孕。那时候是 1997 年，方军的岳父因患癌症，从哈尔滨来北京治疗。因为是异地治疗，医疗费大部分都得自筹，方军一下子花了二十几万元，这二十几万元几乎是他那时候的全部积蓄。他们的家庭经济陷入了最困难的境地，那时的条件根本就不容许他们去考虑生第二个孩子。然而，偏偏就是在这个时候，妻子小巴却意外地怀孕了。

知道这个消息，方军的第一个反应就是劝妻子去做流产。他把眼下家庭里的困难跟妻子耐心细致地权衡了一遍。其实这些情况妻子跟方军一样明白。那时候女儿刚刚 4 岁，小巴的父亲又正面临绝症，无论是经济还是心境确实都不允许她留下这第二个孩子。但面对丈夫的劝说，性格文静的小巴却不置可否。

小巴的父母也劝说女儿去做流产，女儿仍然不置可否。

方军的一位女战友从沈阳来北京出差，听说此事后自告奋勇，把小巴单独约到外面散步，她想动用自己平时能说会道、善于做思想工作的才能说服小巴。这位女战友口才确实是优秀的，她口若悬河，动之以情晓之以理，竟然让小巴频频点头。

回到方军家时，豪爽的女战友高高兴兴地拍着方军的肩膀说："放心，一切都妥了！"

方军将信将疑，见妻子一个劲儿地笑，便感谢女战友。

女战友走后，方军迫不及待地搂住爱妻，关切地问："怎么，你同意啦？"

"什么同意啦？"妻子一脸的不明白。

“嗨，还有什么？流产的事呗！”

妻子答：“同意，我怎么可能同意呢？”

丈夫急了：“我那位战友说的呀！”

妻子“咯咯”地笑：“人家苦口婆心的，我能驳人家的面子吗？”

丈夫一下子瞠目结舌。

父亲病重，母亲也住到北京来了。方军每天忙前跑后，要到医院去照看岳父。三十几平方米的旧式小屋拥挤不堪，人心惶惶。妻子小巴于是提出带女儿到哈尔滨娘家去住一段时间，这样也可以散散心。再说父母到北京来了，那套房子空着，也需要照看。与方军一样，妻子是天津某著名大学本科毕业的，她学的是生物，方军学的是中文。但她比方军低两届，本科毕业后又考到北京某研究院攻读生物化学硕士研究生。毕业后她工作了几年，后来因为丈夫下海，她也辞职在家当起了全职太太。她不用像千千万万的上班族那样，每天日出离家日落而归。现在，妻子执意要去哈尔滨，方军只好由着她，何况家里目前的这种环境也不利于女儿的成长。至于妻子肚子里的孩子，方军已经默认。因为妻子的理由令他难以辩驳：“你们的观点都对，但我肚子里的这个生命已经存在，我不忍心扼杀他。”

小巴的父亲是省政府机关的一位处长，他们的家位于哈尔滨市省政府机关宿舍的一处楼房里。那可以说是一个特区，是街道办事处和居委会管理上难以触及的盲点。宽敞的房子，清新的空气，优美的室外环境，使那个省直家属大院成了计划生育的避风港。那段日子，三十出头、充满母爱的少妇小巴，就这样生活在这个环境里，每天精心地呵护着自己和4岁的女儿，同时也任凭腹中孩子日复一日地孕育长大。她对这个新的生命含情脉脉，充满了期待，就像大地期待着春天，禾苗期待着春雨。这时候的小巴完完全全是一个纯自然的母亲，她的脑子里除了生命还是生命，除了孩子还是孩子。社会的因素、经济的因素以及其他的一切因素，如同那久远的记忆在她心灵深处早已消失得无影无踪。眼前的当务之急，就是要全力呵护自己腹中的这个日渐长大的生命。她觉得这是她这个年轻母亲所应该做的，天经地义，自古而有，理所当然——母亲对生命的孕育和呵护，人类生命过程和历史不是历来如此吗？

1997年一个美丽的春日，小巴顺利地生下了自己渴望已久的第二个孩子，是一个儿子。这个意外的爱情结晶，令夫妻俩和双方的父母亲人都喜出望外。

只是没多久，不幸同时降落到他们头上。小巴的父亲虽经全力救治，却还是痛苦地离开了人世。

儿子长到1岁之后，方军兴高采烈地将爱妻和一双儿女接到了北京。安顿完毕之后，方军想到的第一件事是到所在居委会去报个到，把超生的事如实告诉他们。毕竟，他不想让自己可爱的儿子永远充当没有户口的“黑人”。

居委会的几位老太太听着方军的这一番坦白，一如听着他讲述一次无比荒诞的生命传奇，抑或是阿里巴巴和四十大盗那样的《天方夜谭》，几个人的嘴张得老大老大，眼珠子鼓得差点儿没滚出来。居委会主任将信将疑地查阅了方军和小巴夫妻的家庭情况登记卡，霎时间气得七窍生烟。老太太把那看完的有关资料“啪”地蹴在桌上——

“你看看你看看,你们夫妻俩到底干了什么好事! 你们一个是作家,另一个是研究生毕业,文化水平比我们都高,可你们怎么能够置国家政策于不顾,偷鸡摸狗地干出这种超生的事啊?!”

面对对方的愤怒和无情指责,此刻的方军平静地接受,脸上带着友善和歉意。来居委会之前,他早做好了充分的思想准备,无论对方怎么发火、怎么生气,他都要尽可能坦然面对,毕竟超生了,违反了政策,他甘愿受罚。

方军的不怒不争,让居委会的几位老太太一时找不到吵架的对手。她们本来是群起而攻,现在转而是群起数落。

“你知道你们住的那个大院历来是计划生育先进大院吗? 你知道我们居委会历来都是计划生育的模范吗? 这一下全让你们夫妻俩给毁了!”

“你们真是太不像话了,还是什么作家、研究生呢!”

待对方的怒气发泄得差不多了,方军才不紧不慢地说:“你们说得都对,确实是我做得不对,我到这里来就是来向你们承认错误的。但是无论如何,我的孩子已经出生了,这也是无法改变的现实,你们说我该怎么办吧?”

“罚款,而且要重罚!”对方异口同声。

方军问:“罚多少?”

“5 万。”有人说。

方军摊开双手,满脸为难:“这么多,我……我实在缴不起。”他说的也是实话。那时候的方军确实并不富有，而且为救治岳父已花光家里的积蓄，两个孩子更是嗷嗷待哺，经济上的压力咄咄逼人。他如实地将这些情况向几位老太太做了汇报。

居委会主任见他认错态度较好，口气逐渐缓和了下来。她说："这样吧，给你减 1 万元，你缴 4 万。"

"4 万我也缴不起。"方军说。

"不行你先缴 1 万元，以后每年缴 1 万元，4 年缴清。"

缴完那 1 万元之后，第二年方军并没有去缴钱。居委会每次来催缴罚款，夫妻俩都笑脸相迎，可就是一个劲儿推说家里实在太穷，孩子都快养不起了，哪有什么钱缴罚款呢？居委会的人见这两口子态度和蔼，两个孩子也确实可爱又可怜，顿生恻隐之心，只好鸣锣收兵。而且打过几次交道之后，方军和小巴与居委会的几个老太太逐渐熟悉起来，日积月累，后来见了面都会相互间打个招呼，关系也随之融洽起来。

到了第三年的某一天，居委会给方军家来了电话，让他到居委会去一趟。方军不敢怠慢，很快来到了居委会。

居委会主任说："这样吧，看你家过得也不容易，你再缴 5000 块钱，赶紧把孩子的户口给上了，以免耽误孩子以后上幼儿园和上学。"

方军听罢，千恩万谢。很快就从家里拿来了 5000 块钱，在居委会的支持下，总算到当地所在的派出所，把第二个孩子的户口给办妥了。

与此同时，方军所在的居民大院、居委会和街道办事处，也被取消了计划生育先进单位的称号。对此，方军至今都心存内疚。他知道是自己给他们的荣誉造成了损失,于是他向居委会所有的人都拍胸脯保证:“以后我保证绝对不会再犯同类错误,绝不会生第三胎了。”

现在一双健康活泼的儿女给方军和小巴的家庭带来了与众不同的快乐:两个孩子之间相互嬉戏笑闹,无拘无束,他们天真无邪的笑闹声,让这个四口之家平添无限乐趣和勃勃生机;玩耍和学习的时候,他们互助合作又相互配合,既有竞争又懂得相互谦让,谁也不是家庭中的绝对中心,谁也没有过分的自我;男孩和女孩性格的互补,既让两个孩子都能在一种健康正常的生活环境中茁壮成长,也让家庭生活更加丰富、更加美满。

当然,两个孩子的存在,也使他们更加劳累,生活的压力更大。比如吃饭、穿衣、上学……这一切都比独生子女要多一份投资,多付出一份精力。

好在这种“多一份”的付出也不是成倍的付出:穿衣吃饭,并非是乘以 2 的花销;上学接送,女儿的小学和儿子的幼儿园都在同一个方向,而且相距不远,小巴每天开车,早送晚接,并没有比别的独生子女父母多花多少精力。

所以,尽管儿子的出生有些阴差阳错,但如今的方军对自己的这双儿女心满意足。每每看着儿女嬉戏时那灿烂如花的笑靥,听着儿女玩闹时那小鸟般清脆的欢叫声,夫妻俩便会不约而同相视而笑。这种笑包含着这对美满夫妻之间的无限爱意,对家庭生活的无比满足和对生命、对未来的无限向往。

方军同时也坦言:“我现在的责任重大,我必须对两个孩子负责,所以我必须努力写作，尽力去挣更多的钱，才能保证让两个孩子健健康康、快快乐乐地长大，而且要让他们尽可能接受良好的教育，尽可能让他们成才。”

所以，方军写作上以电视剧为主，而妻子小巴也不当全职太太了，在中关村的一家高科技公司上班。家里雇用的小保姆，则为他们料理着家务……

雨薇：为生第二胎她丢失了婚姻与尊严

2009 年 6 月 9 日，《东方今报》刊登了一位 34 岁女子的哭诉。女子名叫雨薇，因为老公一家要求她生第二胎，她被迫与丈夫假离婚，最终却假戏真做。她丢掉了婚姻，丧失了尊严。

那一天，她应《东方今报》记者周莉之约，特地来到报社哭诉她的遭遇，以下是雨薇的口述：

要不是他和他家人太过分，把我赶出来，现在又剥夺了我看儿子的权利，我真不想再提那段往事。

我前夫叫言凯，郑州人，公务员。1997 年，我们是通过朋友介绍认识的。恋爱谈了一年多，感情一直很好。可到结婚的时候，遭到他父母反对。就因为我老家在吉林，不是郑州人，他们命令言凯立刻和我分手，言凯不同意，他们就嚷着要断绝关系。那时候言凯真的很爱我，撂下家里的钥匙，就跨出了家门。

之后，我们在外面租了一间房，住到了一起，并于 1998 年领了结婚证。本来准备举行婚礼的，可他父母听说后，又闹腾起来，说要吃老鼠药，迫于无奈，我们没有办仪式。

婚后，我和言凯又合办了个水厂，日子过得也算有滋有味。可公婆一直不承认我这个儿媳，我第一次怀孕，他妈死活不让要，非要一头撞死，逼我做掉孩子。无奈之下，我只好去医院把孩子做掉了。

后来，我又怀孕了，这一次我说什么也不愿再流产。第二年，女儿出生了，言凯还是挺高兴的。可公婆一听说是个女孩，一百个不乐意，根本没照顾我坐月子，直到女儿1岁8个月，才来看我们。

女儿两岁多时，我和言凯补办了一场婚礼。本来不准备办的，想着孩子都那么大了，可言凯的朋友们非吵着要吃我们的喜糖。结婚那天，公公婆婆也来了，很勉强的，虽然没吃老鼠药，但婆婆也大哭了一场。

那些年，除了和公婆闹得很僵外，我和言凯的感情一直很好。

2004年10月，我发现自己又怀孕了。小生命的到来让我们倍感意外，我们也想给女儿找个伴。但言凯是公务员，如果生二胎，不仅要巨额罚款，可能还会影响到工作。我们一直左右为难。

后来，言凯不知道在哪儿听说了“假离婚”，就是先办离婚给孩子上了户口再复婚。他胆怯地跟我商量，我一听到“离婚”两个字，心里“咯噔”了一下，不同意。接下来几天，言凯又找我商量了几次，一再保证，孩子户口办上后，马上和我复婚。最终，我同意了，为了肚中的孩子，也为了言凯。

那时候，我怀孕已经6个多月，挺着个大肚子，没法办离婚手续。言凯找了我们一个邻居，和我长得很像，拿着我的身份证、户口本、结婚证，去办了。当然名字也不是我签的，手印也不是我按的。

2005年6月，我们的儿子出生了。一看是个儿子，言凯别提有多高兴了。婆婆听说生了个男孩，也赶了过来，抱着孙子坐在病房里都能笑出声来。我坐月子那几天，她在家里洗衣服、拖地、做饭，忙这忙那，一刻不闲，跟生女儿时简直判若两人。儿子满月，婆婆还买了金锁、金镯子、金链子，典型的重男轻女。

言凯是什么时候变的，我也说不清，可能就在儿子满月后吧。那一段，他迷上了打麻将，天天在外赌博，夜里两三点才回家，而且越玩越大，一天就能输掉几千元。最夸张的是，他后来还买了两台自动麻将桌，请了半年假在家里赌。我劝他，他不听，还埋怨我太唠叨，害他输钱。

我去找公婆劝劝言凯，可谁知公公说："几十元，不算赌。"婆婆口口声声说麻将最好不玩，可三缺一总要叫上言凯。

儿子快满周岁时，婆婆一直催我们去把孩子的户口办了，说罚款她来掏，她还不知道我们办了"假离婚"。后来知道了，家里就没平静过。

2006年春天，我妈得了肺癌，我带着儿子回了趟吉林。一个多月后，我回家，女儿对我说："妈，我偷偷听到，奶奶说要再给我爸找一个。"我半信半疑，问言凯，他竟然点头承认了。我问他啥想法，他向我保证，绝不会再找。可事实上，那时候他已经到处宣扬他离婚了，还托朋友、同事给他介绍对象。这些是我后来知道的。当时，言凯还顾及夫妻情面没捅破窗户纸，可公婆巴不得把我撵出家门。有一次，我刷完碗，忘了刷锅，婆婆“咣当”一声就把锅摔了。我领着孩子往门外走，婆婆还骂：“以后不要再来吃饭。”

婆婆说的不是气话，从那之后，她再也没有让我进过她家的门。

这也就算了，没想到后来，言凯的态度也变了，开始往外撵我。他竟然对我说：“我不能为了你背上不孝的骂名。”那段时间，我们天天吵。言凯索性搬回公婆家住，我找他复婚，他死活不愿意，还总是躲着我。有一次我堵着了他，他恶狠狠地说：“后半辈子我宁死也不跟你过。”

他不让我见女儿，也不让我见儿子。2006 年年底，我离开郑州，在青岛找了份工作，想给我们一个缓和的时间。

可春节我回来，言凯依然如故，家门都不让我进，还把女儿也赶了出来。那个春节是我们娘儿俩自己过的。

可即使这样，言凯还不甘心，觉得我们住房子，他交房贷太亏了。2007 年春天，我妈病重，我回了一趟老家，等我 5 月份回来时言凯已经把房子租了出去。

后来，我还发现他已经把别的女人领回家住了。我知道我们是彻底没戏了，就找言凯分一下这些年的共有财产。没想到，他极不情愿，拿当初的“假离婚”说事儿，说上面写着没有财产。我不服，那字不是我签的，手印也不是我按的，我找他单位领导，找妇联，折腾了几个月，言凯极不情愿地和我签了协议：房子归我，女儿我来抚养；车和水厂归他，儿子他来抚养，每个月我有 24 小时的探视权。“假离婚”搞成真离婚，我实在痛心，可更受伤的是两个孩子。

从今年10月份开始他不让我见孩子了。他说孩子见了我之后，总吵着要和妈妈、姐姐一起过，不好带了。

我给他打电话，他把我的手机号拉到黑名单。我去单位找他，他就躲出去，被我堵到了，就一句话："我不想跟你说。"可他是孩子爸，我不找他找谁啊？

我已经有两个多月没见到儿子了。最后一次见到他，是我的生日。女儿、儿子一起给我唱生日歌，我们一起吃生日蛋糕。可现在，都成了回忆。我真想不通，他这是在折磨我，还是在折磨孩子？

为了再生个孩子，雨薇同意了丈夫所谓的"假离婚"，然而没有了婚姻的保护伞，双方的关系变得岌岌可危，最终弄假成真，丈夫变了心。雨薇的心受了伤，可正如她说的那样，其实最受伤害的还是孩子。对于那两个无辜的孩子来说，或许他们今后都要长期生活在这场悲剧的阴影中了……

都市里什么人在生二胎

就像采访意外伤害的独生子女家庭一样，采访都市里的二胎族，其实也是一件很不容易的事。如果说采访遭受意外伤害的独生子女家庭异常艰难，是因为他们的家庭有着太多的悲伤，不愿提及，那么采访都市里的二胎族的艰难，则是因为这样的家庭有着太多的敏感。因为生二胎毕竟是违反政策的，不能张扬，往往只能偷偷摸摸进行。要想采访他们，接近他们，不能直来直去，只能讲究策略，采取迂回战术。

我的一位老乡，北京某名牌大学毕业，曾是北京某房地产公司总经理，在世纪之交的中国可算是富裕阶层了。

我的家乡广东潮汕地区，中国的传统文化、传统习俗异常浓厚，“上有健康父母，下有活泼儿女，则其乐融融”的家庭生活图景，至今仍然是许多人所梦寐以求的。富裕起来的总经理的第一个孩子是女儿，父母希望他再生一个儿子。

可再生一个违反计划生育政策，怎么办？

总经理的妻子也是潮汕人，当地的一个教师。总经理让妻子辞职，当起了全职太太，并如愿以偿，生下了一个儿子。花了几千块钱，他们没费多少周折，就疏通了当地的干部，在家乡买下了第二个孩子的户口。这是他们迈出的第一步。

第二步，总经理将第二个孩子的户口转到了深圳。那时候，总经理还在深圳的一家房地产公司任职，小家庭已经安在深圳，妻子及第一个孩子的户口也已经安在深圳。虽然这第二步相对来说要难得多，花费也要多得多，但孩子随父母、户口也迁到一起，似乎也天经地义，只要你肯花钱，似乎并没有太多的障碍。这一步跨过来了，原本的三口之家也就成了四口之家，身边原本的一个孩子便变成了两个孩子。没多久，因为工作调动，这个四口之家又搬到了北京。虽然他们全家四口的户口至今还未随之迁入北京，可户口并未影响到他们全家在北京过上幸福的生活。

刚过而立之年的总经理对此非常满意，一双儿女，让他继续了上一辈那种理想的家庭生活。每当在京的几位老乡在一块儿聚会，只要一谈到他的家庭尤其是他的那双儿女，年轻的总经理脸上总是有掩饰不住的得意。

大约10年前，我那10岁的女儿正上小学四年级。有一天，她放学回家，一脸惊奇地告诉我，说他们班同学李××的妈妈又生了一个小妹妹，还说："真好玩！"

是的，对于女儿他们这一代独生子女来说，哥哥姐姐、弟弟妹妹，或者表哥表姐、表弟表妹，或者堂哥堂姐、堂弟堂妹，这一切的称谓和血缘的关联，像早已被遗弃的历史尘埃一样，显得那么的陌生和遥远，以至于他们的同龄伙伴家里出现了一个同样是自己的母亲生出来的妹妹，他们是那么好奇和兴奋，仿佛家里忽然间长出大西瓜或者荔枝树一样，会被作为新闻拿到同学中间四处传播。

女儿说，那个有了妹妹的女同学的爸爸是总经理，妈妈也是总经理，他们是两年前刚刚从河北唐山搬到北京来的。

知道又一个二胎族在京城出现，我很想采访女儿那位同学的家庭，可又碍于话题的敏感，怕引起人家的反感。于是，不时怂恿女儿从那位同学处打听点什么，但小孩终究是小孩，女儿理解不了我的心思，也不知道该怎么打听。我当然是一无所获。妻子倒是看在眼里，记在心中。有一天放学时她去接女儿，碰见了女儿那位同学的妈妈。妻子便抓住机会，与她寒暄、攀谈，终于获得了一鳞半爪的信息：女儿这位李姓同学的爸爸妈妈的确都是总经理，都从事着电器销售，之所以生了第二胎，是因为夫妻俩都喜欢孩子，尤其希望生个儿子。可惜上帝不开恩，第二个仍然是女儿。妻子说，女儿不也很好吗？对方笑答："嗨，她爷爷奶奶，还有她爸爸，希望有个儿子来继承家业。"对方说完这句话,拉起女儿,开着车,一溜烟跑了。但不难想象,希望有个儿子继承家业的人,家里的富裕程度可想而知。

后来,女儿应邀到那位李姓同学家去玩儿。他们的家住在朝阳区的某花园小区。那天,女儿从李姓同学的家回来之后,大呼小叫地冲我嚷:“爸爸我告诉你吧,李××的家可豪华可漂亮啦! 大大的客厅,还有楼梯,楼上楼下都可以跑,可好玩儿了!”没过几天,女儿放学回家又一次冲我嚷:“爸爸我告诉你吧,李××家太有钱了,她说昨晚他们家停电,全家人都住宾馆去了,你说那要花多少钱啊?”

不难想象,女儿那位同学的家的确是很有钱。他们可能是当今中国真正的有钱阶层,这种阶层的人想多生一个孩子、多养育一个孩子,经济上当然毫无问题。至于孩子的户口,对他们来说似乎已经微不足道,只要有钱,户口能干什么用呢? 户口当然是阻挡不了他们生第二个孩子的愿望的。只不过,仍没有儿子的他们,不知会不会再生第三个孩子。

忽然间我想起我过去在《中国青年》杂志社工作的一位女同事,出于对当事人的尊重,请原谅我不能说出她的真实姓名,这里权且称其为叶兰吧。她的婚姻经历,让我们清楚地看到了独生子女政策给中国人婚姻状况带来的另一种现状。

叶兰离过婚,我与她共事的时候,她一个人带着女儿住在北京北三环附近某小区的一套宽敞的单元房里,家里雇有一个小保姆。

原本,她有一个幸福的家庭,一个地位显赫、令人羡慕的丈夫。她的丈夫出身高干家庭,是她大学时的同学。他比她高两届,但年龄可比她大得多。他是“文革”后考入大学的78级大学生，上大学时，他已经是一个有妻室的中年男人，女儿都十几岁了。而叶兰却是经历单纯、正含苞待放的年轻女孩，不但容貌清秀，而且还是当年浙江省文科高考状元。上大学时，俩人同在学校的学生会当干部，她被他的才华与男人的成熟征服了，两个人很快热恋。

大学毕业，他离了婚，与叶兰结了婚，不久生了一个女儿。一心欢天喜地地沉醉于幸福生活的她却做梦也没有想到，女儿还没有上小学的时候，丈夫又离她而去，那时候他已经是南方某省政府的秘书长。纯真痴情的叶兰对此百思不得其解。受书本的影响，少女的时候她就满脑子的浪漫，对真挚的爱情笃信无疑。自己与丈夫是在浪漫的大学时代相识并相爱的，真正的情投意合；自己不但才貌出众，而且年龄比丈夫小了十几岁，这样的结合，丈夫怎么还不满足呢？

无论如何，叶兰怎么也想不通。每天晚上，女儿进入梦乡之后，叶兰一个人却时常辗转反侧，泪流满面。因为她少女时曾经的梦想、曾经的美好，包括现在的情感和生活，都被那个自己把一切都托付的男人那么轻易、那么无情地撕碎了。原本她那如花的笑脸，随之变换成了阴沉的色块。她那道原本俏丽的细眉，扭结成一个大大的问号，深不见底的黑亮瞳仁里时时掠过道道疑问：他为什么要离我而去？问题到底出在哪里？

直到有一天，丈夫第一任妻子的女儿与叶兰无意间见面，一句话便道破了天机：“你当初要是生个儿子，他怎么也不会离开你！”丈夫的大女儿那时候已经上了大学，性格泼辣，思想活跃，她的这句话让年已

35岁的叶兰恍然大悟:自己原来只是那个无情男人的生育机器呀!

叶兰想起来了,女儿刚生下来时,丈夫表面上虽没说什么,得空的时候也偶尔逗逗孩子,但回家的时间却越来越少,对自己的感情也越来越淡。直到有一天丈夫提出离婚的时候,她还天真地以为是丈夫在开玩笑。直到她确认那真不是玩笑,叶兰首先想到的是,丈夫是不是有外遇了?

叶兰的丈夫确实是有外遇了,他现在的全部心思已经转移到北京某外企公司一位20岁刚刚出头的漂亮女孩身上。凭他现在的地位和发动的情感攻势,那位与自己大女儿年龄相仿的女孩很快成了他怀中的猎物,这也是他俘获的第三个泄欲工具,也是他人生的第三个生育机器。也许他那位已经上大学的大女儿说得对,假如叶兰生的不是女儿,假如不是政策只许生一个孩子,假如他冒险超生不会影响他的仕途,他真的是没有太多理由抛弃叶兰的,毕竟他与叶兰在大学时曾经是那么情投意合呀!当然,我们不能排除他天生就是一个热衷于寻花问柳、毫无良心和家庭责任感的男人,然而无论如何,政策上“只能生一个孩子”,而叶兰这第二位妻子又偏偏生了女儿,让这位一心想生个儿子的省政府秘书长潜意识中又有了再一次换掉老婆的理由——既然政策上不允许他生第二胎,而像换衣服一样换个老婆继续生孩子反倒不影响他的仕途甚至是顺理成章,他何乐而不为呢?

从某种意义上讲,叶兰是她前夫生儿育女的牺牲品。在如今的中国,这样的牺牲品到底有多少?如今的中国男人又有多少像她的前夫那样,在妻子没有生下儿子的时候另换年轻老婆?

2013年2月15日，《人民日报》报道，近日有网友举报反映辽宁省政协委员、锦州市工商联副主席李青山有“一妻四妾”、涉黑涉枪、重婚、超生、侵吞国有资产等多个违纪违法问题。网帖称，李青山通过循环结婚、离婚，巧妙避开计划生育政策，现已得三子三女，尚有一情妇正在怀孕中，待办理结婚手续。网帖还称，李青山和他的“一妻四妾”以及6个孩子居住在锦州市南山马群沟一处占地数十亩的别墅群里。此帖引发舆论的强烈关注。

虽然辽宁省有关部门已决定撤销李青山省政协委员资格和省总商会副会长、省工商联常委职务，锦州市有关部门也已免去李青山锦州市工商联执委、常委、副主席职务，但是，李青山的“一妻四妾”和生下的6个孩子，已经成为令人瞠目结舌、不可改变的事实！

全国到底有多少个李青山？不得而知。但可以肯定的是，偌大的中国，一定还有许许多多的李青山。虽然这只是一种猜测，但这样的猜测显然已让人吃惊，因为这从一个全新的角度暴露了当代中国人伦理现状、婚姻现状和生态现状的一种混乱。这种混乱所带来的后果到底有多严重？它将从多大程度上影响到中国未来文明的建设呢？同样不得而知。眼下我所要做的，依然是寻找都市里的二胎族，千方百计地对这个群体做些力所能及的调查和采访。

这是一项同样艰难的工作。

而对于那些素昧平生又没有朋友牵线搭桥的采访对象，我只能暗中观察，隔崖相望，徒叹奈何！

亦庄经济开发区位于北京城东南郊、通往天津的高速公路附近。

元旦刚过,我这个蛰居京城多年的“老北京”却是第一次来到这里。不是为了观光,而是想寻找又一个采访对象。这里笔直宽敞的马路,崭新整洁的楼房,成片的草地,马路上稀少的行人和两旁挺拔整齐的树木,还有空气中弥漫着的来自原野的清香气息,都给人一种清新怡人的感觉。不难想象,眼下要不是冬天,这里的景色和空气会是多么令人耳目一新,让人流连忘返!

在一片悦目的别墅区里,我和妻子带着女儿来到了妻子一位同事的家。这位同事姓刘,在某电视台工作,2002 年她在这片别墅区中买了一套 160 平方米的复式房。这套房子的宽敞、明亮和舒适,当然是京城的闹市区里一般的房子所不能比拟的。但宽敞有宽敞的麻烦,我们到来时,女主人正指挥着请来的两个小时工上上下下、忙忙碌碌地给房子做着清洁。她说这样的清洁,每周都要请小时工来做一次。女儿对她这套有楼上楼下的漂亮房了很是喜欢,以前她跟妈妈来过,回家后曾绘声绘色地向我描述过。所以今天带着她来,平时不爱跟我们串门的她并未反对。

表面是来参观房子,其实我真正的目的却不在此。因为同事曾向我妻子说过,她的隔壁住着一个二胎族。这位邻居的二胎族母亲大约三十来岁,大孩子是女儿,已经 4 岁;第二个孩子刚出生不久,也是女儿。妻子这位姓刘的同事说,自己是在住进这里不久发现邻居是个二胎族的。那时候正是春暖花开的日子,她看到隔壁那位年轻的女邻居挺着隆起的肚子,一手牵着活泼可爱的女儿在小区里花团锦簇、绿草如茵的小路上悠然自得地散步,那是一幅安逸舒适、令人神往的小康生活图景，那图景让人不由得对如今和平、安宁、富裕的中国小康族充满向往和羡慕。

妻子回家后给我讲述的这幅图景，让我立即萌生了采访的欲望。我给妻子的这位同事打电话，提出请她帮我联系一下，看可否与这位年轻的二胎族母亲接触。妻子的这位同事却感到为难，她说她与那位女邻居没有任何深交，甚至相互间从没有串过门，只是偶尔在门口见面时相互点头致意，简单地聊过几句。她只知道她是北京人，原来是白领，在一家公司当职员，现在辞职在家当全职太太，而她丈夫是某娱乐城的老板。我当然理解同事的难处，作为关系并不密切的新邻居，对于我提出采访的这种敏感话题，她不便向那位邻居转达，我也没有强求妻子这位同事这样去做。但我请她如果方便，可有意识地与那位女邻居接近，在一种自然状态下的闲聊中了解一下她为什么要生第二个孩子。

对于我提出的这种请求，同事很热心，大约是过了十来天之后，她给我打了电话，说与那位女邻居在一次偶然的见面中又简单地聊了聊。女邻居说，之所以生第二个孩子，是因为经济上没有什么问题，生活富足了，有高级轿车，有那么大的房子，她与老公又都喜欢孩子，于是就生了第二个孩子。他们原本是希望生个儿子的，没想到又生了一个女儿。女儿就女儿吧，毕竟那是自己的骨肉，毕竟两个孩子比一个孩子热闹，这是他们理想中的生活。当然，她知道生第二个孩子已违反了国家计划生育政策，但她说那就认罚吧，她早就做好了缴纳超生的社会抚养费的准备，她甘愿承担这样的责任。妻子的同事还说，那位女邻居长得贤淑、温顺，一副贤妻良母的形象，问她是否从此一辈子当全职太太，她摇头否认，说现在生活得太封闭了，过些年还是要找份工作做，她也承认自己已经不太适应“朝九晚五”的上班族生活，但总得走出家门的。对于这位女邻居的其他详情，女同事说不太方便了解。即使如此，我对妻子的这位同事还是连连道谢。

现在，与我想采访的对象仅一墙之隔。然而，我却不能贸然前去采访，只能在与同事的闲聊中，紧紧地捕捉着有关隔壁那位二胎族一鳞半爪的信息。而更多的时候，我是抓住一切机会，时时审视着隔壁那紧闭的大门。我多么希望这一刻，眼前的这扇大门能够忽然打开，给我一个惊喜，让我见到房间里的主人和孩子，让我有机会与他们说上哪怕仅仅是一两句的话。即使说不上话，我也能够看上他们一眼，让我在描述女主人的形象时有一种感性的认识。然而，奇迹并没有如我所希望的那样发生，那扇大门一直紧闭着。同事说，邻居的房子格局与她的是一样的，同样是复式楼，面积同样是160平方米。我想这样的房子是适合于有两个孩子的小康家庭居住的。一旦他们的第二个孩子长大，能跑会跳的时候，不用说，两个孩子楼上楼下地尽情追逐、嬉戏，会给这个家庭平添多少快乐和生机呢？对于这样的一个家庭，眼下我又有什么理由去搅扰他们？

离开时，妻子的同事将我们送出门口。她指着周围的别墅告诉我，这一带其实不乏二胎族，天气暖和的时候，两个孩子的家庭在小区花园里玩耍的情况时有所见。她说，居住在这里的人，商人和白领居多，也有官员的家属。她还指了指北边的那片别墅，说那边就居住着某位神秘官员年轻的“编外家属”——二奶，据说那位官员的原配夫人没有生育能力，遂默认丈夫找了这位年轻的女子借腹生子……

我不由想起一位在基层干了8年计划生育工作的女士曾经一脸无奈地诉苦：“对我们来说，居住在高档公寓的‘富人们’是我们的工作难点。”因为这些人开车进去以后直奔地下车库，然后从地下车库直接回家，根本不知道他们在不在家，也见不了面，更不了解他们的生育情况。“物业不愿给我们提供业主的信息，甚至找个联系电话都很费劲。”而且他们大部分人的户口都不在本地，管理与服务都很困难。

而现在，眼前这些别墅、高档楼房以及居住在这里的主人，在我的心中也更加神秘起来。是啊，他们是当下中国富足的阶层，他们想按照自己的理想生活，他们有钱，有车，有房，有条件去各种高级消费场所……当所有的物质享受都有了之后，他们当中有的想生第二个孩子，也有的已经生下了第二个孩子，他们不担心受到处罚，愿意缴纳超生的社会抚养费，也不担心养不起第二个孩子——如今这样的人到底有多少呢？不得而知。但有一点可以肯定，随着中国经济的进一步发展，随着中国中产阶层以上富裕的人群日趋扩大，随着计划生育政策的逐步放宽、调整，这样的情况只会越来越多。当渴望生第二胎的富裕人群越来越多而且多到一定程度的时候，政府是否会默认？中国现行的计划生育政策将如何应对这种局面的挑战呢？

第五章 / 一对夫妻究竟能不能生第二个孩子

第五章　一对夫妻究竟能不能生第二个孩子

“提倡一对夫妇只生一个孩子”政策的实施，对中国有效地、较大幅度地控制人口的持续增长做出了不可磨灭的贡献。但毋庸讳言，无论从家庭和生育个体的角度讲，还是从人类生态学和教育学的角度讲，一对夫妇只生一个孩子也带来了另外一些问题，30 多年独生子女政策的实践也已经明白无误地证明了这一点。这些问题越来越困扰着独生子女家庭，越来越受到全社会的普遍关注，因而也越来越紧迫地凸现在我们的面前，让我们不得不严肃面对。

第十节　“独生子女”政策回眸

“独生子女”是中国的一项基本国策，更是一项极具中国特色、在世界上也绝无仅有的名词。所以“独生子女”无论是政策还是这个特定名词本身，其产生都有着特定的历史背景和缘由。

新中国成立之后，社会生活的日趋稳定使中国从战乱时的高生育高死亡逐渐转向高生育低死亡。1953 年到 1957 年，人口自然增长率为 22‰，这一高增长率很快引起了中央的注意。

1957 年 3 月 5 日，《人民日报》就发表过呼吁节制生育实行避孕的社论。而几天后，一个避孕展览会在北京中山公园开幕。只是好景不长，在该年，当“反右”运动开始后，人口领域的学术讨论被作为政治问题遭到了错误的批判。而下一年开始的“大跃进”短暂的“繁荣”泡沫，更造成了中国人力不够用的假象。一时间，“人多好办事”“人多议论多，热气高，干劲大”等错误口号广为流传。

到了 20 世纪 60 年代，中国进入了一个生育高峰期。1962 年，中国人口的自然增长率上升到 27.14‰。1963 年，全国的出生率破纪录地达到 33.5‰。1964 年的全国人口普查结果表明，中国内地人口已达 6.94 亿。

人口数量的剧增引起了决策者的关注。1962 年 12 月 18 日，中央要求“在城市和人口稠密的农村提倡节制生育，适当控制人口增长率”，甚至提出“绝不能把我国提倡节制生育同反动的马尔萨斯人口论混为一谈”。这在一定程度上，认同了马寅初《新人口论》中的部分观点。

1968 年，毛泽东指示为群众搞一种简便的口服避孕药。于是，北京协和医院的专家们成立了一个攻关小组——著名妇产科专家林巧稚称它为“计划生育战斗组”。1969 年初，该小组成功研制出复方甲基炔诺酮，这是中国首创的低剂量短效口服避孕药。

也正是在 20 世纪 60 年代，一条进口的避孕套生产线在天津乳胶厂正式投产。这在当时的中国，是一个全新的工业。

“文革”对计划生育的破坏作用在 20 世纪 70 年代得以显现。全国人口总数从 1965 年的 7.25 亿猛增至 1971 年的 8.52 亿。严峻的人口形势使决策者不得不重新调整计生政策。

1971 年，由周恩来总理亲自布置，国务院批转了卫生部、商业部、燃化部《关于做好计划生育工作的报告》，指出在第四个五年计划期间，一般城市人口增长率要降低到 10‰以下，农村要降低到 15‰以下。这是中国历史上第一次由政府提出要制定人口规划。

1972 年，国务院又进一步提出“实行计划生育，使人口增长与国民经济发展相适应”的方针，并在 1973 年的全国计划工作会议上把人口增长指标纳入了国民经济发展计划。此后所制定的国民经济发展计划，都包括了人口增长指标。但具体到单个家庭，应生多少为好呢？

在 1973 年 12 月召开的全国第一次计划生育汇报会上，有关部门提出了计划生育要“晚、稀、少”的具体政策要求。“晚”是指男性 25 周岁、女性 23 周岁才结婚；“稀”指两胎要间隔 4 年左右；“少”是指只生两个孩子。此后为配合宣传，还提出了“一个不少，两个正好，三个多了”的宣传口号，但后来发觉这样力度不够大，于是又讲“最好一个，最多两个”。但一般是将两个作为目标。

1973 年，科教片《计划生育》摄制完成。这一年，国务院成立了计划生育领导小组，中国的计划生育工作全面铺开。

然而，此时的计划生育政策的实际效果并不明显，在全国范围内，一对夫妇仍平均生育4个孩子。1979年，全国总人口达到了9.75亿。

为此，1979年这一年，国务院在第五届全国人代会上提出要将全国人口自然增长率降到10‰左右。从该年下半年开始，全国各地分别制定了当地的计划生育政策。

1980年，新华社公布了中国人口发展进程百年预报：如果按中国当时的生育水平延续下去，2000年中国的人口要过14亿，2050年中国人口将达到40亿。即使今后平均每位妇女只生两个孩子，也要到中国人口15亿后，才能停止增长。

这一消息发布后，引起很大震动。一些人甚至产生了恐慌心理。曾有人一度主张“我国人口近期宜取负数发展”，建议20年内采取一切措施，使每年人口出生率控制在5‰之内，低于目前人口死亡率的6‰~7‰，进入人口的负增长；要实行鼓励自愿不育户和独身者的政策，每隔5年开展一个“无婴年”；等等。按照这一主张，意味着中国每年2000万进入婚育年的人口，抛开其他育龄人口不算，单是这批人一对夫妇只生一个孩子，每年也将出生1000万人，要想人口进入负增长，就得有一半左右的夫妇终生不能生孩子或至少20年内不能生孩子。这等于说要把几代人种下的苦果让一代人吞下去，于情于理都行不通，因此响应者不多。

当时，另一种观点则影响很大。几位科学工作者根据中国百年人口预测，建议从1980年起大力提倡一对夫妇只生一个孩子，到1985

年普遍做到“一胎化”,到2000年人口自然增长率可接近零,全国人口可控制在11亿以下。

只生一个孩子,对于中国人的生育观念将是一个巨大的挑战。

在推行这一政策前,1980年,中央专门召开了5次会议讨论是否可行。

参加座谈会的有国家领导人、各部委领导和一些专家学者。讨论的焦点是,实行只生一个的政策到底可行不可行?

座谈会的讨论非常热烈,每个人都知道,他们所决定的,将要影响中国的每一个家庭。

一些现在看来很奇怪的问题,也被慎重地看待。

一名领导人提出,民间有种说法,头胎出生的孩子一般都比较憨傻,如果施行一胎政策,会不会导致国人的智力水准下降?

在北京,确实流传着“老大憨,老二精,出坏主意的是老三儿”的俗语。

当时参加本次座谈会的人口学专家田雪原说,他们首先查找了资料,发现美国飞行员中,有40%都是“老大”,这意味着第一个孩子照样有足够的智力能力进行复杂的工作。专家们接着从社会学的角度解释说,民间所说的“老大憨”是建立在大家庭的基础上,而一般大家庭的老大,无论是哥哥还是姐姐,都是起到“半个爹妈”的作用,因此不免会显得忍让和憨厚,而一旦每个家庭只生育一个,这种情形就会消失。

第三个解释,则显得非常的超前。学经济学出身的田雪原当时回应说，计划经济将被商品经济（当时还未提出市场经济的说法）替代已成定势，金钱将占据重要地位，到时社会道德和人与人的关系将会发生重大改变，未婚先孕、人工流产、离婚的情形将会大量增加。届时，出生的第一个孩子很可能并非是所怀的第一胎。

这些看来有些匪夷所思的问题和同样匪夷所思的答案，正反映出决策者们当时的慎之又慎。

座谈会上，还有一些问题则显示出提问者的远见。

有人提出，如果只生一个，会导致若干年后，出现大量的“421”家庭，即四个老人、一对年轻的夫妇和一个孩子组成的家庭。这会导致老年人比例过大、年轻的夫妇负担过重等社会问题。而专家则回应说，考虑“421”的“2”，都是独生子女，本身概率偏小，加之老人的自然死亡率，这种家庭不会太多。

这5次座谈会，持续了近3个月。“只生一个”的决策被确定下来。

为统一政策、明确要求，中共中央于1980年9月25日发表了《关于控制人口增长问题致全体共产党员、共青团员的公开信》，即著名的“9·25”公开信。这被认为是新中国计划生育史上的一个里程碑。

“9·25”公开信明确提出，为了“争取在20世纪末把全国人口总数控制在12亿以内”的目标，“提倡一对夫妇只生育一个孩子”。

1982年，正是马寅初去世的这一年，9月召开的中共十二大，把计划生育定为中国的基本国策，同时对计划生育的意义、方针政策、目标等做了详细的说明。11 月召开的五届人大常委会第五次会议通过的新宪法,更是明确地规定:“国家推行计划生育”,“夫妻双方都有实行计划生育的义务”。

然而实行计划生育群众尚可接受,但在全国推行“一胎化”却遇到困难,尤其是在农村地区和少数民族等地区。抛开观念上的问题不谈,仅就农村目前的生产方式、社会福利状况以及偏远地区的医疗条件而言,对家族成员的依赖也使只生一个,尤其是只生一个女孩,成为一件不可能接受的事。因此,1984 年以后,计划生育政策不再搞“一刀切”,对农村地区和少数民族等地区有控制地把口子开得稍大一些,如果第一胎是女孩,可在若干年后生第二胎,等等。从而形成了普遍提倡一胎,严格控制二胎,坚决杜绝多胎以及鼓励“晚婚、晚育、少生、优生”等一系列比较完善的人口政策。

中国在经历过一个人口无限制快速增长的误区之后,终于执行了“急刹车”。

回眸 30 多年中国计划生育政策的实施,其功绩无疑是巨大的。据有关部门的调查报告显示,这 30 多年来,中国累计少出生人口近 4 亿,四川省总共少出生 3200 多万,云南省少出生 1450 万人,湖南省少出生 3600 多万人,郑州市少出生近 200 万人……

1982 年中国 4 口人及 4 口以下的小家庭占家庭总户数的比例为 53.7%,2001 年升至 77%。农村尚未解决温饱的贫困人口从 2 亿人减少到 3400 万人,这部分人占农村人口的比例 1982 年为 30%,截止到 2001 年,这个数字已下降到 3% 左右。

经过不懈努力，中国人口过快增长的势头得到有效控制，人口出生率、自然增长率分别由1980年的18.21‰和11.87‰下降到2011年的11.93‰和4.79‰。

资料显示，由于中国人口基数较大，每年死亡儿童人数较多。2010年中国婴儿、5岁以下儿童死亡总人数分别达20.9万人和26.1万人，这意味着平均每天有573名婴儿、715名5岁以下儿童死亡。计划生育政策的实施使中国人均收入、人口预期寿命、受教育程度和减少贫困人口等各项社会指标均得到了改善。

毫无疑问，“提倡一对夫妇只生一个孩子”政策的实施，对中国有效地、较大幅度地控制人口的持续增长做出了不可磨灭的贡献。但“独生子女”政策也给国家带来了一些负面影响，如人口老龄化问题。选择性堕胎或弃女婴等现象也引发了其他问题，如性别比例失调、拐卖婴儿和妇女等。无论从家庭和生育个体的角度讲，还是从人类生态学和教育学的角度讲，一对夫妇只生一个孩子也带来了另外一些问题，30多年独生子女政策的实践也已经明白无误地证明了这一点。这些问题越来越困扰着独生子女家庭，越来越受到全社会的普遍关注，因而也越来越紧迫地凸现在我们的面前，让我们不得不严肃面对。

第十一节　“独生子女”问题种种

时间倒退至20世纪90年代，那时候一篇署名涵逸、发表在《中国作家》杂志的长篇报告文学《中国的“小皇帝”》，因首次及时、准确地揭示独生子女的成长问题而震惊社会，引起人们的广泛关注与议论，现在看来,此文还是有很深刻的现实性、针对性、前瞻性。自此以后,独生子女问题成为青少年教育工作者乃至全社会共同关注的问题和研究的课题,独生子女问题长期以来更是困扰着独生子女的家长和他们的家庭。

资料显示,中国现在大约有 3 亿多个家庭,其中有 7000 多万独生子女。30 多年过去了,当年的“小皇帝”“小公主”们已经逐渐成年,有的已经参加工作走上社会,独生子女们的状况到底如何呢?

独生子女的性格缺陷

详尽地描述当代独生子女成长过程中的问题以及由于“独生”的环境所造成的性格缺陷,那不是我这部长篇作品的主要任务,同时也不是我这部作品的篇幅所能容纳得了的。如要展开描述,起码得写成另一部同样篇幅的长篇文字。所以,为了说明问题,我这里只能对相关存在的问题做一些简略的概括和描述。

独生子女家庭由于大都是在中国的城市,与农村比经济相对宽裕,这样的家庭有可能为孩子提供较好的生活、学习条件,即使经济相对较差,由于只有一个孩子家长也会竭尽全力。但孩子在家庭中的地位独一无二,若教育不得法,容易出现这样那样的一些心理偏差,这些心理偏差主要表现在以下几个方面:

其一,只有一个孩子,容易使父母和祖辈对其溺爱娇宠,使孩子变得自私,凡事先考虑自己的利益得失,从不知为别人着想。

其二,只有一个孩子,家庭中的其他成员不管是有意还是无意,都会对孩子这根“独苗”百般袒护,从而使孩子在家庭这个最早进入的社会结构中总是以自我为中心，只习惯于别人对其服务和侍候。家庭生活中往往是大人围着孩子转，孩子难以养成尊重长辈、遵守纪律的自觉性，而是任性骄横，家庭成员关系颠倒，走向外部社会也不懂得尊重别人。

其三，只有一个孩子的家庭，孩子在家庭里很孤独，因为没有兄弟姐妹为伴（潜意识中甚至连兄弟姐妹的概念都没有），幼时缺少与小伙伴一起游戏的集体活动，童趣既受到天生的扼杀，个性中不易养成与人协同合作的精神，又缺少竞争性，所以社会适应能力差，容易形成孤僻、缺少热情的个性倾向。

其四，只有一个孩子，使得孩子在家里许多本应自理的工作往往由其父母代劳，久而久之容易形成依赖性，自主精神和自主能力变差，也缺少劳动自觉性。

其五，只有一个孩子，使得家长更急切望子成龙盼女成凤，不得不将对下一代的所有希望全寄托在自己唯一的孩子身上。他们竭尽全力为孩子请家庭教师，买钢琴，成天逼孩子认字、作文、弹琴、习画、学外语，没完没了。孩子缺乏应有的玩耍和游戏时间，天性严重压抑，会产生厌学情绪，甚至在心理上仇视父母、对抗父母，难与父母沟通。

……

如果说枯燥的概括难以说明问题，那么中国第一代独生子女走上社会之后暴露出来的活生生的例子，会使我们更充分地认识到这一代独生子女身上的严重缺陷。

2003 年 4 月 17 日，《北京娱乐信报》上一则《论文被贬，研究生跳楼》的新闻就印证着当代独生子女普遍存在的严重的心理缺陷。

报道说,4 月 16 日,某大学正在读研究生的男生刘某从四层水房跳下当场死亡。他在遗书中说,硕士毕业论文的开题做得不理想,学习压力太大,所以自杀。刘某是某大学历史系研究生二年级学生,据他的同学介绍,近两年来刘某一直和其他专业的同学住在六楼,他在宿舍和同学的关系不是很融洽,前天,他刚换到四楼本专业的宿舍。刘某平时和大家联系很少,性格上也有些孤僻。前一阵,刘某的硕士论文被导师指出了几点不足之后,回来就闷闷不乐。半个多月前,他回到内蒙古的老家待了几天,本以为他是调整好心态才回来的,没想到他选择了自杀这条路。刘某的一位王姓同学感叹:“他死得太可惜了,系里的老师都说刘某很有才,不就是老师说他的毕业论文选的题不好吗,这么点小事就自杀,太不值得!”

对于刘某的跳楼自杀,海军总医院心理科的一位专家分析认为,刘某首先是认知上的错误,把有些事情看得过重;其次是他对待挫折的解决方式过于极端。不过刘某自杀的原因不能单纯地归结为论文题目不理想,这和他性格中的一些缺陷也有关系。

都说现在的独生子女赶上了一个好时代,无论是经济的发展、文化的价值多元还是互联网所带来的信息时代,都为这一代年轻人智力的开发创造了前所未有的有利环境,这当然是众所公认的。然而,独生子女成长中家庭不良的生态环境(只有一个孩子)所带来的心理偏差和性格缺陷,其普遍性和严重性是否又被我们的社会所忽略呢?在没有独生子女的年代,许多家庭的孩子的成长为何没有出现这样的问题呢？

著名华人经济学家张五常在其1984年至1985年的文集《中国的前途》一篇题为《没有兄弟姐妹的社会》中做了这样的设想和分析：

在一家有多个孩子的时候，一个孩子的学习成绩不好，家长一般不会勉强，因为老大不爱读书，多半老二爱，一家总有一个爱读书的。同样的道理，家长希望孩子做医生，但是孩子想做演员，家长也不会过分勉强，那么多孩子里总有遂家长心愿做医生的。因为孩子多，所以家长的选择就多，安排就多，可以让这个走读书的路，那个走经商的路；这个平平淡淡，那个波澜起伏。但是当计划生育政策规定一家只能生一个以后，家长就没有了选择，孩子读书不好也只能逼他读书，因为只有一个孩子，没有其他的选择。同样的道理，如果家长希望孩子里有搞学问的又有搞文艺的，那就只能强迫自己的孩子既读书又搞文艺，一专多能。而这样的情形就是明明孩子不适合读书，或者不是又读书又搞文艺的材料，但是因为家长的强迫而被迫去做，其效率必然是低的，不但浪费了家长的教育投资，更有可能埋没了孩子本身的天赋。

从这一点来看，张五常的预见性分析是极其正确的。在培养孩子的问题上，要求家长因材施教固然是办法，但是却无法强迫家长这么做。只有一个孩子，不但造成了家长心理上的失衡，更由此进一步造成独生子女在家长失衡心态下孩子心理和健康人格的缺陷。要命的是，独生子女的这种心理和健康人格的缺陷，还会一直伴随着他走向社会。

一篇题为《独生子女就业综合征开始发作》的调查报告，明确指出独生子女就业综合征正在悄悄露头，给管理者们带来了不少新的挑战，也给传统的管理机制带来了巨大冲击。

独生子女就业综合征中最为突出的问题，就是独生子女身上普遍存在的“骄娇”二气异常严重。

广州一家媒体招了一批刚毕业的大学生，这批生力军刚被分配到各个部门，新闻部主任就发现了头疼事。

一天，主任翻看报纸，发现本地各大媒体都刊登了一则重要报道，唯独自己的编辑部没有收到有关稿件，立即追查漏稿原因，结果发现是因为新来的记者睡懒觉，错过了会议，从而造成无法补救的后果。

广州某杂志总编曾表示，他在招聘的时候，尽量不招刚毕业的大学生，一方面他们没有经验，另一方面这些刚毕业的大学生大部分都是独生子女，管理起来非常困难。

中山大学管理学院一位教授表示，独生子女走上工作岗位以后，会给管理者带来很多新的问题。这些问题主要表现在：不愿意接受公司纪律和体制的约束，喜欢按照自己的想法去工作，没有组织纪律的观念和集体的观念。而且独生子女都很娇气，批评稍微重点，就会产生抵触情绪。以前的大学生刚走上工作岗位的时候，都很谦虚，也肯吃苦，很多都是从基层踏踏实实做起。现在的大学生，很少有人会这么做，对工作的要求很高，一定要一切都符合自己的要求才肯去做，稍微有点不顺心，就可能卷起铺盖走人。

广州应用心理学会会长傅荣教授认为，独生子女与非独生子女的显著差别主要在个性方面，一是责任心比较弱，二是以自我为中心的倾向明显。独生子女工作以后，因为环境对责任心和协作精神的要求比做学生时严格，这两个特征便更加凸显出来，不单是独生子女，就连企业管理者们都会感到严重的不适。

《独生子女就业综合征开始发作》这篇报道所披露的问题，引起了读者的强烈反响，尤其是独生子女的共鸣。《21 世纪人才报》记者王英在随后的追踪调查中发现，很多已经走上社会的独生子女都能心平气和地坦言独生子女身上普遍存在的一些缺点，其中表现比较集中的是：

第一，独占欲比较强，协作精神较差。在调查中，几乎所有独生子女都不讳言这个问题。刚刚参加工作的王威对该报记者说，他虽然没有女朋友，但就是觉得和同事住在一个宿舍不习惯。而已经参加工作 5 年的谭浩仍然抱着同样的心态，每次出差，宁可自己搭钱，也要一个人住。

第二，不愿意屈就自己，不顺心的工作给多少钱也不做。毕业于天津某名牌大学的彭映很坚定地对记者说，只要工作不顺心，他一定会立刻辞职，绝对不会为五斗米折腰。不过他也坦然承认，正因为自己如此率性，毕业于名校的他到现在失业时间还是远大于就业时间。

第三，眼光比较高，自信心过足。这在名校毕业生身上表现得尤为突出。毕业于北方某著名高校的独生子蒋晰自认为能力和工作都应该比较出色，能够胜任比较高的职位，刚刚毕业的他也被当地一家网络公司委以重任，全权负责网站各方面的工作。然而几个月之后，他却主动离开了。因为他发现自己的能力根本不能胜任，尤其是销售方面，完全摸不着门道。已经在外企工作了5年的独生女小黄说自己刚毕业时也有这种感觉，总觉得自己能做的事情很多，但随着工作时间的增长，才逐渐能给自己比较准确的定位。独生子女在工作中自尊心特别强，很难接受别人的批评和建议，还有一些独生子女则比较懒散，依赖性比较强。

广州市某公司的一位总经理也这样评价他们单位的独生子女职工："身上有很多怪习惯，做事很随意，对工作也缺乏激情，喜欢以自我为中心。不懂得谦虚，还不愿意学习，实在不知道该怎么去培养和管理，干脆不用。"

独生子女上述的种种人格缺陷在他们步入婚姻之后同样显露无遗。

从21世纪初开始，北京市婚姻家庭研究会不断传出的信息是：独生子女婚姻不稳定，年轻人离婚率已经超过中年人！该会副会长何立婴教授向媒体披露说，目前年轻人"草结草离"现象比较多，相当一部分年轻人的婚姻寿命还不到一年，最短的只有一个小时。"独生子女不成熟、任性、依赖性强和不懂得忍让使他们难以维持长久的婚姻"。

何教授举了几个她在工作中经常遇到的例子，比如，现在社会上有些年轻女孩嫁给年龄悬殊的成功人士。这除了因为一些女孩希望通过婚姻迅速改变自身的处境之外，还有一部分原因是希望找个年龄大的男人来照顾自己，这是把对父母的依赖带到了婚姻中。再者，一些年轻人结婚后常常抱怨自由受到约束，小两口一拌嘴，都觉得自己是个宝贝疙瘩，“谁让着谁呀！”这实际上是一种不成熟的表现。此外，由于不懂得婚后的调试，当恋爱中的光环退去之后，一些年轻人认为没了激情，婚姻也就走到了尽头，因此后悔结婚。对此，何教授告诫年轻夫妇，研究表明，激情最多只能维持1000天，婚姻的长久根本上是要靠责任来维系的。

何教授表示，针对我国目前独生子女进入婚龄的形势，让独生子女们早早接受婚姻教育、学会如何建设家庭已经迫在眉睫。

前几天听朋友说，他们单位一对小夫妻，两个人同为独生子女。结婚一年半，为照顾孩子起了争执，大吵一架后，第二天两个人就去办了离婚手续，各回各家。一个月后，在双方家长说服下，两个人和好，住回到一起，办了复婚手续。三个月后，又因琐事吵架，两个人再次各奔东西。双方家长哄劝：“那就先分开吧，不必去办离婚手续了，省得将来再办复婚。”孩子放在女方家里，由老人带着，两个人各自“潇洒”地过自己的单身生活。这样视婚姻如儿戏、过家家式的生活方式，在独生子女的婚姻中并不少见。

问题不仅仅如此。

一对夫妇只生一个孩子，多年来还造成了全社会男女比例的严重失调。

2010年公布的第六次全国人口普查结果显示，我国新生儿出生性别比已高达118.06，即每100个女婴对应118.06个男婴。而国际惯例的出生性别比大多在 103 ~ 107 之间，一般取中间值 105。也就是说，我国新生婴儿男多于女、比例失调的现象正日趋严重。国外舆论称，中国在若干年后将出现 5000 万找不到老婆的光棍汉。尽管中国的人口专家认为，此种断言是过于危言耸听了，但也承认，中国新生儿出生性别比例失调的现象，的确值得全社会高度警惕。因为出生婴儿的性别比以及随后各年龄段人口的死亡率共同决定了一个人口群体的性别构成，直接影响着婚姻、家庭的形态和结构，从而对社会经济的健康发展产生重要和深远的影响。

人口普查结果不断反映出来的人口性别比的突出问题，也惊动了中央并开始引起有关部门的重视。中共中央宣传部、国家计划生育委员会、教育部、公安部、民政部、劳动和社会保障部、农业部、卫生部、国家统计局、国家食品药品监督管理局、中华全国妇女联合会等 11 个部门曾联合发出《关于综合治理出生人口性别比升高问题的意见》（以下简称《意见》）。

《意见》说，自 20 世纪 80 年代中期以来，我国出生人口性别比持续升高并呈蔓延之势。1982 年第三次全国人口普查为 108，1990 年第四次全国人口普查为 111，2000 年第五次全国人口普查已达到 117，第六次全国人口普查则已超过 118。除少数地方外，我国大多数省（区、市）的出生人口性别比超出正常范围（103 ~ 107 之间），有的地方已达到相当严重的程度。出生人口性别比持续升高将产生严重的社会后果，影响到我国人口与经济、社会、资源和环境协调发展和可持续发展，关系到民族的繁荣和国家的长治久安。治理出生人口性别比升高问题已刻不容缓，任务十分艰巨。

究竟是什么原因导致了居高不下的新生儿出生性别比失衡呢？

专家归之为社会管理因素和生物学因素两方面。

社会管理因素主要是指出生婴儿的漏报、瞒报。漏报是由于计划生育及有关部门在管理上由于人力、经费不足或管理方法不善引起的。被漏报的既有男婴，也有女婴。但瞒报则是由于生育政策作用于妇女、家庭生育意愿引起的，瞒报主要是女婴。

生物学因素主要是指运用 B 超等医疗科技选择性流产、引产，还有轻视女婴造成的较高水平的女婴死亡率及溺弃女婴现象等。部分地区的生育政策强化了这种生物性因素。如海南省生育政策规定，国家机关干部、企事业单位职工及城镇居民，一对夫妇提倡只生一个孩子；汉族农村夫妇可生两个孩子；少数民族地区农村夫妇最多生 3 个孩子。政策规定的可生子女越少，夫妇们获得生男孩的机会越小，他们想生一个男孩的意愿就越强烈。

政策允许生育的数量越少的人口群体，婴儿出生性别比越高。在海南，“办事人员及有关人员”的婴儿出生性别比是 170，“专业技术人员”的婴儿出生性别比是 221.7。社会地位、经济收入越高的人口群体，婴儿出生性别比越高。“国家机关、企事业单位、党群组织负责人”的婴儿出生性别比是 250。这种现象表明在对胎儿性别进行鉴定选择时，权力、金钱与生物学技术进行了交换。

现代医学、遗传学技术的进步，正好为这些人提供了技术条件。羊水胎儿脱落细胞培养染色体核查、羊水胎儿脱落细胞 X 染色质检查、手指血杆状细胞鼓体检查等技术，均可早期鉴定胎儿性别，进行性别选择；用碱性溶液改善阴道环境则可提高男婴受孕比率。以 B 超为例，虽然 B 超设施由各级计生委控制安排到各级医疗机构，但是不少地方花万把块钱就可以买到一套 B 超设备，一些乡村个体医生便借此大敛其财。浙江就有一个这样的“医生”，他为一位孕妇鉴定一次就收取 500 至 1000 元不等的费用，“生意”非常火爆。海南省有关部门曾经对 2000 年海口市、三亚市 12 家医院人工引产的情况进行调查，发现其中女婴占 68%，男婴占 32%。这就是海南近年出生婴儿性别比居高不下的主要原因之一。

当然，中国性别比男多女少日益严重的症结，归根结底主要还在于群众的观念，在于中国传统生育文化具有的浓厚的重男轻女、男尊女卑的色彩。

广东省社会学与人口学研究所所长郑梓桢研究员担心，出生性别比的异常升高若持续下去，将对人口结构产生重大负面影响，对未来社会的良性稳定运行、社会伦理道德体系也会造成一定冲击。同时男女失调也将带来一系列的社会问题，如婚配失当、人口拐卖、性行为错乱等，影响社会尤其是婚姻的稳定。如果因为新生儿出生比失调而造成类似难题，则是我们的自我惩罚！

无奈的城市空巢老人

他们是一对 90 岁高龄的老两口，为了下楼这件事已经商量了好几个月了。五层的楼梯，对他们却构成了一条不可逾越的鸿沟，于是他们就被禁锢在家中的小天地中，日复一日，他们只能互相面对，与外界唯一的联系就是那台电视。他们太想去晒晒太阳，听听孩子们嬉戏的声音——这一切对别人来说太平常了，而对他们来说却是一种奢侈——唯有这样他们才会感到他们是活着的。他们仅有的一个儿子在国外。因为住在五层楼上，他们平时很少下楼，靠着儿媳的姐姐每周为他们买一次菜和生活用品维持生活。

在一个天气晴好的冬天，他们终于决定实施蓄谋已久的下楼计划。对两位高龄的老人来说，下这五层楼，无异于一次探险，也许一脚站不稳，就会从楼梯上摔下来，后果不堪设想——他们之间只要有一个人出了意外，生活就维持不下去了。可他们总得去晒晒太阳啊，要不，骨质会更加疏松，会连路也走不了了。于是俩人搀扶着，如履薄冰般一点一点走下来，没想到当他们刚走到阳光下时，俩人同时感到天旋地转……

当居委会主任从院内花坛经过时，看到这两位老人紧紧地挤靠着一起坐在花坛边上，冻得浑身哆嗦。一问方知，他们因无力上楼而回不了家，又冻又饿地坐在这里已经整整一天了！主任连忙叫了几个年轻人把老人背上了五楼。

下楼的远征终告结束，从此他们再也没走到过外面那个世界。

中国人都希望自己长寿，但假若长寿的你子女不孝或者不在身边，而年迈多病的你又疾病缠身行动艰难以致饮食起居都成了问题，孤苦无助的你此时还希望长寿吗？也许不，因为这时候生命的延长已经成为对你的残酷折磨，越长寿，你的痛苦就越深重。

一个风烛残年的独居老人，由于体力不支不能下楼购买食品，不得已只好将每天三餐减为一餐，生命只能是苟延残喘；另一个气若游丝的垂暮老人，因为子女不在身边，也不常回家看看，甚至很少打电话问候，以至于老人死后尸体的腐臭四处飘散惊扰了邻居，其子女才闻讯而来……

古人云："不孝有三，无后为大。"然而"有后"不孝，又怎么样？他们撇下自己的亲生父母终日忙碌，对年迈的父母亲不闻不问，更不屑于常回家看看，这样的子女于老人又有何益？

有鉴于此，"常回家看看"不得已也在中国入法。2012 年 12 月 28 日，全国人大常委会表决通过了新修改的《老年人权益保障法》，自 2013 年 7 月 1 日起实施。法律明确家庭成员应当关心老年人的精神需求，不得忽视、冷落老年人。与老年人分开居住的家庭成员，应当经常看望或者问候老年人。用人单位应当按照国家有关规定保障赡养人探亲休假的权利。

法律是冰冷的，也是刚性的。然而立法容易，守法对于当今的独生子女来说，恐怕很难。常回家看看，对于那些生活在城市的蚁族、鼠族、农民工来说，是一个遥不可及的梦。对于那些表面光鲜、事业有成的白领，也是一种奢侈。不仅仅因为回家的路途遥远，不仅仅因为一票难求，真正的问题，是那份工作和薪水。那些成为了房奴、孩奴和车奴的白领，一旦丢了工作，哪怕仅仅是几个月，月供就断流了。

根据青岛的一份调查显示，原籍不在青岛的受访者中，23% 的受访者每月和父母见一次面，14% 的受访者每 3 个月才和父母见一次，27% 的受访者表示半年才能见一次父母，32% 的受访者称一年回家一次，还有4位受访者称几年没有回家了。

在2013年7月1日宣判的“常回家看看”入法后第一案中，被告人被判需至少每两个月到老人居住处看望问候一次。为何被判处“每两个月”？后续又该如何执行？这都是接下来应该关心的问题，而不是“一判了之”。

“常回家看看”之常，该如何量化？是一年一次，还是一月一次？做不到这点的人，将给予哪种处罚？是罚跪，还是罚金？立法空疏，形同虚设，甚至适得其反：有人违法，不去探望老人，却不用担心有什么惩处会落在他头上，这会使法律丧失严肃性与权威性。

问题的关键还在于，对于没有子女或失独的家庭，你让谁“回家看看”？

而对于那些因工作和生活所迫自顾不暇的独生子女来说，如果他真的有孝心却力不从心，你强迫其“常回家看看”，同样未免过于冰冷与无情！

所以在今天的中国，孝道是需要成本的，甚至需要巨大的成本。这成本并非所有的人都能承受得起，尤其是对于只有一个孩子的家庭来说。

“儿女就是长大飞出巢的鸟，老人只能独守空巢。看看周围那些老人，不也都像我们这样寂寞地过着吗？老了，这也是没办法的事。”一个老人这样感慨。

要说儿女们有本事是好事，可惜忠孝不能两全，越有本事，他们也就走得越远。剩下巢里的两只老鸟，也就只能互相依靠了。他们的生活如此单调，内心该是多么孤独、苦闷啊！然而，在当代中国，苦闷的老人究竟有多少呢？

我国社会正在提前进入老龄化社会，而这种老龄化现象有一个很学术的名词——“少子老龄化”，即父辈多子辈少。据有关部门调查，目前我国老年人已经达到1.26亿，而80岁以上的高龄老人则每年以5%的速度增长。

人口学家穆光宗教授研究后提出，预计到21世纪中叶，我国老年人口有可能达到4亿左右，届时平均每4个中国人当中就有一个老人。穆光宗说，从20世纪80年代以来，我国老年人口平均每年以3.2%的速度增长，现在至少已有10个省市进入老年型人口的行列。目前，我国老年人口约占世界老年人口的1/5，占亚洲老年人口总数的1/2。

在老年人中，特别是“空巢”家庭的老年人，即那些身边无子女的老年人，他们面临的最大问题就是生活照料问题。有的老人意外死亡很长时间后才被发现。

如果加上“准（或者类）空巢”的老人家庭，那么比例就会高出许多。所谓准（或者类）空巢，是指子女工作或者出差期间老人孤独在家的情形，这不是传统意义上的代际分居所造成的空巢家庭，而是因为时间的不能共享所造成的更为普遍的空巢家庭。譬如，北京市中青年家庭养老状况典型调查曾经发现，255位中青年人中78.4%的人白天上班，其中55.3%的人中午不回家，这种白天空巢的情况使很多做子女的对老年父母的日常生活感到忧虑。如此看来，空巢与否并不完全取决于是否与儿女同住，还要看在需要帮助的时候儿女是否能伸出援手。一般情况下，儿女越少，老年父母受到照顾的机会自然就越少，尤其是对于独生子女的老年父母来说，随着年纪的增大，生活和生命中的潜在危机自然也日趋强烈。

疾病，如今几乎是每一个超过50岁的人都会日渐恐惧的事情。人常说“有什么别有病，没什么别没钱”，可能过去人们更多的是恐惧“没什么别没钱”，现在生活富裕了，开始恐惧“有什么别有病”了。一旦“有病”，也就“没钱”了，再富裕的日子也会黯然失色。尤其是如今处于“空巢”家庭中的老人们，普遍有一种很深的恐惧：对疾病的恐惧，对意外死亡的恐惧，对丧失劳动力后收入下降的恐惧……

一位独生子女的母亲坦言：“我们这一代人对晚年的恐惧更深一些，因为我们似乎更靠不上什么人了。何况自古就有‘儿孙满堂，不如半路夫妻’一说，即使儿孙满堂，也难说有一个孝顺子女能让我们晚年无忧！在我们的一生中，最没有安全感的一段时光，大概就要算老年了——我们怎样才能获得安全感？什么时候才能不在恐惧中度过我们人生最后的时光？”

空巢家庭中的老年人也都有几个怕：一怕生了病怎么办？二怕日常生活无法自理时怎么办？三怕精神上孤独寂寞时怎么办？生活在准空巢家庭的老人，子女依然有这样那样的担心，譬如，老人突然发病，万一摔倒致伤，老人自己倒水、吃饭时烫伤或用火发生意外造成火灾，吃错药剂或者用错药量，等等。而对于独生子女家庭，上辈的怕和下辈的这种担心自然更多。

30多年来,随着我国独生子女政策的实行,我国的家庭功能正在发生根本性的转变:家庭规模在缩小,三口之家、单亲家庭增多,甚至一口之家者也不在少数;家庭结构在改变,别说四世同堂了,就是三代人同住的家庭也很少了;由于上述两种改变导致了第三种改变,就是家庭功能的改变,其中很重要的一点就是家庭养老照料功能外移给社会。目前我国各种养老设施也确实建了不少,但据统计,我国住在各种养老设施中的老人不足100万,不到老年人总数的1%。而我国截至2009年底,80岁以上的高龄老人达到1899万,并且每年以100万速度增加,“十二五”期间将超过2600万人。与此同时,我国城乡老年空巢家庭超过50%,部分大中城市老年空巢家庭达到70%。随着第一代独生子女的父母进入老年,空巢家庭将进一步增加。另一项调查表明,大部分老年人不愿意进养老院。还有一个数字更令人寻味:在各种养老设施中,最好的入住率也只有30%,农村养老院的抽样调查显示,入住率为16%。

为什么?不言而喻,血浓于水,绝大多数老年人离不开骨肉亲情,离不开子女,“金窝银窝不如自己的狗窝”。与儿女子孙一起共享天伦之乐,既是大多数人割舍不下的生活传统,也是许多老年人晚年生活的理想。

然而,即使老人们回归家庭,即使他们的独生子女也还孝顺,“421”家庭,那上有四老下有一小的中年夫妻,该如何能够承受起如此沉重的生活压力?他们又该如何尽孝呢?

难怪人口学家穆光宗教授对孝道有一个很现实的评价:“在现代

社会，要做孝子非常不容易——成本非常高。老人病了，子女们想24小时守在身边几乎不可能。因为竞争很激烈，时间是非常稀缺的资源。”有的老人长期生病，需要人照顾，这样独生子女们可能就面临这样的选择：做孝子，还是牺牲前途？

是的，现代社会的生存竞争赋予了人们只争朝夕的使命感，现代社会的时间资源和精力资源是稀缺的，人们都在紧张的奔忙中为生计而忙碌。那些已经步入社会的独生子女们不由自主地陷入了角色困境，要同时扮演好成功人士的角色、合格父母的角色和孝顺子女的角色往往是勉为其难的。

但如果是多个子女，中国的人口压力又不堪重负，显然又不可取。

“其实，每个妇女最佳的生育子女数为两个，这样生育出的孩子人数正好替代父母的人数继续完成人口简单再生产的任务，即‘更替水平’。”穆光宗教授早就对于这个问题有了充分的认识，“低于这个水平，人口的再生产能力就会萎缩。”

实际上，从20世纪70年代开始中国城市生育率已下降到更替水平(2.1)，90年代一直稳定在1.3左右的超低水平上。“为了把从上世纪60年代末到70年代中期迅速膨胀的人口规模尽快减缓下来，80年代开始中国执行提倡‘只生一个好’的计划生育政策，这个急刹车似的‘独生子女政策’是牺牲一代人的政策。”穆光宗指出，当年“夫妇均为独生子女可以生二胎”的允诺正在进入兑现期，这不仅是对独生子女家庭的一种补偿，“而且也是政策自身预设的自我修正”。

“或许更重要，也更有社会意义的是，我们希望这项政策有助于调整和优化越来越多的'421'的脆弱的家庭结构。"穆光宗以前的同事、中国人民大学人口研究所的周清教授说。普通家庭还侧重于考虑独生子女的孤独问题,人口学家和官员们则更多地把着眼点放在生育率持续走低给国民年龄结构上带来的迅速变化:老龄化和与之相应的劳动力匮乏问题。

2011 年 4 月 28 日,中国第六次全国人口普查主要数据对外公布:60 岁及以上的人口数量为 1.78 亿人,占总人口的 13.26%;65 岁及以上的人口数量为 1.18 亿人,占总人口的 8.87%;比第五次人口普查数据分别上升了 2.93 和 1.91 个百分点。按照国际上人口划分的标准,一个国家或者地区 60 岁及以上的人口所占比例达到总人口数的 10%,或者是 65 岁及以上的人口达到总人口数的 7%,那么就可以称之为"老龄社会"。因此,第六次全国人口普查的数据充分显示,中国已经步入了老龄化社会。

而且中国的老龄化是双向加速进行的老龄化,在人口倒金字塔图式中,既在金字塔顶部造成了老龄化(由老年人平均寿命的延长所致),也在金字塔底部造成了老龄化(由计划生育所造成的少儿人口的稀少所致)。

这种倒金字塔的年龄结构对一个社会而言显然是不可取的。即便是对一个家庭而言,如果独生子女夫妇的下一代还是独生子女,那么三代同堂时就可能出现一对年轻人赡养 12 位老人的局面,家庭负担繁重得可以压死人。

穆光宗教授在《中国人口素质问题研究》一文中还指出,对人类的优生起重大作用的一条途径是生育选择。然而，中国人口政策的褊狭性从一开始就表现出了这样的特点：在人口数量的控制上做得很严，而提高人口素质的措施却少之又少。正如有的学者提出：控制过死则缺乏优生学的远见，"一对夫妇只生一个"的提法太笼统，缺乏科学预见性。殊不论一对夫妇只生一个孩子在几十年后可能会带来的一系列社会问题，仅从优生学上看就有了缺陷（胡纪泽 1986）。对独生子女问题的探讨似乎支持了这样的观点。在近年来有关中国生育率下降代价问题的研究中，独生子女问题是最引人注目的代价问题之一，确切说包括了原生性的独生子女新生代素质发展失衡的问题，如非智力素质问题比较突出，次生性的独生子女父母的养老问题和独生子女自己的婚姻问题等。

联合国人口基金会对中国计划生育政策的态度，至少在一定程度上也能反映中国的人口学家与官员们的无奈和面临的判断。这家机构一方面不断高度评价中国人口政策行之有效的成绩，另一方面，正如联合国人口基金会的亚历克斯·马歇尔在纪念 2002 年的第 30 个地球日时所说的："生育不是控制。你应该允许人们自己做出抉择。"世界银行在一项关于中国的调查报告中说："一对夫妇生育两个孩子显然是合理的。"

中国人口结构的困境，人口学者的说法

中国人口信息研究中心的学者于学军在《中国人口生育问题研究综述》中最后指出：

面对新世纪的到来和新的社会经济发展变化形势，中国的人口问题正在趋于复杂化和多元化。尽管中国人口生育水平已经相当低，但生育问题包括数量问题、间隔问题和性别问题仍将是人口学研究中的重点内容之一。综合过去几十年的实际情况，我们认为，今后人口学界在生育的研究上似乎应强调如下一些领域：

第一，生育的理论研究。在过去的几十年里，中国的人口发展经历了丰富的历程。生育率由高到低速度极快，被称为人口控制的奇迹。但是，我们对中国人口转变和发展的分析研究，主要是沿用古典的西方人口理论。中国的人口学界极少对有关人口理论进行总结，更没有多少创新，这正是中国人口与计划生育政策缺乏理论基础支持的根本原因。21 世纪的中国人口发展，要求我们有新的人口理论。我们习惯于“计划思维”，却不习惯于“市场思维”；我们习惯于如何将生育水平降下来，却不习惯于如何将生育水平稳定下来；我们习惯于使用数量指标，却不习惯于使用结构指标；我们习惯于宏观研究，却不习惯于微观研究；我们习惯于实践总结，却不习惯于理论归纳。

第二，计划生育政策的地位研究。一些人坚持认为，人口问题是发展问题，中国的社会经济发展是人口出生率下降的主要原因。没有计划生育，中国的人口一样可以控制好，而且可能更好。某些体制、制度和结构的调整比计划生育的威力更大，而计划生育对中国人口生育率下降的贡献微乎其微。有人对“由于实行了计划生育而使中国少生了 3 亿人”的说法也颇有微词，认为这是计划生育行业人士自吹自擂。如何让更多的学者和决策者正确理解计划生育在人口生育转变中的地位，是人口学界的一个重要课题，这也是人口学能否继续繁荣和计划生育事业能否稳定的要求。

第三，如果上世纪70年代初至今始终坚持"晚、稀、少"政策，中国的人口形势会怎么样？有人指出，倘若如此，数量上会多一些，但结构会合理得多，矛盾也会小得多。

第四，未来中国生育政策的调整。没有一成不变的政策，人口和计划生育政策也不例外。不同的生育政策将决定中国未来人口数量和结构的发展趋势。我们不能再以计划经济的眼光来看待市场经济条件下的人，而是要适应社会时代的变化，适时地将中国计划生育政策纳入到市场经济的大舞台中，调整计划生育的运行机制。同时，要在稳定现行政策的前提下，认真研究21世纪人口发展态势，有针对性地研究各种可供选择的政策方案。只有这样，才能最大限度地发挥计划生育政策的积极作用，而将计划生育政策所带来的消极作用限制在最小的范围内。

显而易见，中国当今人口上的突出问题，归根结底是如何平衡公民个人的生育意愿同政策所容许的生育标准之间的矛盾。而公民个人的生育意愿向来是受个人的生活水平、文化水准和社会综合环境所影响的。计划经济年代，生产力的极端低下、物质生活的极度匮缺与人口极度膨胀所形成的双重压力，使决策者们不得已在人口政策上来个急刹车，每对夫妇从多胎到二胎甚至最终的只允许生一胎，这确实也是无奈之举。此一计划生育政策的实行有着深刻的历史的和现实的客观原因,这在当时来说也是绝大多数人都可以理解的。而在如今,30 多年改革开放所创造的巨大物质财富,市场经济背景下所释放出来的生产力的巨大潜能和日趋平衡的物质供求杠杆,使人民群众追求理想生活、恢复正常生育的意愿成为可能,这同样是自然而然的,也是完全可以理解的。

对于当今的中国公民来说,政策不允许多生育,不等于没有生育意愿。那么,当今中国公民个人的生育意愿普遍如何呢?

中国人口信息研究中心学者于学军在《中国进入后人口转变时期》一文中有如下描述:

生育意愿是在特定条件下形成的一种价值观念,是生育行为的决定因素之一。在现实生活中,人们何时生孩子、生几个孩子、孩子质量是高还是低、孩子是男还是女并非总是与生育意愿相符。也就是说,在生育决策过程中,不仅仅有生育意愿在发生作用,而且还有其他诸如政策、社会、经济、文化、生理、心理等复杂因素在同时发生作用。但无论如何,生育意愿反映的是人们对生育孩子的时间、数量、质量和性别的一种愿望和需求。

以往的生育意愿调查结果显示,上世纪 90 年代以前人们的生育意愿多数为两个以上,而且最好为一男一女。依中国国情而言,人们的这种生育意愿合情合理,无可厚非,因为即使在日本和中国台湾这样社会和经济较为发达的国家和地区,人们期望的子女数也在两个以上。因此,在社会主义初级阶段,我们没有理由说"中国人的生育意愿落后”或“中国人的生育观念传统”。

进入20世纪90年代后，人们的生育意愿又有了进一步的变化：生育子女数下降到了2.0以下。在20世纪90年代比较有代表性的抽样调查中，我们尚未发现平均生育意愿子女数超过更替水平（即2.1左右）的结果。从以下两次全国性的抽样调查结果中我们可以略见一斑：

1991年中国社会科学院“中国家庭经济和生育研究”的抽样调查结果显示，城市妇女平均期望生育数为1.65左右，农村妇女平均期望生育数为1.89左右。

1997年国家计划生育委员会组织的全国人口和生殖健康抽样调查的结果显示，城市妇女平均期望生育数为1.56左右，农村妇女平均期望生育数为1.80左右。

尽管广大育龄妇女的意愿生育水平与政府要求的政策生育水平尚有一定的差距，但有不断缩小的趋势。从整个20世纪90年代的发展趋势看，人们意愿的生育水平和实际的生育水平与政策要求的生育水平在逐渐接近。值得注意的是，20世纪80年代以来的多次生育意愿调查结果表明，育龄妇女的意愿生育水平低于实际生育水平，这恰好从一个侧面说明了中国育龄妇女中非意愿生育的存在，意味着中国的育龄妇女并没有完全掌握自主的生育权利。帮助广大的育龄妇女实现避孕节育选择的权利，避免非意愿生育既是1994年开罗人口与发展大会的宗旨，也是中国计划生育与生殖健康和优质服务的重点。

更为引人注目的是，20世纪90年代多次抽样调查都显示，年青一代平均期望生育孩子数比上一代平均期望生育孩子数有所下降，而且对于生育子女的预期数量和性别选择表现出很大的灵活性和随机性，这或许预示着未来生育水平有可能进一步下降。

从上述信息可以看出，随着30多年来中国经济的持续发展和公民文化素质的提高以及价值观念的转变，中国大多数公民的生育观已经发生改变，多子多福的传统观念正在淡化，与生活质量同步的子女培养质量正日益受到重视，这是中国的年青一代平均期望生育孩子数比上一代有所下降的主要原因。中国公民这种生育意愿的变化，正好为中国的城市调整独生子女政策的呼吁提供了现实依据，因为即使在城市里允许一对育龄夫妻生二胎，每一对育龄夫妻也未必都会去生二胎，不同的家庭状况将决定着他们是否在有了一个孩子之后再生一胎方面的自主选择。而且，即使是对希望生第二胎的夫妻，政府也可以考虑限制他们生育的时间，即尽量拉开两胎之间的间隔，比如限定这个间隔时间是10年；对于双方同是独生子女的夫妻，虽然他们从法律上已经获得生第二胎的生育权利，但同样应该规定他们拉开两胎之间的生育时间。这种安排，也可以避免一段时间内人口的迅速膨胀。

然而，无论公民个人的生育意愿如何，中国都必须维持一个相对合理的生育率，这也是毫无疑问的。

那么，中国现今的生育率究竟是多少才相对合理呢？

学者于学军在他的另一篇文章《中国人口老化问题研究综述》中这样描述：

综合考察国家计生委规统司1992年10月做的《38万人口抽样调查》的结果和1993年国家计生委对河北、湖北等地的抽查结果(见《当前计划生育工作中的喜与忧:由几则信息引发的思考》,国家计划生育委员会办公厅,《计划生育情况》增刊第9期)以及国家统计局1990～1998年人口变动抽样调查数据的结果,我们认为,目前中国的总和生育率在1.9左右是合理的估计。就中国的全国平均水平而言,中国的生育率水平不大可能降低并长期保持在西班牙、西德,甚至日本现在这样低的生育率水平。因为即使像美国这样的发达国家,其育龄妇女的总和生育率仍然为2.1,而且一个国家或地区的总和生育率长期处在一个较低的水平上同样会带来许多问题。这一点,我们可以从发达国家的经验教训中得到一定的启示。比如,人口老化程度过高、劳动力短缺、社会保障负担过重等问题。因此,2020年倘若中国的总和生育率果真能低到1.5的低水平,政府则应采取干预政策,抑制总和生育率的进一步下降。

第十二节　全国政协委员的呼吁

冬去春又来。

因为职业的缘故,身居北京的我说不清什么时候起,都会自觉不自觉地关注每年召开的两会。

2000年3月,我以采访两会的记者身份奔走于全国政协和全国人大会议之间,也调动着全身所有的敏感神经,不时地捕捉着来自两会代表的各种信息。

这一年的政协召开的是第九届三次会议，有几位全国政协委员的发言和提案立即引起我的关注。

来自天津市儿童医院的黄敬孚委员，提交的是《关于建议考虑调整计划生育政策，逐步将独生子女政策改为“二胎”的提案》，内容如下：

计划生育是国策，但包括很多方面的内容。目前实行的独生子女政策只是权宜之计，但权宜之计已经实行了30年，已近1/3世纪，再延续下去将会带来很多负面影响，包括如下：

1. 人口老龄化，增加社会和家庭的负担，将来一对独生子女要关照4个老人，无论从经济上、生活上还是精神上都达不到。家庭是社会的主要细胞，不可能全靠养老院。青年人减少的老龄化社会也降低了国力，从长远来看，会影响国家发展。

2. 独生子女政策延续时间太长，会造成男女比例失调，也会给社会带来严重问题。

3. 目前独生子女政策贯彻比较好的地方往往是教育水平高的地方，独生子女政策实行差的地方往往是教育水平差的地方，这样长期延续下来，会影响人口素质。

4. 独生子女的心理问题严重，近几年大学校园自杀率上升也说明这一点。目前，独生子女人群已进入大学年龄，其生长环境带来的影响必定暴露出来。

5. 允许二胎后（特别是城市允许二胎后），将会扩大内需。目前内需不足不仅表现在商品方面，也表现在小学、托儿所、幼儿园开始空闲。城市里具备对二胎进行培养的物质条件。

6. 中国的人口平均增长率、人口出生率，从全世界来看是很低的（低于世界平均值），人口平均密度111人/平方公里，低于欧洲国家，更远远低于大多数亚洲国家。选择二胎、维系生态平衡，从理论上讲不会对社会发展造成威胁。

7. 某些疾病有一定的病死率，我国小儿病死率高于发达国家。即使是发达国家，很多疾病也对儿童造成生命威胁，也有相当高的病死率，如白血病、肿瘤等。独生子女家庭的独生子女患上这些疾病病死后，父母亲已达40多岁，难再生育，给家庭带来了不可挽回的损失和打击。社会发展的目的是提高生活质量，对于这样的家庭，出现这种悲剧将无生活质量可言。

8. 社会上，从社情民意看，很多家庭愿意生二胎。

9. 有的家庭生二胎后，母亲可以在家照顾孩子和家庭，减少了就业压力。

综上所述，建议有关部门认真研究长期“独生子女”政策带来的负面影响，希望在近一两年内将独生子女政策改为“二胎政策”。

无独有偶。同样是在政协九届三次会议上，何竹康委员提交了《关于研究调整计划生育政策的建议》，内容如下：

我国现行的计划生育政策是符合国情、完全正确的，计划生育政策成绩卓著，已经抑制住人口继续膨胀的势头，这是必须肯定的。随着独生子女大批进入婚育年龄和老龄人口数量占总人口比重的不断增加，又由于受重男轻女传统观念的影响，人口性别比呈男多女少的趋势。有些地方政府规定农村妇女头胎生女的，隔几年可再生一胎，实际超生的情况不属个别。因此，建议有关部门认真研究何时可将计划生育政策调整为“鼓励一胎，允许二胎，杜绝三胎”。实行这一政策，在宣传上更易为人接受。从实践上看，可使人口在总量基本稳定的基础上，促进人口素质的不断提高，结构大体合理。而如果长期只生一胎，产生的问题将是不可忽视的。

俗话说“无风不起浪”，两位全国政协委员不约而同地对长期以来计划生育上的“一胎”政策的忧虑和关注，明白无误地告诉我们，该是重视“一胎政策”带来的负面影响的时候了。

我不知道上述两位政协委员的提案是否受到了有关部门的重视，也不知道他们的提案是否在政协的会议上引起反响，我只知道两年之后，即 2002 年 3 月召开的全国政协第九届五次会议上，黄敬孚委员再次提交了《建议从更全面角度考虑计划生育政策的提案》，与两年前的提案内容基本相同。可见他不改初衷，可见其执着，也可见他提案中的内容完全是有感而发，绝不是空穴来风。

从 2010 年开始，两会上“放开二胎管制”的呼声日渐高涨。在连续三年提案建议放开二胎管制后，全国政协委员、清华大学公共管理学院 NGO 研究所所长王名 2013 年的提案更进一步，建议无条件全面放开生育。

王名在提案中写道，中国的生育意愿面临现代化、东亚文化共同因素及长期计划生育政策的三重压力，无论从生育意愿调查、“双独”放开二胎的实施效果，还是对低生育率下生育行为的分析来看，中国的生育意愿已处于极低水平，而且难以回升。王名认为，中国已陷入低生育率陷阱。控制生育将可能导致人口质量的下降。“北京和上海等地的生育率目前只有0.7左右，这些城市集中了中国各行各业许多最出色的人才，但在0.7的生育率下，他们的后代以每代人减少2/3以上的速度在消失。这意味着，中华民族数千年积累和沉淀下来的许多最优秀的基因只要两代人就会消减得只剩下原来的十分1/10”。

王名在接受采访时说：“严格控制生育的人口政策带来的各种问题逐渐显现，并不断恶化。长远来看，人口问题必将拖累经济发展、弱化规模优势、削弱国防力量、危害家庭幸福。计生政策根据民族、地区、家庭状况的区别对待，终会损害社会公平。”

王名认为，控制人口政策一味强调人口作为负担的一面，倾向于把中国各种问题都归咎于人口过多，从而掩盖了真正的症结。比如，人们常把大城市的拥挤归咎于中国人口太多，但实际上，城市的拥挤与全国人口总量关系不大，而与经济发展的关联性更大。贫穷的国家，哪怕地广人稀，其大城市也很拥挤。中国人口大幅减少的后果是大量城镇甚至小城市会衰败，人们会更加拥入北京、上海等大城市。

基于这些分析和研究，王名建议，立即停止严格控制生育的人口政策，无条件放开生育，把养育身心健康的孩子作为民族复兴最根本的战略基础，在税收、教育、医疗、就业等各个方面切实减轻养家的负担。

计划生育不等于只生一个孩子

黄敬孚，男，名片上标出的一系列身份是：天津市儿童医院副院长、天津市儿科研究所所长、中华儿科学会常委、《中华儿科杂志》编委、全国政协委员。他的职称是儿童伤病急救主任医师。

我第一次采访他是2000年3月召开的全国政协第九届三次会议期间，地点是位于北京南城的大观园饭店。

作为儿科医生，虽然他竭尽全力救死扶伤，挽救了数不清的伤病儿童，但一些严重伤病的救治并不以人的意志为转移，这些年来他目睹了太多的人间惨剧，太多的生离死别。尤其是在当今，都市里的夫妇基本上只有一个孩子，当他们忽然间痛失独生子女的时候，那种痛不欲生、惨绝人寰的景象，常常令他不寒而栗。而更致命的是，由于只有一个孩子，这些独生子女夫妻原本在孩子身上付出太多太多的爱，这种爱的突然断裂和失去常常令他们猝不及防。他们无法承受这种过于惨重的打击，精神大都濒临崩溃，他们自身的元气和原本幸福温馨的生活几乎被撕扯得支离破碎、惨不忍睹，生活往往难以恢复正常。而且，他们大都已经接近中年，难以重新生育，就更难以医治心灵深处的创痛，外人的同情和慰抚往往无济于事，他们会陷于痛失独生子女的悲惨之中久久不能自拔，他们的余生大多数就只能是孤独与凄凉的……

黄敬孚接着围绕他的那个提案，一一阐述起他那个提案的缘由：

“在我看来，独生子女政策对减少当时高度增长的人口只是权宜之计，这个政策确实也对抑制人口的过度膨胀起到了不容否认的作用。但这个政策延续的时间太长了，至今已 20 年！这么宏观、这么长时间实行此一政策肯定会有副作用。比如说全社会的老龄化，相反青少年人口减少，这对社会发展和生产力的发展均不利。从扩大内需的角度来说，目前的有效需求不多，虽然有各方面的原因，但我认为这也与独生子女政策有关。加拿大吸收移民，就扩大了内需，今年朱镕基总理的政府工作报告也说要进一步扩大内需。从就业的角度看，如果许多家庭有两个孩子，相当一些妇女就可以像一些外国妇女一样不工作了，在家里带孩子，不会被认为是下岗，这对整个社会有利。

“允许生二胎以后，对社会物资的供求关系没什么太大问题。现在我们习惯计算人口的总数，然后计算人均 GDP，我觉得这些东西只是理论上的计算，生活水平不是简单的吃、穿，更在于综合的生活质量。发展中国家应提高公民的生活质量，包括家庭生活质量。比如有的家庭就认为两个孩子比一个孩子的副作用就少，两个孩子对老人、对孩子健康成长等方面都好。现在中国的经济发展水平与那个连温饱都未解决的年代不同了，那个时候要考虑吃穿问题，可现在吃穿对绝大多数家庭来说都已不成问题，现在主要是考虑提高以精神生活为主要内容的生活质量。像独生子女意外伤害带来的打击，对这样的家庭来说就谈不上什么生活质量了。所以从许多角度来说，我觉得国家都可以考虑调整独生子女的政策。如果不调整这种政策，按照现在的独生子女计划生育政策，虽然两个独生子女长大结婚后也允许生两胎，但这样的家庭将形成上面四个老人、下面两个孩子的格局，负担太重，加上繁重的工作，这样的夫妻将不堪重负！”

我不由自主地打断他的思路，问道：“允许生二胎，是否会造成一些人得寸进尺，想再多生的局面？”

“对许多人来说，他们不会这么做。有人说老龄社会老人的生活可以靠养老院，可以多建些养老院，可家庭是社会的细胞，养老院代替不了家庭的温暖。像日本，是有各种各样的养老院，但孩子们忙于工作、上班，每周甚至每月才接老人回家一次，所以日本的老人特别孤独。

“独生子女政策实行的时间真的是太长了。人口的控制绝不能只从理论上控制，如果一味看人均 GDP，忽视别的因素，这不但不是实事求是，而且早晚会造成不良后果。就说土地吧，实际上咱们人均土地在世界上并不少，人均土地面积是大于欧洲的，更比日本、新加坡、文莱等国大，丹麦、英国等欧洲国家的人均土地面积都不如咱们大，我给你看一个表格——”

黄敬孚说着，从他的公文包中拿出一张事先准备好的表格。这是一张他收集并自制的关于世界不同国家的人口、土地资源等项目的表格。从表格上面各个国家计算出的人口密度（即每平方公里居住的人口数）来看，按照 1995 年的数据，中国内地的人口密度（126 人/平方公里）比亚洲的日本（331 人/平方公里）、韩国（454 人/平方公里）、新加坡（4443 人/平方公里）、以色列（264 人/平方公里）和我国香港地区等都小，比欧洲（1990 年的数据）的英国（245 人/平方公里）、德国(230人/平方公里)、丹麦等国家的人口密度也要小,但这些国家和地区的经济却比我们发达,生活水平比我们高。

即使从中国大陆地区人口密度和经济状况分析,1990 年全国第四次人口普查的数据统计显示,我国东部地区(11 个省、市)人口密度为 392 人/平方公里,中部地区(8 个省)为 241.4 人/平方公里,西部地区(12 个省、区、市)为 52.5 人/平方公里,而经济发达程度也众所周知:人口密度最高的东部最好,中部居次,人口密度最低的西部反而经济发展最落后。上海和江苏人口密度居全国之首,经济发展和生活水平却居全国前列。

地球到底能承载多少人口呢? 为了回答这个问题,我曾多方查阅一些资料。

美国人口学家科恩(Joel E · Cohen)于 1996 年出版了专著《地球能养活多少人》,书中对人类在近 400 年来对地球承载力的各种研究结论进行了总结。对地球承载力的研究,不同学者的观点和结论存在极大的、令人难以置信的差异,得出的数字从不足 10 亿到超过 1 万亿不等。而据英国《卫报》报道,根据美国和罗马尼亚科学家的最新估算,地球可承载的极限人数更是达到 1300 万亿人,是现在人口的 20 万倍! 按此推算,中国的国土能承载至少是 260 亿人口总量! 可见,对于“地球能养活多少人”这个问题,迄今为止并没有一个国际公认的答案。

中国的计划生育尤其是独生子女政策的推行,的确源于中国的人口密度高和人均占有资源少的理论,然而从黄敬孚提供的依据和分析看,以人口密度高的理论继续维持独生子女政策,现阶段看来显然是不科学、不实事求是的。

如果与世界其他国家相比,中国的人均资源其实也不少。

世界上除了资源丰富的少数几个国家外,中国人均资源并不处劣势。比如,除中国以外,全球40.9%的人口人均农用地面积比中国多,59.1%的人口人均农用地面积比中国少;全球16%的人口人均矿产资源是中国的8倍,但中国人均矿产资源却是另外84%的人口的1.56倍。中国人口密度是印度的37%,人均农用地面积是印度的2.55倍,人均耕地面积是印度的73.5%,人均长期作物用地是印度的1.13倍,人均草原面积是印度的30.14倍,人均森林面积是印度的2.08倍,人均淡水资源是印度的1.24倍,人均矿产资源是印度的3.55倍。中国绝对算是"地大物博、资源丰富、人均资源也不错",中国"资源短缺"的原因主要是粗放式的发展模式而不是"人口过多"。影响粮食安全的主要因素是农业政策和人口结构而不是耕地。

人口数量多并不等于就业压力大。一方面,人口多了,一个工作岗位固然有很多人来竞争;但另一方面,人口多了,创造的就业机会也越多。人总是要消费的,消费就创造需求,需求就拉动经济,经济发展就创造就业机会。

比如,日本和澳大利亚都是发达国家,日本的人口密度远远高于澳大利亚,但这两个国家的失业率基本相当。俄罗斯和阿根廷都是地广人稀的国家,但这两个国家的失业率长期高于地狭人稠的日本。当一个国家、一个社会出现大量的失业人口或过剩人口的时候,要改革的是社会政策和经济政策，而不是要减少人口。一般来说，经济繁荣时失业率低，经济萧条时失业率高。例如，在 1929 ~ 1933 年经济危机时期，美国人口只有 1.2 亿，那时失业率高达 25%，如果认为失业是由于人口太多，那么是不是认为那时美国也应该减少人口呢？而美国人口在 2006 年 10 月突破 3 亿时，失业率只有 4.5%。

比较资源丰富和资源贫乏的国家，不难发现经济水平并不完全由人均自然资源决定的，因为人口资源才是第一资源，是中国最大的优势资源。人是“本”（能够将“非资源”变为“资源”），自然资源是“末”，想通过减少人口来提高“人均资源”是舍本逐末。

第二次与黄敬孚见面，是 2002 年 3 月全国政协九届的第五次会议上。一见面，他就一再强调：

“现在就业压力大，不是因为人口的原因，那是经济转型期造成的后遗症！现在扩大招生，比如春季高考，比如小学入学，招的人数比报考的还多，尤其是小学生入学，生源严重不足。所以现在要正式研究此问题，不要老认为是禁区，老不敢谈。这个问题我已经提过几次了，第一次是 1998 年政协九届第一次会议的一个发言，很快被大会秘书处写成一个简报和快讯；然后是两年前的 2000 年政协九届第三次会议，我写了一个正式提案。计划生育作为基本国策，是在当时全国人口基数过大、人口增长速度过快的情况下制定出来的，是非常正确的，但现在情况已经有了变化。从 1980 年到现在，城市里实行独生子女政策已经 20 多年，这个政策的制定和出台在当时是完全必要的，因为当时是计划经济，生活物资严重紧缺，城市居民生活必需的粮、油、肉等,都只能定量供应。可是独生子女政策如果再实行下去,由于时间过长,势必会有副作用。

“当然有这么一个问题,放宽可能会带来人口升值,因为生二胎会影响原来的比例。但拿韩国与朝鲜比,人口密度与经济状况的关系如何呢? 两者面积差不多,一个人口密度大,经济发达;另一个人口密度小,却吃饭都困难。所以人口与经济的关系应该重新审视。人口多一点关系不大,尤其是对每一个家庭来说,至少能减少独生子女的负面影响。假如一对夫妇都只生一个孩子,那将来的老人全部推向社会,社会是承担不了的,养老院代替不了家庭原有的那种温馨。

“不要单纯地把人口问题看成机械的数字问题,而要从社会、家庭的角度,从中华民族的文化传统,从人文等角度看,考虑怎样才能使全体公民的生活更协调、更美满,当然这不能脱离经济基础,在经济发展许可的情况下,应考虑在城市里适当将生第二胎的政策放宽。理由是:第一,原来规定的夫妻双方都是独生子女可以生第二胎,这批独生子女最大的是20多岁,距离生育还有四五年时间,离生育第二胎还有七八年时间,从计划生育的历史上看,这样的时间太长;第二,城市里都是独生子女的夫妻可以生二胎,不然就不能生二胎,这个道理从何说得通? 这之间没有根本的逻辑关系。

“最后我想说,计划生育政策是应在控制人口总数的情况下,考虑人口之间的生态平衡,如地区之间、城市之间、文化程度、经济状况等等。适当在两三年内允许城市里的一对夫妇生二胎,以减少独生子女带来的副作用。

“这么多年来，计划生育做了很多工作，取得了很多成就，但是根据社会经济的发展变化，我们应该好好研究这个政策是否该有所松动、有所调整。”

第十三节　30 年“独生”政策的节点与国民的期盼

1980 年，中共中央在《关于控制我国人口增长致全体共产党员共青团员的公开信》中提出：30 年以后，人口增长问题可以缓和，“也就可以采取不同的人口政策了”。

时间已经进入 21 世纪，那封公开信距 2010 年恰好 30 年。计生政策实行已逾 30 年，中国也已站在社会老龄化的门口，中国人口政策到底会不会有所变化？人口政策的转折性时期是否已经来到？

近年来，学界已有诸多呼吁，甚至连“独生子女政策”的主要设计者之一的田雪原也公开表态支持逐步放开二胎。

2010 年 1 月 19 日，全国第六次人口普查组长李克强（时任中共中央政治局常委、国务院副总理）在考察人口计生科研、管理服务工作时，提出要把“人口压力转换为人力资源优势”，且主题思想由“人口控制”变为了“人口发展”。此时计生“第一总指挥”对计生工作的“先期”发言，让许多人纷纷猜测：计生政策真要转向了？

在人口政策 30 年这个节点上，一切都变得微妙起来。

近几年，对“人口政策”的研究讨论，一直在学术界争论不已，并呈从学界向政界蔓延之势。

2010 年 1 月 24 日，有北京媒体报道称，北京市人口计生委副主任彭彧华透露:“生二胎的条件有望放宽,此外北京市有望取消妇女生育两胎须间隔4年的规定。”然而仅仅一天后的1月25日,彭彧华却向媒体澄清:“本市将稳定现有的计划生育政策不放松,该媒体报道严重失实。”

2010年2月4日,国家人口计生委副主任赵白鸽在“南方十二省人口计生委主任座谈会”上强调:“实行计划生育是党和政府从我国国情出发所采取的重大国策,‘十二五’期间必须坚持稳定现行生育政策不动摇。”

显然,在是否结束独生子女政策的问题上,国家计生委仍然是最为明确的反对者。

30年的期限和“领军人物”观念的转变

一方面是“独生”政策的铁板一块,另一方面是现实生活中中国人口结构的巨大忧患步步逼近。

现实是严峻的。

以上海为例。上海市统计局出炉的《2008年上海人口概况》显示,上海户籍人口自然增长率连续16年出现负增长。2008年,本市户籍人口出生9.67万人,出生率为6.99‰;死亡10.7万人,死亡率为7.73‰;自然增长率为负0.74‰。

上海市统计局分析说,最近几年的生育高峰降低了负增长水平,但是随着生育高峰的结束和老龄化水平的提高,负增长水平将进入上升周期。

2008年,上海户籍人口中60岁及以上的老年人口已经高达

300.57万人，占户籍人口的21.61%，老龄化程度已经接近日本、瑞典等世界人口老龄化最高的国家水平。

据国家计生委的预测，到2030年中国60岁以上的人口将达到3.55亿，成为不折不扣的"银发社会"。

在老年人口急剧增加的同时，生育率也下降到低水平。2000年第五次人口普查结果显示，全国生育率只有1.22；2005年的1%抽样调查结果显示，当年总和生育率为1.33。

早在2006年，中国工程院院士巴德年在哈尔滨的一次学术报告中指出："一个国家想要继续发展，合理、优质的人口素质非常重要。生育力低导致中国现如今的人口老龄化非常严重。"

巴德年曾经用近一年时间进行调查研究，发现中国已成为世界上生育力最低的国家之一。造成目前中国生育能力低的原因主要是人口结构失调。首先，男女比例失调，男多女少；其次，有生育能力的20岁至50岁之间的人口相对不足；另外，50岁以上的人口偏多，中国人口结构老龄化。

巴德年指出，在1990年时，中国大于60岁的人口达9821万，占当时人口总数的8.59%。如果中国持续一对夫妇只能生育一个孩子的政策，到2050年，大于60岁的人数将达到33100万，占人口总人数的21.33%。

"2.0左右的生育率是人口世代更替水平，高于这个水平人口会增加，低于这个水平人口会减少。以这个数据为标准，中国现在的生育率已经低于世代更替水平了，二胎应该放开。"中国人民大学中人口与发展研究中心顾宝昌教授说，“我们已经为这个政策的放开努力了10年。”

与顾宝昌相呼应的是，保守派权威、计划生育副总设计师田雪原抛出“二胎方案”，而长期支持计生政策的国情专家胡鞍钢也呼吁起人口政策的重新调整。

2009年末，中科院国情研究中心主任胡鞍钢、社科院人口研究所原所长田雪原分别在《经济参考报》和《人民日报》上撰文，呼吁调整人口政策。

著名国情专家胡鞍钢，多年来一直是计划生育的积极支持者。在2000年“十五规划”时曾向有关方面述称，“必须坚持计划生育政策”。事隔10年，他却在《经济参考报》上撰文要求放开二胎生育。不仅如此，他更爆出内幕：计划生育这项基本国策早在制定时就被冠以30年的期限。证据是1980年党中央《关于控制我国人口增长致全体共产党员、共青团员的公开信》中提出：“到30年以后，目前特别紧张的人口增长问题可以缓和，也就可以采取不同的人口政策了。”这“30年之期限”似乎恰好解释了2008年以来人口学界热闹的原因。“我国的公共政策的时限一般不会超过10年，而唯一不变的，就是计划生育政策，它持续了30年。”胡鞍钢在接受媒体记者采访时说。对于自己在人口政策立场上的突然转变，他说：“以前的政策我觉得它在低收入条件下有效地控制了人口，但现在我们已经是中等收入。（这几十年来）中国的人口环境发生了变化，中国的发展程度也发生了变化。”

胡鞍钢最初赞同计划生育政策时提出中国人均资源紧缺，应当进行人口控制以防超过资源和环境承载力。但是现在他提出，“随着科技和生产的发展，现在的资源已经能够承受起人口政策的调整”。

胡鞍钢认为，进入21世纪后，中国社会将面临“加速的少子化”和“加速的老龄化”的挑战，第一代以控制人口增长过快为目标的人口政策已经不适应社会实际情况。

此外，2009年7月份，在中国社科院召开的一次高规格的研讨会上，绝大部分与会者坚守“一胎政策”，但过去的保守派权威、计划生育副总设计师田雪原却提出“二胎方案”：夫妻双方有一个为独生子女的，可生二胎。

这样一位“领军人物”的忽然转向，无疑给国内人口政策讨论抛出了“重磅炸弹”。2009年12月，田雪原更是在《人民日报》上发表文章，认为“十二五规划也即将到来”，人口政策也应“与时俱进地进行调整”。他提出调整人口政策的方案是：全国不分城乡，夫妇双方均为独生子女者，一律允许生育两个孩子；夫妇一方为独生子女者，允许生育两个孩子，农村现在可以实施，城镇可从“十二五”开始实施；在有效制止三孩及以上多孩生育条件下，农村可普遍允许生育两个孩子。

民意如潮，“铁板一块”的政策到底该不该松动

当大部分城市孩子已经对兄弟姐妹的称呼感到陌生时，舆论和民间关于“生二胎”的讨论却日渐升温。

2008年3月人大和政协“两会”期间，全国政协委员、中国科学院研究员叶廷芳等29名委员认为，现行的独生子女政策的负面效应日益凸显。就此委员们联名提交提案，要求我国尽快停止独生子女条例的执行,恢复原先的"一个不少,两个正好"方针。

叶廷芳委员则从社会学角度指出,执行独生子女政策已经呈现出来诸多弊端。

目前"421"的家庭结构不合理,特别是面对"上学难、看病贵"的当前国情,一对青壮年夫妇负荷显然过重。另外,独生子女政策对孩子的成长也不利,易于导致人性的扭曲。"独生子女不能跟兄弟姐妹一起玩乐,只能成天围着父母转,其自然成长的天性受到压抑,不利于其健康成长。从人的情感层次讲,至少可分为亲情、友情和爱情,亲情方面包括父母之情、夫妻之情、叔叔婶婶、舅舅舅母、姨父姨母及堂兄妹、表兄妹等。现在堂、表这些层次都没有了,这是人伦的缺陷,必然导致人性的变异。"委员们认为,自20世纪70年代以来,我国的计划生育政策使人口增长过快的势头得到了有效抑制,但20世纪80年代初这个方针的核心内容修改为"独生子女"政策,它在占我国绝大多数的汉族地区普遍实行。经过多年实践,其负面影响日益凸显。委员们建议,我国应尽快停止独生子女条例的实行,恢复原先的"一个不少(但必须是自愿),两个正好"的方针。九三学社的黄鸿翔委员也认为,独生子女政策既需要坚持也需要改进。他认为,应该调整一下思路,不再发放这种不起作用的独生子女费,集中这部分资金再加上国家较大幅度增加财政支持,为独生子女家庭特别是农村贫困的独生子女家庭提供适当的社会保障,通过社会保障体系的建设,对这些家庭提供医疗、养老方面的帮助,以抑制其生育愿望。

2010年的人大、政协两会,全国政协委员、清华大学教授王名和全国政协委员、山东大学教授刘大钧又联合提议，再次建议放开二胎。他们认为，以“一胎化”为核心的计划生育政策已完成其历史使命，在人口老龄化提前到来与劳动力人口增势减弱的情况下，应该放开二胎、提倡一胎。

在2012年召开的全国两会上，中国女富豪张茵建议，国家应逐步放开二胎政策，并且有个3至5年的过渡期，让一部分人先生，然后再完全放开。

张茵在接受《南方周末》记者采访时称：“今年两会也有很多人提案计划生育，我是从养老问题上来考虑的。现在的出生比例很小，如果再这么下去，我们进入老龄化社会将不知如何应对。”

……

呼吁，是民意的反映。

民意，是政府决策的根据。

早在2002年，围绕“硕士可以生二胎”而争论正酣的新浪网趁热打铁，在网上设计了一项调查：在我国提倡一对夫妇只生一个好，但据说夫妻双方都是独生子女可生两胎。如果政策、经济条件允许，您会选择生几胎？页面上的这项调查显示，此次调查有11362人参加，票数的选项比例分别是：“一胎就好，掌中至宝”4997人，占43.98%；“两胎最好，好事成双”5601人，占49.30%；“三个以上，多多益善”527人，占4.64%；“丁克家庭，终生不育”237人，占2.09%。

不难看出，在以上的各项选择中，“两胎最好，好事成双”比例最高，两胎是大多数人心目中的生育模式，拥有两个孩子是大多数人心目中的共同梦想。

然而,假若按照这大多数人的愿望制定政策,给大多数人以相对宽松一点的生育权利,是否会造成人口的急剧膨胀?

从上述调查中可以看出,选择"一胎就好,掌中至宝"比例的人所占比例其实也很高,仅次于想生两胎的人,况且还有 2.09% 的人选择"丁克家庭,终生不育"。而选择"三个以上,多多益善"的人也仅仅是占了 4.64%。可以说,中国实行了三十几年的计划生育政策不仅成功地控制住了人口的继续膨胀,而且从根本上改变了几千年来中国人传统中"多子多福"的生育观念,一至两个孩子成为绝大多数人心目中的理想选择,两者相加的比例达到了 92.28%。

2002 年 8 月 19 日,中新社一则《拒绝生育者渐多,我国有 60 万"丁克家庭"》的电文,从更详细的层面反映了当代中国一部分拒绝生育者的生育观。

中新社的这则电文说:我国有越来越多女性拒绝生育。据统计,目前大中城市已出现 60 万个"丁克家庭"(DINK, Double Income No Kids 的缩写,即夫妻双方都工作而没有小孩的家庭)。零点调查公司 2002 年 2 月进行的一项社会调查显示,"丁克"一族人数还有继续增长的趋势。近 70% 的受访者认为,"丁克家庭"将会增多。专家认为,中国"丁克家庭"增多,未婚同居现象大增等一系列变化,显示中国人在爱情和婚姻中更具自主和选择性,也表明传统社会中维系家庭关系的纽带正变得相对脆弱。

零点研究人员认为,我国现代都市居民不再简单用"多子多福"的观念看待可以生育两胎的机会，基于对完全的独生子女政策所形成的弊端认识，二胎政策确有一定的支持空间。较多市民面对一个新的人口政策时，能够结合个人、家庭和社会三方面的利益与矛盾进行利弊权衡，在生育决策上更趋理性化。从这一点上看，我们似乎不必过分担心新政策的实施会带来该城市急剧的人口膨胀；相反，我们有理由相信，新政策在缓解部分城市中连续几年出现的人口负增长和人口老龄化现象以及消除独生子女成长中的弊端方面，将会发挥更大的积极作用。

除了生育观念的改变，子女教育费用太高，也非常现实地制约着人们生子的愿望。

以上海的赵先生为例，身为外企雇员的赵先生 2002 年 42 岁，夫妇有一个 6 岁的女儿在上“全托”。孩子星期一早上去幼儿园，平时在那里寄宿，星期五晚上回家。除了约 65000 元的入学费和赞助之外，每月还有 1500 元的学费。这对月收入 1500 ~ 2000 元的上海一般工人家庭来说可谓高价，但在很多父母都热心教育的上海，这种“全托”幼儿园竟有好几家。

当今中国，子女教育费用需求已经成为家庭理财的第一需求。

中国人民银行 2005 年对 50 个城市超过两万市民的调查数据显示，目前百姓存钱的目标中，“为孩子攒教育费”一直高居榜首，而且远远高于养老、自身保障等其他目标。

新浪网理财频道同一时期进行的一项调查也显示，25% 以上的家庭用在孩子身上的支出超过家庭总收入的 50%，83.4% 以上的家长感到抚养孩子的经济压力很大。

根据上海社科院专家的分析,目前 0 ~ 16 岁孩子的直接经济总成本达到 25 万元左右,如果计算上高等院校的费用,养育一个孩子的直接成本已经高达 48 万元人民币。

上海人口信息中心主任张戒舟指出,上海育儿、教育成本太高,并提到年轻人的意识也在发生转变。他认为,“晚婚、未婚人数增加,年轻人的想法变得和日本一样,‘不要孩子也行’。尽管可以生第二胎,实际上想生的人并不多”。

虽然如此,理论上最理想是“二胎”的民意,多年来依然持续潮涌,并且渐成民意主流。

2009 年 2 月,《生命时报》也先后联合搜狐健康、新浪健康,以及清华大学媒介调查实验室推出“你愿意生二胎吗”的读者调查。截至当月,有 9058 人参与调查,这部分人群年龄集中在 25 ~ 35 岁,其中,73.46% 的人表示愿意生二胎,23.30% 的人不愿意生二胎,还有 3.24% 的人表示一胎都不想生。

大学教师小吴刚生了儿子,正计划着过两年再添个女儿。“我 1981 年出生,恰巧又是独生女,对这个问题感触很深:没有一个同龄人跟你一起长大,觉得特孤独。再往下走,我们的后代岂不是连亲戚都没有了?所以不能让我的孩子有这种孤独感,至少得生两个!”不止小吴,周围很多“80 后”独生子女夫妇都希望能多生几个。

除了年轻人,该报记者采访到的大部分老年人也都表示出强烈的“想抱第二个孙子”的愿望。某小区居委会赵大妈告诉记者:“我家就一个独苗，儿媳也是独生女，现在他俩要赡养四个老人，太辛苦了！我就希望他们多生，这样孙子辈能减轻很多赡养老人的压力。”

但在采访中，也有一部分人持反对态度。外企员工小蒋无奈地表示：“现在生养和教育孩子的成本太高，我和妻子的工资加起来只有3000多元，还要供房和买车，负担一个孩子已经很吃力了，生二胎不现实。”某媒体从业者徐小姐态度更坚决：“二胎？我连一胎都不想要，这年头，孩子从小就被施加各种社会压力，童年的快乐早就被剥夺了，我可不想给孩子找罪受！”

那么，到底是什么原因让大多数人盼望家中“老二”的到来呢？调查中，有68.31%的人“想让孩子有个伴”“对他/她将来成长有好处”；11.35%表示就喜欢孩子，想老了以后儿孙满堂；5.52%则是为了将来养老考虑。

本次调查也显示，在不愿意生二胎的人中，更多人是考虑到经济负担太重（48.52%），其次是社会环境不好，怕孩子成长压力过大（14.49%），以及生孩子太痛苦，不想遭两次罪（9.07%）等。

种种迹象表明，随着经济的发展和文化环境的改变，中国人的生育观念也已经发生了改变。虽然在生育问题上，有愿意生二胎的，但也有愿意只生一胎甚至不生的。生与不生各自都有充分的理由，这反映出我国城市人口生育观正告别盲目性，有着很强的自主意识。

其实社会越发达，养育成本越高，生育意愿越低，婚龄、育龄越晚，不孕率越高，生育率也因此就越低。在没有任何生育限制，并且在鼓励生育的情况下，新加坡、韩国以及我国台湾地区的生育率只有1.1

左右,葡萄牙也不到1.5。目前上海、北京、广州等中国的发达城市,经济发展水平与上述地区和国家的经济发展水平相当,即使政府允许生育二胎,生育率也不会高于上述地区和国家吧?

据最新的网络调查显示,有61.1%的被调查者支持"放开二胎",反对的有32.1%;有二胎生育意愿的达61.7%,没有二胎生育意愿的有30.3%;在选择生育二胎理由的调查中,有60%的人认为独生子女家庭太孤单,26.1%的人认为独生子女有成长、成才、婚姻、养老、社会发展、国防等"六大风险"。

所以,即使适当放宽生育限制,像上海、北京、广州、深圳等大中城市的人口并不一定就能迅速膨胀。

当然,农村就不一定了。所以在生育问题上,农村一定要更严格地控制。

为什么?在笔者看来,中国实行了30多年的计划生育政策,尤其是独生子女政策,虽然极大地控制住了人口的增生,但主要是控制住了城市人口的增生,农村计划生育的执行状况却仍然是令人担忧的。虽然多年来中国农村的计划生育工作也取得了不错的成绩,农村人口增长的速度总体上也得到了相当程度的控制,但这种控制大都是从农村各级基层组织所填写的计划生育统计表上体现出来的。

然而,众所周知,统计的数字不等于现实中农村人口的实际数字。"超生游击队"这个耳熟能详的特定名词,所指的"超生"基本上都在农村。因为中国的城镇尤其是大中城市有单位、居委会等基层组织的严格监督和管理,城市居民工作和生活的相对稳定,生活成本尤其是子女教育成本的相对较高，更重要的是城市居民相对较高的文化素质和早已经有别于几千年中国传统文化的新的生育观念，使计划生育在中国城市的居民中逐渐成了一种自觉的行为。而农村却完全相反，变革时代农民的流动、生活的不稳定、社会保障的欠缺，尤其是中国几千年“多子多福”的传统生育观念的根深蒂固，使中国农村的一些地方计划生育实际上仍处于一种失控状态。

实行计划生育 30 多年来，农村的“超生游击队”到底超生了多少？时至今日，没有人能够真实、准确、完整地统计，就连国家的权威机构也没能够真实、准确、完整地统计出来。但现实生活中农村局部的超生状况却是令人触目惊心的。

弄虚作假、欺上瞒下，是现阶段各级中国农村各基层组织的通病。

中国现在所面临的一个新的现实问题是，在农村人口增长幅度相对较高的同时，文化程度越高的人生育数量越少，或者不生，大量城市开始出现人口负增长。周孝正指出：“人口学上这是‘人口素质逆淘汰’现象，也就是说，不是人口素质的‘优胜劣汰’而是‘劣胜优汰’。”

我忽然想到新加坡的生育政策：鼓励高学历者的生育，限制低学历者的生育，目的是保证幼儿从小有较好的教育环境，从而提高全民的文化素质。而中国的现实恰恰相反：高学历、高文化素质的只生一个，农村大量低素质育龄人口却不断超生且似乎失控。按人口比例，中国计划生育的这种不平衡使得中国现今国民的总体素质绝不是上升了而是大大下降了，这是谁都不能否认的事实。

所以，适当放宽中国人的生育权利，不等于放弃计划生育政策也不等于不控制人口。虽然绝大多数中国人的生育观念已经发生了根本改变，但三胎应该绝对控制。在我看来，可以适当放宽生育权利（包括生与不生的权利），主要应该是中国大中城市的高素质人群，而农村不但要继续控制，而且应该更严格控制，否则在人口问题上就会重蹈覆辙，这是毫无疑问的。

人口学家们希望依靠诸如独生子女可生二胎之类的政策对“逆淘汰”起到缓解作用，但他们也承认光凭政策恢复和重建健康、坚强有力的家庭结构难当重任，至少有些一厢情愿。周孝正说：“在广大城市，只生一个已经成为新的社会秩序，更关键的是，年青一代的生育观念已经发生了微妙而显著的变化，‘你让他生，他还不一定生’。严格的人口政策所付出的代价暂无可能立刻缓解或者消除。”北大人口所的穆光宗教授也认为：“事实上，木已成舟，也许我们已经在一开始就丧失了某种时机。”

实际上，能否承担生育和抚养成本已经成为决定家庭是否生育和生几个的前提。在城市家庭中，有意愿、有能力生育二胎的人与同时符合政策可以生二胎的人——两个条件同时具备的人其实少而又少。尽管依旧存在着超越政策的界限实现生二胎“理想”的现象，但有资格生育二胎的年轻夫妇们往往面临来自经济压力和生育改变以自我为主的生活方式的考验。显而易见，这一并存的现象源自政策与观念的冲突，在“谁去生两个”这样的现实问题上表现出怎样的难以协调！

所以说，适当放宽并调整独生子女政策，在中国的大城市里条件已经成熟。即使真正放宽到允许生二胎，人们也未必都去生二胎。

一个负责任的政府理应重视百姓的疾苦与呼声

2013年1月7日，130多名来自全国各地的失独老人冒着严寒齐聚位于北京市海淀区知春路的国家计生委办公楼门口，这是他们继两年前首次来访之后，再次向计生委反映失独家庭的生存现状，提出完善失独老人的养老保障。

这些失独者，大多是20世纪五六十年代出生的人。他们在最为美好的青春年代，为了祖国的富强，被“自愿只生一个”。30多年的计划生育国策，为中国人口的减少、国家的富强，带来了巨大的人口红利；为中国的前行、崛起，做出了自己的贡献和牺牲。如今他们遭遇不幸，国家政策对失独家庭的帮助犹如杯水车薪。儿女走时，无人慰藉；病了，无人送医；老了，进不了（或进不起）养老院。“只生一个好”的好处体会不到；没有一个的苦处，却独自咀嚼、承受。为此，他们再次来到这里，向国家人口计生委递交了《我们的诉求》。

国家人口计生委李斌主任及各位领导：

我们是一群失去独生子女的中老年父母，年轻的时候我们响应国家号召，只生育了一个孩子，但在我们步入中老年的时候，孩子却不幸离开了我们。失去唯一的孩子，我们的悲伤难过可想而知，今后的日子该怎么过？我们一天天地老去谁为我们养老？谁为我们送终？这个问题时刻都在困扰着我们。

在国家需要控制人口的时候,我们这个群体为国分忧,从未考虑个人的风险得失。但是,当灭顶之灾降临在我们头上时,我们才意识到,失去孩子对我们的打击有多么的致命。这个时候,我们多么需要国家的帮助和关怀呀!只有国家的帮助和关怀才能让我们重新得到尊严,才能让我们重新鼓起继续生活下去的勇气。

我们认为,社会重视公民的个体权益,这是社会给予公民尊严的前提,也是社会和谐的关键,如果处理不当,将会引起社会潜在的不稳定因素。

计划生育实行30年了,一直存在独生子女家庭风险的问题,前20年尚有补救措施,可是近10年以来,最早的独生子女父母开始进入中老年,意外变故一旦发生就再也无法补救。这是我们的灾难,也是社会的伤痛。在这种情况下,迫切需要国家制定对我们群体的赡养法律条款,迫切需要政府加强对我们群体老、病、死的责任义务保障,迫切需要解决我们群体目前面临的精神创伤和生活困境。我们认为,政府对我们实施帮扶项目,不仅是对我们群体的关爱,也是执行科学发展观、完善国策的自身需要。

为此,我们请求国家计生委,为我们这个灾难群体解决如下困难:

1. 请求国家计生委建议全国人大和国务院,完善计划生育法,补充国家对失去独生子女父母的赡养责任内容,或出台相应的政策,调整完善法律条款的不足,更好地保障失去独生子女的家庭的权益。

2. 请求国家计生委自上而下设立专门的机构，管理失去独生子女的家庭。机构主要职责是：对失去独生子女的父母老、病、死及相关程序实行统一管理，妥善照顾好重症病人及做好临终关怀服务，妥善处理好每个人身后的丧葬事宜，并明确具体的办事程序，真正使我们老有所养，老有所依。

3. 请求政府对失去独生子女的家庭给予精神抚慰及心理创伤干预和生活照顾。

我们的意见是：各省集中为这个群体建设保障性租住社区，房屋产权为国有。我们认为这样做的好处有以下几个方面：

(1) 可以有效地抚慰精神创伤。

失去孩子的父母，精神上受到了巨大的打击，心理落差很大，变得敏感脆弱。没有子女，没有后代，使我们过着一种相对另类的生活，我们害怕对别人诉说自己的遭遇，害怕被人问起孩子的事情。不愿意回顾从前的一切，也不愿意与亲戚和昔日的朋友更多地来往，逢年过节别人全家团聚，而我们是四处躲藏。离群索居、孤独生活是我们群体大多数人的选择，长此下去，对医治心理创伤非常不利。因为，在灾难来临的时候，精神支柱对我们来说尤为重要。我们认为，这个精神支柱就是政府的关心和来自群体之间的安慰鼓励，如果我们有了这样一个社区，那既体现了政府对我们的关心帮助，同时，也为我们搭建了一个互助关怀的环境，方便群体成员互相抚慰照顾，对医治我们的心理创伤作用极大，这一点，我们群体的几个民间组织的做法就是很好的证明。重庆的联谊会，上海的星星港，武汉的连心家园和温馨港湾，我们的这些组织，充分发挥了对群体成员提供帮助的作用，使群体成员受伤的心灵得到极大的安慰。相比之下，分散在各地没有组织的家庭，缺乏同伴的安慰和心理交流，精神更加痛苦和悲伤。

(2) 可以有效地帮助生活困难的家庭。

我们群体中很多家庭为患病孩子治疗，几乎花掉了这个家庭的全部积蓄，有的家庭还因此债台高筑。如果国家能够给我们群体提供保障性的租住房，那就会很好地解决这部分人的生活困难。

(3) 可以有效地控制安全隐患。

随着我们群体年龄逐步变老，大家内心深处缺少一种安全感，如果总是离群索居，势必会存在不安全的隐患，比如病在家中无人知晓，遇到事故、发生意外无法及时求助。如果大家居住在一起，社区实行有序的管理，就会有效地控制避免这些安全隐患的发生，可以有效地方便政府部门的集中管理。

诚然，集中居住的问题也许不可能一蹴而就，这也是一个复杂的社会程序工程，需要多个部门的协调努力才能得以解决，我们也很理解。因此，我们请求在实现群体集中居住之前，在有条件的地区，由计生委牵头成立相应的管理机构，并帮助我们建立互助联谊组织，对其统一管理，形成政府和互助组织相结合的管理关怀模式，有效地对灾难家庭实施心理救援，实施生活帮助。

4. 请求为失去独生子女群体建立独立的养老院。鉴于群体的特殊性，我们不能与其他正常家庭的老人在一起养老，别人儿孙绕膝的情景对我们来说，无疑是最大的刺激，所以，我们认为有必要建独立的养老院，以应对失去自理能力的老年阶段。

5. 请求国家计生委对各地扶助金发放情况进行检查指导，提倡人性化管理，放宽个人申请时间，并要求低水平扶助金地区的地方财政适当提高扶助金的发放标准。

6. 请求对失去独生子女的父母实行退休优惠政策。我们群体成员有很大一部分是企业下岗人员，失去工作又失去孩子，还要自己交社会保险，这种雪上加霜的日子令我们的心里更加难过。请求国家能够考虑到这部分人的困难，灵活掌握退休政策，给予适当放宽退休年限要求的照顾。

总之，我们希望国家计生委领导能够充分了解我们这个灾难群体的现实生存状况，能够重视我们群体的请求，尽快地帮助我们解决困难，制定切实可行的优抚政策，让我们在有生之年感受到改革开放的成果，感受到利益导向机制带给我们的关怀，感受到党的民生政策的温暖阳光。

全国部分地区失去独生子女父母敬上

这百余失独老人的诉求递交给国家人口计生委之后，得到了何种答复，我们不得而知。但从上述内容看，他们提出的要求是诚恳、实事求是、符合失独家庭这个特殊群体的实际情况的，而且颇具建设性。作为国家计划生育政策的执行者与牺牲者，计生委理应重视他们的合理诉求，逐步解决他们的后顾之忧。

而对于绝大多数非失独家庭来说，民众对放开二胎的祈盼和理由以及对幸福家庭的向往,同样值得重视。

2005 年,在一项名为“80 年代独生子女的孤独与亲情”的调查中,有 6007 名 1980 年至 1989 年出生的独生子女参与,其中,61.3% 的人认为,与有兄弟姐妹的传统家庭模式相比,独生子女更孤独,幸福与哀伤难与人分享;66.9% 的人希望家中有兄弟姐妹能与自己做伴。可能正是因为对孤独深有体会,46.1% 的人表示,自己想生两个孩子。

虽然国内外很多研究证实,独生子女比有兄弟姐妹的子女更聪明,更富创造性,也显得更富有教养,对社会事业更敏感,但在世卫组织任职 21 年的原世界卫生组织副总干事、上海市关心下一代专家委员会主任胡庆澧教授看来,独生子女也更容易出现一些性格上的偏差,比如自私、懒惰、怕吃苦、不善交际、依赖性强等,这与其后天的成长环境密切相关。“我们希望他们能拥有与手足相亲相爱的机会,从孩子到成年,一路相互扶持,即使父母年迈逝去,也能有温暖相依相伴。”

“生二胎”会不会增加人口压力呢?

南开大学人口与发展研究所研究员李建民分析认为,根据《人口和计划生育统计公报》的最新数据,育龄妇女的平均理想子女数为 1.73个。也就是说,即使一家生两个孩子,也不会对中国人口数量造成压力,还能为延缓中国的老龄化社会服务。

中国人民大学社会学研究所所长周孝正教授称,“现在‘421’的家庭结构并不合理。毫无疑问,现在的中国人就应该生两个孩子”。

虽然民意调查显示七成人有生二胎意愿，但因为养育孩子的成本和经济压力原因，实际生二胎的人数会大打折扣。

正像国家人口计生委新闻发言人于学军在接受媒体采访时曾形容的那样，就像我想买一辆宝马，但我的能力只能买一辆夏利。拿日本来说，过去几十年他们的生育愿望从没低于过2，但实际生育水平只有1.3。

事实上，世界人口真正大规模增长只是在二战以后的一段时间。随着生活水平的提高，即使不实行计划生育，人们的生育率也会逐渐下降。例如，欧洲许多国家的人口已经出现负增长，而他们都没有实行过计划生育，证明了“发展是最好的避孕药”这个规律。如今，人类面临的新威胁并不是人口太多，而是由于生育率下降导致的人口老龄化。胡鞍钢是计划生育政策的长期坚定支持者，但后来他的思想开始转向。2009年11月26日，他在《经济参考报》撰文提出，应适时调整计划生育政策，并指出人口增长已经不再是我国资源环境的主要压力来源。

胡鞍钢认为，我国人力资源、人口构成已经发生了变化，当时提出这个政策时，中国15岁以上人口平均受教育年限只有4年，到2010年会达到9年以上，翻了一倍。因此，简单地去看人口基数就有一定的问题了。在某种意义上，人力资本提高以后，其实它是个财富，消费财富，然后有消费市场，又是一个发展的动力。这是在30多年前制定政策时不会想到的。所以，公共政策也需要与时俱进，适当地进行调整，而不要陷入到我们所说的教条主义。

胡鞍钢进一步指出，从公共政策角度来看，现行人口政策已经不适应时代的发展了，因为中国的人口环境发生了变化，中国的发展程度也在变化。事实上我们现在“二胎”的建议没超过马寅初先生的设想，马寅初最先提出来人口调控的微观目标：一对夫妇两个孩子。

尽管长达30多年的独生子女政策在控制人口的同时已经出现了那么多的矛盾和弊端，尽管各界学者和有识之士多年来不遗余力多方呼吁，尽管民众对生二胎有迫切的愿望与期盼，但解铃还需系铃人，一切取决于国家人口计生委和中央政府高层。

未来几年里政策到底会不会有所松动？现在仍不得而知。这样的结局，对于希望生育第二胎的育龄夫妇来说，不免会有些失望。

然而，站在决策层的角度来看，这是理所当然的结果，也完全是可以理解的。因为如此重大的一项决策，没有经过方方面面长时间的科学论证，是不可能有实质性变化的。人口问题事关国计民生，事关国家和民族长远利益，它将牵一发而动全身，不是说变就能变的。当然，现阶段人们都希望知道，面对30余年独生子女政策带来的利弊得失，中国的领导层将如何审视和评估？他们会何时审视和评估？面对中国2.18亿个独生子女家庭业已存在的生存现状，面对2013年2月卫生部数据显示的我国每年新增的7.6万个失独家庭所面临的人生困境，面对那些随时都可能遭受意外伤害威胁的所有独生子女家庭，我们的政府又将采取何种措施去关爱他们？

问题的关键是，中央政府是否已经深入了解到了“独生”政策推行30多年来的现状、学者的呼吁和民间的呼声了呢？国家人口计生委是否能真正以国家和民族的利益为重，以对中华民族负责、对现实和历史真正负责的态度将现行人口政策的现状和真相，客观、真实、全面地深入调查研究之后呈报给中央高层？这是值得令人置疑的，因为民众多年来对国家人口计生委已经多有议论：人口政策调整事关重大，计生委怕负责任，他们只考虑自身利益，计生委的高层领导甚至只考虑他们个人的乌纱帽。

如果民众的猜疑并非空穴来风，那我认为计生委是作茧自缚。事实上，没有人会认为人口政策的调整只是国家人口计生委自己的事情，因为计划生育是国家行动，人口政策的调整与制定事关国家民族大局，当然只有中央政府才能做出决策，国家人口计生委只是政策的执行者而非决策者。长达30多年的独生子女政策的实行如此，未来无论实行何种人口政策，也是如此。国家人口计生委只能是计划生育的职能部门而非决策部门，面对业已出现的计划生育现状和民众呼声，国家人口计生委所要做、所应做的事情，就是要将现状和呼声如实准确、全面地反映给中央高层，否则，他们就是失职，就是行政不作为。

无论人口政策是否调整，30多年来，在实行计划生育的家庭群体中，因子女或父母遭遇死亡、伤病残等意外风险而使家庭陷入困境的现象，已经成为不争的事实，也已经成为一个令人担忧的社会问题，这一问题在农村尤为突出。

为了了解这类家庭到底有多少及其现状怎样，2002年下半年，中国人口福利基金会组织有关人员到甘肃、宁夏、四川、湖南和浙江等农村地区12个乡镇，对19.39万人、5.69万户（其中有3.6万户符合政策生育的家庭)进行了全面摸底调查,并采用入户问卷方式调查计划生育困难家庭1000多户,深入70余户困难家庭进行了专访,又对江苏省、浙江省200多个乡镇的10万余户独生子女家庭做了专项统计。发现独生子女夭折,对其家庭造成的影响主要有以下几个方面:

其一,这些家庭由于子女因病夭折或遭受意外死亡,在挽救孩子生命的过程中都倾其所有,甚至举债,但是不但没有挽救孩子的生命,反而陷入了贫困。如湖南省石门县雷公嘴村村民李元栋,为抢救女儿,先后花去4万元。李元栋为了还债到石料场打工,不料腿被石块砸伤,李家进一步陷入困境。

其二,子女不幸夭折,尤其是大龄独生子女夭折的家庭,由于妇女错过了生育期,这些家庭成为无后家庭,未来养老成为一个难以解决的问题。

其三,由于子女不幸夭折,家庭在精神上遭受到巨大的创伤,陷入了有田不种、有活不干、有工不打的局面。如四川蒲江县彭秀英家,地撂荒了,原来养的鸡鸭也不养了,园子里的果树也不管了……

根据《人口与计划生育法》第二十七条的规定,独生子女发生意外伤残、死亡,其父母不再生育和收养子女的,地方人民政府应当给予必要的帮助。

然而在我看来,这个法的第二十七条的规定还是有些笼统,不够完善,这样的规定对受害家庭的扶持和支持力度显然是远远不够的,应该更加明确、更加具体,国家和政府有理由和责任对这样的家庭造成的损害,尤其是不再生育和收养子女的独生子女父母的晚年负全责。原因很简单：他们是响应国家号召、遵从国家的有关法规才只生一个孩子的，而只生一个孩子原本不是他们的生育意愿，他们为此做出了牺牲。可以说，独生子女的存在，一定程度上讲是以牺牲一代乃至两代人的生育权利为代价的。

国家人口计生委一位干部坦言："计划生育是一部辉煌而又悲壮的历史，人口控制巨大成就的取得，有千千万万管理工作者的心血付出，更有千千万万家庭的利益割舍，彼此相忍为国。看到数量庞大的计划生育家庭出了事，我们怎能坐视不管？计划生育社会保障制度一日不建，我们一日不安！问题不能解决，几十年后就会留下骂名，老百姓会戳我们的脊梁骨！"

其实，对百姓负责，也是对自己负责。一位多年从事计生工作的干部，对此有过刻骨铭心的惨痛教训。

她叫李建荣，是石家庄一家大型国有企业的计生委主任。在这个岗位上的每一年，她都能捧回市级计划生育先进工作者的荣誉证书，一家人以她为荣。然而，就在 2012 年初，这位 64 岁的母亲失去了自己的独生儿子，她和丈夫陷入了"老无所依"的深深恐惧之中。

当初生下儿子后，李建荣曾怀过另一个孩子，但 1979 年 4 月，身为计生干部的她怀孕两个多月，却带头到医院做了人工流产手术。"要是生下来，现在不就顶用了？！"李建荣感慨道，"只是那时我别无选择。"

在老同事看来，李建荣获得的计生"先进"实至名归。她干活"不要命"，还特别擅长做思想工作，"代表上级的声音"，把政策解释得一清二楚。那时她做别人的计生工作总是信誓旦旦。曾经有很多育龄妇女问她:"家庭结构变成'421'怎么办?""独生子没了怎么办?"她斩钉截铁地回答:"这不是你该考虑的问题,上面一定会解决。"

而现在,她也不幸成为失独父母,言及过去,她不停叹息,坦言自己真后悔当时没有生下第二胎。如今,成为失独母亲的李建荣把唯一的希望都寄托在未来国家对自己养老的帮助与扶持上。

只是,她的愿望和诉求与百余万失独家庭一样,真能得到国家和政府的重视吗?

其实,关怀与救助,不仅事关百余万且日渐庞大的失独家庭的后顾之忧,更重要的是事关国家与政府的形象。计划生育尤其是独生子女政策原本就是国家行动,如果国家不能对遭受意外伤害的独生子女家庭给予具体的、充分的关照,独生子女意外伤害家庭的巨大伤痛及损失和由此带来的一切不良后果,将对国家和政府的形象以及计划生育政策带来不良的影响。而诚如温家宝总理就职之后多次强调的那样,一个负责任的政府,是会时刻把人民的利益放在首位的。

人口发展主要受经济因素的制约,因为决定生育的是家庭,而家庭是一个消费单位,育龄夫妇主要是从自身目前生活水平和今后生活保证等角度来考虑生育子女数的。因此控制人口的一切经济措施要能有助于家庭目前生活的改善,也要有助于无子女户、独子女户和有女无儿户克服生活上的实际困难,并应做到在长期生活中不因少子女而产生困难。为此要从经济措施上解决养儿防老和重男轻女问题。建议除了在就业、生活福利、假期享受、口粮分配、工资制度、奖金办法、医疗待遇、退休年龄、退休条例、托儿、上学等方面有利于计划生育外，还有必要充分发挥社会主义制度的优越性，实行社会保险，保证老年人安度晚年；同时大力发展生活福利事业，给无子女户、独子女户和有女无儿户以各种照顾和优待。

还应当看到，在现代社会，人的生育权利不仅仅是关系到能不能养儿防老的问题，更关系到人的精神生活、人生是否健全和完美。尤其是人在步入老年之后，是极其需要有精神寄托的，在这个阶段，骨肉亲情尤其是子女的关爱极为重要。我们都应当设身处地地想：没有亲情和儿女关爱的老年人，即使有来自社会的关爱，他们的内心深处难道能真正排除孤独吗？风烛残年之际，夜深人静之时，打量茫茫人海，回眸漫漫人生，他们的心灵一隅难道真能排遣人生的凄凉与孤寂吗？这样的人生，这样的生活，又有什么质量可言呢？

英国《每日电讯报》网站2010年9月25日报道，中国在推行计划生育政策之初曾许诺30年后会放开人口政策。但30年过去了，计划生育仍然没有放松的迹象。很多分析人士认为，中国应该对其人口政策进行调整，但考虑到计生系统的公职人员很多，马上改革可能并不现实。

《参考消息》2013年8月13日转载美国媒体文章《中国父母难以承受失独之痛》。文中介绍了一些年迈的失独父母相约聚会，相互慰藉。此情此景，可谓凄凉和无奈。“已经过去11个月了，53岁的徐敏

(音)仍很少出门。他终日坐在沙发上看电视,试着抹去对死去儿子的回忆。去年9月,一场车祸夺去他23岁儿子的生命。他把自己和妻子将孤独终老这一事实归咎于政府”,“这一政策还导致世界上最失衡的性别比,导致中国男婴数量远远大于女婴数量”。关于悲痛的失独父母,可靠数据很少,但中国社会科学院一项研究称,已有100万父母失去了独生子女,而且预计这一数字还会快速增加。

澳大利亚前总理约翰·霍华德更是大胆“预言”:“印度将在21世纪末取代中国,成为在亚洲占支配地位的国家。”

霍华德于2010年出版自传《拉撒路升起》,该书结合他自身成长经历,叙述了二战以来澳大利亚和世界的发展与变化历程。在推介新书的午餐会上,霍华德结合自传内容说,中国的独生子女政策及政治理念将导致印度在21世纪末之前取代中国成为亚洲第一。霍华德将中印进行比较说:“中国存在的其他问题是,它将在走向富裕之前衰老。由于实行独生子女政策,它存在可怕的人口统计学方面的问题。中国是一个人口快速老龄化的国家,而像印度这样的国家则是一个年轻的国家。如果到本世纪末,印度成为一个更强盛的国家,我一点也不感到惊奇。”

作为旁观者,国外政治家尚且有如此清醒的认识,中国的政治家们呢? 难道真的是“当局者迷”?

继续控制人口的膨胀,毫无疑问是必要的。但如果政府执政为民的目的就是要让每一个公民过上幸福富裕的日子,要让每一个家庭都能够安居乐业享受亲情,那么政府在继续推行计划生育政策的同时，就理应高度重视公民因为少生而又横遭不测时所造成的不可挽回的人身伤害，并尽最大的努力对这样的家庭予以精神上的关心、生活上的扶持和帮助，让他们真正免除后顾之忧。唯有这样，我们的政府才能真正不失信于民，才能真正体现作为执政为民者所应有的人道关怀和人文关怀，才能真正体现习近平总书记在党的十八大做出的“人民群众对幸福生活的向往就是我们的奋斗目标”的庄严承诺！

2013 年 8 月 26 日完稿于北京海淀区厂洼寓所